EDITION OSHO

Dieses Buch ist eine gekürzte Version des unten genannten englischen Originaltitels. Alle Diskurse, die Osho vor einer internationalen Zuhörerschaft gehalten hat, sind als Originale publiziert worden und als Original-Audios erhältlich. Audios und das vollständige Text-Archiv finden sie unter der online- Bibliothek „Osho Library" bei www.osho.com

MIX
Papier aus verantwortungsvollen Quellen
FSC® C083411

Titel der englischen Originalausgabe:
Until You Die

4. Auflage 2025
Umschlaggestaltung: Agentur Guter Punkt
Kalligrafie: www.arabische-kalligrafie.ch
Übersetzung: Nirvano Spohr

Druck: CPI books, Leck
Printed in Germany
ISBN 978-3-942502-67-2

OSHO

DER SUFI WEG

Nicht bevor du stirbst

innenwelt verlag

INHALT

1 | NICHT BEVOR DU STIRBST

In Bokhara lebte einst ein reicher und freigiebiger Mann.
Da er einen hohen Rang in der verborgenen Hierarchie einnahm,
war er als ‚Präsident der Welt' bekannt.
Jeden Tag verschenkte er an eine bestimmte Gruppe von
Leuten Gold - an die Kranken, die Witwen und so weiter.
Aber wer den Mund auftat, bekam nichts.
Nicht alle konnten den Mund halten.
Eines Tages waren die Advokaten an der Reihe,
ihren Anteil am Goldsegen einzuheimsen.
Einer von ihnen konnte sich nicht enthalten,
eine höchst umständliche Bittrede vorzutragen.
Er bekam nicht einen Heller.
Dabei ließ er es nun aber nicht bewenden.
Als am nächsten Tag die Invaliden ihre Unterstützung erhielten,
schmuggelte er sich als Krüppel getarnt unter sie.
Aber der ‚Präsident' erkannte ihn und gab ihm nichts.
Immer wieder versuchte er es von Neuem -
selbst als Frau verkleidet. Aber ohne Erfolg.
Schließlich wandte sich der Advokat an einen
Beerdigungsunternehmer und trug ihm auf,
ihn in ein Leichentuch einzuwickeln.

„Wenn dann der Präsident vorbeikommt, wird er mich für einen Toten
halten und vielleicht ein paar Münzen auf mich werfen,
für die Beerdigung. Dann bekommst du etwas von dem Geld ab."
Und so kam es auch.
Ein Goldstück aus der Hand des Präsidenten fiel auf das Leichentuch.
Der Advokat griff sofort zu, aus Angst,
der Beerdigungsunternehmer könne ihm zuvorkommen.
Dann sagte er zu dem Wohltäter:
„Du hast mir dein Gold verweigert.
Schau, wie ich es mir dennoch geholt habe!"
„Du irrst", erwiderte der Spender,
„du kannst nichts von mir bekommen,
bevor du nicht stirbst ..."
Das ist die Bedeutung des geheimnisvollen Spruches:
„Der Mensch muss sterben, bevor er stirbt."
Die Gabe erfolgt erst nach diesem ‚Tod', nicht vorher.
Und trotzdem kann ohne Hilfe dieser ‚Tod' nicht geschehen.

1

ES GIBT SOLCHE UND SOLCHE RELIGIONEN, ABER DER SUFISMUS IST von allen Religionen das Herzstück, der innerste Kern, die eigentliche Seele. Der Sufismus gehört nicht zum Islam. Eher umgekehrt: der Islam gehört zum Sufismus. Den Sufismus gab es schon lange vor Mohammed, und es wird ihn noch geben, wenn Mohammed vergessen sein wird.

Die Islame kommen und gehen. Religionen bilden sich und lösen sich auf. Der Sufismus aber bleibt, er wird immer leben – weil er kein Dogma kennt. Er ist das Herz aller Religiosität.

Man kann ein Sufi sein, ohne je vom Sufismus gehört zu haben, solange du nur religiös bist. Krishna ist ein Sufi, Jesus ebenfalls. Mahavir ist ein Sufi, und Buddha auch. Dabei haben sie das Wort ‚Sufismus' nie gehört, sie hatten keine Ahnung, dass es so etwas gab.

Jede Religion ist nur so lange lebendig, als in ihr der Sufismus lebendig ist. Eine Religion stirbt, sobald sie den Geist, den Sufi-Geist, ausgehaucht hat. Jetzt bleibt nur noch der Leichnam zurück – mag er noch so schön hergerichtet sein mit Philosophien, Metaphysik, Dogmen und Doktrinen. Sobald eine Religion den Sufismus ausgehaucht hat, riecht sie nach Verwesung. Das war immer so. Und es geschieht auch jetzt fast überall auf der ganzen Welt. Wenn man nicht aufpasst, schleppt man sich noch lange mit einem toten Körper ab.

Aus dem Christentum ist der Sufismus heute verschwunden. Es ist eine tote Religion. Die Kirche hat sie umgebracht. Wenn die „Kirche" überhand nimmt, muss der Sufismus den Körper verlassen. Er verträgt sich nicht mit Dogmen. Er verträgt sich nicht mit Theologie. Sie sind schlechte Weggenossen. Und mit Päpsten und Priestern hält er es überhaupt nicht aus. Sie sind sein absoluter Gegensatz!

Der Sufismus hat keine Päpste und Priester nötig; er braucht keine Dogmen. Er hat nichts mit dem Kopf zu tun, sondern ist eine Sache des Herzens. Das Herz ist seine Kirche – keine organisierte Kirche, denn jede Organisation ist vom Verstand bestimmt. Und wenn erst einmal der Kopf das Regime übernimmt, dann muss das Herz ohne Widerrede die Stellung räumen. Das Haus ist für das Herz zu eng geworden. Es braucht den weiten, offenen Himmel. Alles andere ist ihm zu eng. Man kann das Herz nicht in Kirchen einsperren. Die Schöpfung ist die einzige Kirche, die es kennt. Nur unter freiem Himmel kann es schlagen. Nur in Freiheit kann es schlagen. Aber wird es in ein System eingezwängt, in eine organisierte Machtstruktur, ein Ritual, dann stirbt es ... dann entschlüpft der „Sufi-Geist" ganz einfach.

Jesus wurde vom Christentum ermordet. Die Juden haben es nicht geschafft. Sie haben ihn natürlich gekreuzigt, aber umsonst. Töten konnten sie ihn nicht. Er überlebte die Kreuzigung. Das ist die Bedeutung der Auferstehung. Nicht etwa, dass Jesus körperlich überlebte, sondern die Kreuzigung erwies sich als Fehlschlag. Die Juden konnten ihn nicht töten. Sie versuchten es, aber Jesus überlebte. Was den Juden nicht gelang, erledigten die Christen. Sie töteten ihn ohne Kreuzigung. Sie brachten ihn mit Gebeten um. Sie brachten ihn mit Dogmen um. Sie brachten ihn durch kirchliche Organisation um. Den Anhängern ist gelungen, was den Feinden nicht gelang. Den Aposteln gelingt, was den Feinden misslingt.

Das Christentum ist heute tot, weil es kein Herz für den Sufismus hat. Es hat vor dem Sufismus Angst. Alle dogmatischen Religionen haben vor ihm Angst, weil der Sufismus für die totale Freiheit steht – ohne Einschränkung, ohne Grenzen. Er hat mehr mit Liebe und weniger mit logischen Spitzfindigkeiten zu tun. Er hat mehr mit Poesie, und weniger mit Prosa zu tun. Er ist irrational.

Kein Wunder, dass jede rationale Theologie Angst vor ihm hat. Wenn man dem Irrationalen erstmal Tür und Tor öffnet, weiß niemand, wo das hinführen wird. Und vergesst nicht: Gott selber ist irrational, und das ist auch wunderschön so, sonst wäre Gott nämlich

Philosophieprofessor an irgendeiner Universität, oder irgendwo Papst oder Oberpriester – aber nicht das Universum selber.

Der Sufismus ist schon manchen Tod gestorben, in manch einer Religion. Auch der Jainismus ist so eine tote Religion. Es gab eine Zeit, da lebte er in vollen Zügen und schenkte einem so bedeutenden Mystiker wie Mahavir das Leben. Dann aber plötzlich versiegte der Strom und ließ nur ein trockenes Flussbett zurück. Da fließt jetzt kein Wasser mehr, und die Ufer grünen nicht mehr. Der Jainismus ist zur Wüste geworden – öd und verlassen. Wie konnte es dazu kommen? Die Jainas waren zu intellektuell, zu mathematisch, zu logisch geworden. Sie konnten das Geheimnis, das Mahavir umgab, nicht auf sich beruhen lassen und schufen dogmatische Systeme aus Lehrsätzen und Beweisen. Dadurch wurden sie zu berechnend, zu clever, und töteten so den Geist. Aus dem Christentum musste sich der Sufismus deshalb zurückziehen, weil allmählich alles zum Ritual gemacht wurde. Aus dem Jainismus musste er sich zurückziehen, weil alles zu kopflasstig wurde, weil zu viel Gewicht auf Philosophie und Theologie gelegt wurde.

Vergesst es nicht: der Sufismus ist keine Kirche. Und er gehört keiner Religion an. Aber alle Religionen, sofern sie lebendig sind, gehören zum Sufismus. Er ist der weite Himmel, der sich über ein ganz bestimmtes Bewusstsein spannt.

Was bedeutet das? Wie wird man ein Sufi? Jedenfalls nicht, indem man einem ganz bestimmten Orden beitritt; sondern indem man sich vom Kopf zum Herzen fallen lässt. So wird man zum Sufi. Man kann sein Leben von zwei verschiedenen Punkten her leben. Entweder man lebt vom Kopf her – das bringt Erfolg in der Welt. So kommt man zu Reichtum, Ansehen, Macht. Zum Beispiel wird man ein erfolgreicher Politiker. In den Augen der Welt wird man so zum beispielhaften Vorbild. Innen allerdings scheitert so einer völlig, scheitert er restlos – denn der Kopfmensch kann die Innenwelt nicht betreten. Der Kopf orientiert sich nach außen; er öffnet sich für das „Andere". Das Herz geht nach innen; es öffnet sich zu dir selber hin. Und man kann entweder als Kopfmensch leben oder man kann als

Herzensmensch leben. Wenn sich deine Energie, deine Lebensenergie, vom Kopf zum Herzen verlagert, wirst du zum Sufi.

Ein Sufi ist ein Mensch des Herzens, ein Mensch der Liebe. Er ist jemand, der sich keine Gedanken darüber macht, wo dieses Universum herkommt, der sich nicht darum kümmert, wer es erschaffen hat, der nicht fragt, wo die Reise hingeht. Ja, ein Sufi stellt überhaupt keine Fragen – nein, er fängt lieber gleich zu leben an. Das Dasein ist da: nur Narren befassen sich mit der Frage, woher es kommt. Ich sage: nur Narren. Sie mögen sich noch so sehr mit klugem philosophischem Abrakadabra tarnen, aber Narren sind sie trotzdem. Ein weiser Mensch lebt das Leben. Es findet hier und jetzt statt. Warum sich also darüber Gedanken machen, wo das Leben herkommt? Wen kümmert es dann, woher es kommt? Ob es nun jemand geschaffen hat oder nicht, ist doch völlig irrelevant. Du bist da, in dir pocht ein Herz, in deinen Adern fließt Leben – tanze mit der Schöpfung! Lebe das Leben! Sei es! Und öffne ihm und seinem unendlichen Geheimnis dein ganzes Inneres.

Und das Wunder ist: einer, der sich nicht fragt, woher es kommt, einer, der überhaupt nicht fragt – genau der erhält Antwort. Ein Mensch, der nicht neugierig ist, sondern lieber gleich das jetzige Leben feiert – der es feiert, ohne wie und was und warum zu fragen, der stößt plötzlich auf die Quelle, auf den Ursprung, auf den Angelpunkt aller Dinge. Anfang und Ende treffen sich in ihm selbst – denn nun ist er zum Mysterium geworden.

Jetzt ist das Mysterium nicht länger etwas „da draußen", ein Gegenstand, um den man immerzu kreist, den man beäugt und von außen beguckt und begutachtet. Nein – das führt zu gar nichts, so geht man immer nur daran vorbei. Ihr könnt bis in alle Ewigkeit im Kreis herumgehen, aber damit dringt ihr niemals bis zur Mitte vor. Wie könnt ihr sie jemals so kennen lernen? Ihr geht um den heißen Brei herum! Ihr wollt in die Mitte vorstoßen, indem ihr auf der Kreislinie bleibt. Es geht aber leider nicht anders: ihr müsst schon selber in den Kreis eindringen und bis zur Mitte vorstoßen ... selber zur Mitte werden. Und das ist möglich: denn du bist Teil der Mitte.

Ja, du kannst zur Mitte werden, denn sie ist Teil von dir ... Dann plötzlich lösen sich alle Fragen in Rauch auf. Plötzlich ist die Antwort da. Nicht etwa, dass ihr endlich die Lösung eurer Probleme gefunden hättet. Nein. Es gibt überhaupt keine Probleme mehr. Und wenn es keine Probleme gibt, habt ihr zum ersten Mal eure ganzen Kräfte voll zur Verfügung: die Kraft, jenes Geheimnis zu leben, das sich Leben nennt; die Kraft, Gott zu leben; die Kraft, selbst Gott zu sein.

Ein berühmter Sufi, vielleicht kennt ihr seinen Namen – Al Hillaj Mansoor – wurde von den Muslimen getötet, weil er gesagt hatte: *„Anal Hak"* – Ich bin Gott. Wer in das Geheimnis des Lebens eindringt, ist kein Beobachter mehr, denn ein Beobachter ist immer ein unbeteiligter Außenseiter; nein, man verschmilzt mit ihm. Du schwimmst nicht etwa im Fluss, du treibst nicht etwa mit der Strömung, du kämpfst nicht etwa gegen sie an – nein, du wirst zum Fluss. Plötzlich erkennst du: die Welle gehört untrennbar zum Fluss. Wir sind nicht nur Teil von Gott – Gott ist auch Teil von uns.

Als Al Hillaj Mansoor erklärte: „Ich bin Gott!", brachten ihn die Muslime um. Der Sufismus wird immer umgebracht – und zwar von den religiösen Leuten, den so genannten religiösen Leuten; denn sie können ihn nicht ertragen. Sie können es nicht mit anhören, wenn ein Mann von sich behauptet, er sei Gott! Das verletzt ihr Ego zutiefst. Wie kann ein Mensch Gott sein? Aber wenn ein Mansoor sagt, „Ich bin Gott", dann will er damit keineswegs sagen: „Ich bin Gott, aber nicht ihr!" Er sagt nicht: „Ich bin Gott – die Bäume dagegen nicht." Er sagt nicht: „Ich bin Gott – aber nicht diese Steine und Felsen." Wenn er sagt: „Ich bin Gott", dann meint er damit, dass alles und jedes göttlich und heilig ist. Alles ist göttlich.

Was taten also diese Leute, diese Fanatiker und orthodoxen Dogmatiker? Sie argumentierten so: Gott hat den Menschen erschaffen, der Mensch ist also nur Kreatur, niemals der Schöpfer selbst; also ist es Gotteslästerung – eine unerhörte Gotteslästerung, die schlimmste, die es geben kann – zu behaupten, man sei Gott. Also töteten sie ihn.

Und was sagte Mansoor, während sie ihn umbrachten? Er rief laut zum Himmel: „Du kannst mich nicht täuschen! Selbst in diesen Mördern kann ich dich erkennen – du kannst mich nicht täuschen. Du bist hier, sogar in diesen Mördern! Gleich in welcher Form du kommst, mein Gott, ich erkenne dich doch, denn ich habe dich längst erkannt.“

Der Sufismus denkt nicht über das Dasein nach – Sufismus heißt, das Dasein selbst zu sein. Er denkt nicht nach und greift nicht irgendwie in das Dasein ein. Er ist weder Gedanke noch Tat. Er *ist* Sein. Und jetzt in diesem Augenblick kannst du ohne weiteres Sufi sein. Wenn du zu denken aufhörst und dich von der Zwangsvorstellung, irgendetwas tun zu müssen, wenn du also die fixe Idee aufgeben kannst, ein denkender und tätiger Mensch sein zu müssen, wenn du dich damit begnügst, einfach nur zu sein – dann ist plötzlich ein Sufi aus dir geworden. Und allein darum geht es mir bei diesen Gesprächen über den Sufismus: nicht darum, euch zu indoktrinieren oder euch noch gescheiter zu machen, sondern darum, euch in Sufis zu verwandeln.

Die Sufis singen; sie predigen nicht. Denn das Leben ist ein Lied und keine Kanzelpredigt. Und sie tanzen, anstatt über Dogmen zu reden, denn Tanz ist lebendig, das Tanzen ist der Schöpfung viel näher – den Vögeln, die in den Bäumen zwitschern, dem Wind, der durch die Föhren rauscht. Tanzen ist wie das Rauschen des Wasserfalls, wie das Niederprasseln des Regens, wie das Gras, das wächst. Das ganze Leben ist ein Tanz, bebend und pulsierend vor unerschöpflicher Lebendigkeit.

Die Sufis tanzen gern. Sie interessieren sich nicht für Dogmen. Und schöne Geschichten erzählen sie. Das Leben ist nicht Geschichte, sondern eine Geschichte. Und die Sufis haben herrliche kleine Geschichtchen erfunden. Sie sind leicht misszuverstehen, wenn man nicht tiefer blickt. Oberflächlich betrachtet sind sie eher wie ganz gewöhnliche Anekdoten. Aber wenn ihr tiefer blickt, sind Sufi-Geschichten voll Bedeutung, sind sie voll von bedeutsamen Hinweisen auf die höchsten und letzten Dinge. Ich werde euch also ein paar von diesen Geschichten erzählen und sie im Einzelnen besprechen, damit ihr zu diesem versteckten Kern vordringen könnt. Aber auch, damit ihr ein paar Dinge über das Herz verstehen lernt; und damit ihr ermuntert werdet, mit eurer ganzen Energie, eurem ganzen Wesen die Reise zum Herzen anzutreten.

Um euch einen Anstoß zu geben – denn ihr werdet Angst bekommen! Das Herz ist das allergefährlichste Ding von der Welt. Jede Kultur, jede Zivilisation, jede so genannte Religion sorgt dafür, dass schon die Kinder den Kontakt mit dem Herzen verlieren. Es ist so gefährlich! Alles, was gefährlich werden kann, kommt aus dem Herzen. Der Verstand ist sicherer, mit dem Verstand kennt man sich aus.

Mit dem Herzen kennt sich kein Mensch aus. Mit dem Verstand lässt sich alles berechnen, vermessen, abwägen. Und man hat immer die Masse hinter sich, vor sich, neben sich. Die meisten halten sich nur an den Verstand; er ist eine Autobahn – zementiert, solide, man fühlt sich sicher. Mit dem Herzen bist du allein. Keiner ist bei dir. Die Angst packt dich, ergreift Besitz von dir. Wohin geht die Reise? Du weißt es jetzt nicht mehr. Solange du noch mit der Masse auf der Autobahn fährst, glaubst du zu wissen, wohin die Reise geht, weil du denkst, die andern werden es schon wissen. Und den andern geht es ganz genauso. Jeder denkt – wenn so viele Leute in diese Richtung laufen, muss es ja irgendwo hingehen.

Warum wären sonst so viele Menschen unterwegs? Tausende und Abertausende – irgendwo müssen sie ja hinwollen! Und so denkt jeder! Aber in Wirklichkeit geht die Reise nirgends hin. Eine Masse ist noch nie irgendwo angekommen. Aber Massen sind ununterbrochen unterwegs. Du wirst geboren – in die Masse hinein. Und die Masse war schon unterwegs, als du noch nicht geboren warst. Und irgendwann bist du erledigt und stirbst, und die Masse rennt weiter, denn immerzu werden neue Menschen geboren.

Die Masse kommt nie an! – aber sie gibt dir ein Gefühl von Geborgenheit. Du fühlst dich wie in Watte gepackt, du bist ja von so vielen Leuten umringt, die klüger sind als du, älter und erfahrener. Die werden schon wissen, wo die Reise hingeht – mit ihnen bist du sicher. Aber sobald du anfängst, zum Herzen hinabzufallen … Und es ist ein Fallen, wie wenn man in einen Abgrund fällt. Deshalb heißt es im Englischen, wenn man sich verliebt, falling in love. Es ist ein Fall – für den Kopf ist es wie ein Fall, eine Verirrung, ein Verrat. Wenn du beginnst, zum Herzen hinunterzufallen, wird es einsam um dich, denn dorthin kann dir niemand folgen. Nur du – in deinem totalen Alleinsein. Dir wird ängstlich und furchtsam zumute sein. Jetzt weißt du nicht, wohin die Reise geht, denn es ist niemand sonst da, und Kilometersteine gibt es nicht. Es gibt noch nicht einmal einen festen Weg. Das Herz wurde nie vermessen, nie befahren, es gibt keine Wanderkarten.

Eine nie gekannte Angst überkommt dich. Und meine ganze Anstrengung geht dahin, euch die Angst zu nehmen, denn nur durch das Herz kommt ihr zur Neugeburt. Aber bevor ihr neugeboren werden könnt, müsst ihr sterben. Keiner kann neu geboren werden, bevor er nicht gestorben ist. Sufismus, Zen, Chassidismus – alles Formen des Sufismus – lehren nur dies eine: wie man stirbt; die Kunst zu sterben ist das eigentliche Fundament. Ich lehre euch hier nichts anderes als das: die Kunst zu sterben.

Wenn du stirbst, öffnest du dich den unendlichen Quellen des Lebens. Du stirbst tatsächlich in der Form, in der du gegenwärtig lebst. Denn sie ist zu eng geworden. Du kannst gerade noch in ihr überleben – aber leben kannst du nicht. Die ungeheuren Möglichkeiten des Lebens sind dir total verschlossen, und du fühlst dich eingekerkert, eingeengt. Überall stößt du auf Schranken und Grenzen. Wohin du dich wendest – Mauern, Felswände. Eine einzige Mauer.

Ich will nichts anderes, als euch helfen, diese Mauern niederzureißen. Aber sie sind nicht aus Stein – sie sind aus Gedanken. Und kein Stein ist so hart wie Gedanken. Eure Mauern sind aus Ideologien gebaut, aus Bibeln. Ihr seid von ihnen umzingelt. Und ihr schleppt sie mit euch herum, wohin ihr auch geht. Ihr tragt euer Gefängnis mit euch herum. Es klebt ständig an euch. Wie könnt ihr es einreißen? Diese Mauern zu durchbrechen, wird euch wie Sterben vorkommen. Und in gewisser Weise stimmt das auch, denn du verlierst deine gegenwärtige Identität dabei. Was du jetzt bist, bist du dann nicht mehr. Plötzlich ist etwas anderes da …

Es war schon immer da, verborgen in dir, nur hast du es nicht gewusst. Ein plötzlicher Sprung – das Alte ist nicht mehr, und etwas absolut Neues ist eingetreten. Dieses Neue hängt mit dem Alten nicht zusammen. Darum ist es richtig, von einem Tod zu sprechen. Es gibt keinen Zusammenhang – eine Lücke klafft. Und wenn du zurückschaust, kommt dir alles, was vor dieser Wiederauferstehung lag, unwirklich vor. Du glaubst, du hättest geträumt. Oder ein anderer hätte dir seine Geschichte erzählt – mit dir jedenfalls hat sie nie etwas zu tun gehabt; es muss ein anderer gewesen sein. Das Alte verschwindet vollkommen. Darum sprechen wir von einem Tod. Eine absolut neue Welt zeigt sich dir. Und wenn ich sage „absolut", dann meine ich „absolut". Sie hat mit der alten Welt nicht das Geringste gemeinsam, sie ist nicht das Altbekannte in neuem Gewand. Es ist eine Transfiguration. Aber ohne die Bereitschaft zum Tod ist Transfiguration nicht möglich. Sufismus ist Tod und Wandlung. Deshalb nenne ich ihn die Religion. Lasst uns jetzt auf diese wunderbare Geschichte eingehen.

> In Bokhara lebte einst ein reicher und freigebiger Mann.
> Da er einen hohen Rang in der verborgenen Hierarchie einnahm,
> war er als ‚Präsident der Welt' bekannt.
> Jeden Tag verschenkte er an eine bestimmte Gruppe von
> Leuten Gold – an die Kranken, die Witwen und so weiter.
> Aber wer den Mund auftat, bekam nichts.
> Nicht alle konnten den Mund halten.

Ich will ganz langsam vorgehen:

> In Bokhara lebte einst ein reicher und freigebiger Mann.

Das ist eine seltene Verbindung: reich und freigebig. Die Armen sind immer freigebig, die Reichen nie. Nur so konnten sie reich werden.

Wenn ein Reicher freigebig ist, muss eine Revolution in dem Mann vor sich gegangen sein. Ein Reicher wird erst dann freigebig, wenn er wirklich verstanden hat, dass Reichtümer sinnlos sind. Nur wer eingesehen hat, dass nichts von dem, was diese Welt zu bieten hat, wert ist in Besitz genommen zu werden, erst der wird freigebig und fängt an zu geben. Andernfalls geht das Raffen einfach nur endlos weiter. Der Verstand kennt nur ein Gesetz: immer mehr und mehr zu fordern. Unersättlich. Solange dir das noch nicht klar ist, können dich alle Schätze der Welt nicht befriedigen. Denn dem Verstand ist es egal, wie viel du hast. Er kennt nur ein Prinzip: „Mehr!"

Es heißt, dass Alexander der Große auf seinem Feldzug nach Indien Diogenes kennen lernte, einen großen Mystiker. Diogenes ist einer der großen Sufis. Er lebte nackt, gerade so wie die Tiere. Und er war außerordentlich schön in seiner Nacktheit … denn nur das Hässliche verbergen wir, nicht das Schöne. Warum wollt ihr euren Körper vor andern verstecken? Was ist verkehrt an ihm? Die Gesellschaft, die Zivilisation, der Anstand, hat euch eingeredet, dass etwas mit eurem Körper nicht stimmt. Wenn dich jemand nackt sieht, schämst du dich. Und Nacktheit wird sogar gesetzlich und gerichtlich verfolgt. Dabei ist die ganze Natur nackt! Und sie ist so schön! Nur der Mensch ist irgendwann, irgendwie hässlich geworden.

Eines Tages, wenn die Menschen bewusster geworden sind, werden Kleider nicht mehr so wichtig sein. Kleidung mag dann zwar noch ihren Zweck haben: wenn es kalt ist, muss man sich natürlich warm anziehen. Aber wenn das Wetter angenehm ist, und man einfach wie ein unschuldiges Tier leben kann, darf niemand und nichts es verhindern. Versteckt unter Kleidern, haben eure Körper ihre Feinfühligkeit verloren. Ihr habt die Sprache des Körpers völlig vergessen – wie es sich anfühlt, wenn die Sonnenstrahlen ihn streicheln, wie genussvoll das ist … den Wind auf eurem nackten Körper zu spüren, so wie die Bäume es fühlen und dabei tanzen – das habt ihr völlig vergessen. Nur euer Gesicht ist freigeblieben, nur euer Kopf. Aber den ganzen übrigen Körper habt ihr abstumpfen lassen.

Diogenes lebte also nackt, und in seiner Nacktheit war er

ausgesprochen anmutig – denn er war unschuldig. Man kann auch auf perverse Art nackt sein. Dann fehlt jede Anmut. Dann ist es Exhibitionismus – irgendein psychischer Schaden steckt dahinter. Diogenes lebte nackt, wie Gott ihn schuf. Und Alexander, so heißt es, wurde neidisch. Er selbst war in die denkbar prächtigsten Kleider gehüllt und wurde bei dem Anblick des nackten Diogenes, so wird berichtet, von Neid erfüllt. Wie herrlich Diogenes war! – Neid. Er fragte: „Wie kann ich so werden wie du? So unschuldig, so schön?"

Diogenes sagte lachend: „Da gibt es kein Wie!" – und legte sich in den Sand am Ufer des Flusses. Es war Morgen und die Sonne ging eben auf. Er wollte sich nicht die Liebkosungen entgehen lassen, die heimlichen Botschaften, die der Sand seinem nackten Körper zuflüsterte, und die warmen Sonnenstrahlen, die auf ihn fielen.

Diogenes sagte: „Du brauchst nicht nach dem Wie zu fragen. Dies Ufer ist für uns beide groß genug. Wirf deine Kleider ab und leg dich her zu mir!"

Es gibt kein Wie. Warum nach dem Wie fragen? Das Wie ist eine List des Verstandes, damit er aufschieben kann. Wer nach dem Wie fragt, möchte aufschieben. Man tut so, als müsste erst noch viel geübt werden. Und Übung braucht Zeit. Und natürlich kannst du nicht gleich jetzt üben. Das Morgen tritt auf den Plan. Und wenn erst einmal das Morgen wichtig wird, kannst du gleich einpacken.

Diogenes also: „Da gibt's kein Wie! Leg dich einfach her und ruh dich aus. Dies Ufer ist breit genug für zwei."

Alexander antwortete: „Eines Tages – ich träume immer davon, dass es eines Tages möglich sein wird – wenn ich die ganze Welt erobert habe. Auf den Tag warte ich, dann kann ich mich entspannen und ausruhen."

Diogenes lachte und sagte: „Dann bist du ein Narr, denn Diogenes kann sich auch ausruhen und entspannen, ohne erst die Welt erobert zu haben. Warum stellst du die Bedingung, dass du erst die ganze Welt erobern musst, bevor du dich entspannen und ausruhen kannst? Und das kann ich dir sagen: unter der Bedingung kann es nie dazu kommen, denn du wirst immer nur noch mehr fordern.

Und selbst wenn du diese ganze Welt beherrschst, wird dein Verstand fragen: „Gibt es nicht noch andere Welten zu erobern?"

Und es wird berichtet, dass Alexander bei der Vorstellung, keine andere Welten außer dieser einen erobern zu können, plötzlich sehr traurig wurde. Die Traurigkeit war im gleichen Augenblick da, wie er gewahr wurde, dass es keine andere Welt zu erobern gab. Was tun, wenn diese Welt erobert ist? Eine andere Welt gibt es nicht zu erobern. Der Verstand findet diesen Gedanken unerträglich.

Der Verstand verlangt nach mehr und mehr und mehr. Ihm ist gleichgültig, was du schon hast; du magst ein Bettler sein, er fragt nach mehr; du magst ein Kaiser sein, und er fragt nach mehr. Das ist die Natur des Verstandes: immer mehr zu fordern. Was du schon hast, ist irrelevant. Der Verstand kann nicht anders, als mehr zu fordern. Ein reicher Mann will mehr, trotzdem bleibt er arm. Er möchte immer mehr haben, aber bleibt arm. Es ist wirklich nicht leicht, einen wahrhaft reichen Mann zu finden.

In meinem ganzen Leben ist mir nur ein einziger Reicher begegnet, der wirklich reich war. Mir sind viele, viele Reiche begegnet, aber nur einer von ihnen war wirklich reich. Und was machte ihn wirklich reich? Er war reich, weil er die Sinnlosigkeit allen Reichtums einsah. Als wir zum ersten Mal zusammentrafen, schüttete er mir Tausende von Rupien vor die Füße. Ich sagte zu ihm: „Im Augenblick brauch ich das Geld nicht, aber wenn ich es brauche, dann geb ich dir Bescheid." Der Alte weinte und schluchzte. Ich fragte, was los sei, und er antwortete mir: „Bitte sag das nicht, ich bin so arm! Ich hab nichts, was ich dir sonst geben könnte, nur mein Geld." Er sagte – hört genau hin: „Ich bin so arm, ich habe nichts, was ich dir sonst geben könnte – nur mein Geld. Und wenn du mein Geld zurückweist, dann hast du mich zurückgewiesen, denn ich habe sonst nichts. Geld kann ich dir geben. Nur das habe ich, sonst nichts." Dieser Mann hatte verstanden, dass Reichtum nicht wirklicher Reichtum ist, dass der Mensch immer arm bleibt.

In Bokhara lebte einst ein reicher und freigebiger Mann …

„Freigebig" besagt, dass er seinen Reichtum genügend ausgekostet und die Welt erfahren hatte und nun zu dem Schluss gekommen war, dass sie nichts anderes ist als ein Traum. Dass Reichtum dir nur die Illusion gibt, reich zu sein, aber dich nicht wirklich reich macht. Dieser Mann hat keine Illusionen mehr. Und so konnte er freigebig werden. Jetzt kann er mit andern teilen; jetzt kann er alles weggeben. Das ist für ihn kein Problem. Er will nicht noch mehr dazu. Im Gegenteil, jetzt verteilt er alles, was er hat, an andere.

Da er einen hohen Rang in der verborgenen Hierarchie einnahm …

Und so ein Mann nimmt sofort einen hohen Rang in der Welt des Bewusstseins ein. Wenn du mit andern teilen kannst, egal, was du hast, steigst du plötzlich in der unsichtbaren Hierarchie auf. In den Augen der Welt magst du nur ein Bettler sein, aber in der ‚andern' Welt bist du zum ersten Mal Kaiser.

Buddha verzichtete auf seine Paläste, sein Reich, seine Schätze und wurde Bettler. Als er zur Hauptstadt zurückkehrte, war sein Vater sehr böse mit ihm – wie alle Väter. Es ist nicht leicht, einen Vater zu finden, der nicht auf seinen Sohn böse ist, ganz egal, was der Sohn im Einzelnen macht. Wird der Sohn kriminell, ist der Vater böse. Wird er zum Heiligen, ist der Vater auch böse. Selbst wenn du zum Buddha wirst. Der Vater war also böse. Denn die Erwartungen eines andern kannst du nie erfüllen. Wie soll das geschehen? Er kann sie selbst nicht erfüllen, und nun erwartet er es von dir. Du kannst also anstellen, was du willst, es ist immer verkehrt.

Der Vater war bitterböse. Buddha war inzwischen erleuchtet; er war als vollkommen veränderter Mensch, als ‚Auferstandener' zurückgekehrt. Unendliches Licht umstrahlte ihn, er war von tiefer Stille umgeben. Man sagt von Buddha, dass die Bäume, wo er auch ging und stand, seine Gegenwart spürten und blühten, selbst wenn es nicht die Jahreszeit dafür war. Wo immer Buddha sich aufhielt, ging von ihm im Umkreis von zwölf Meilen eine tiefe Stille aus. Aber ein Vater ist eben eine Ausnahme.

Der Vater war böse. Er konnte nicht die Stille spüren, nicht das Licht, das ihn umgab – er sah nur den Landstreicher, den Bettler. Und er sagte: „Jetzt ist es aber genug! Du hast dich jetzt lange genug herumgetrieben. Komm heim! Meine Türen stehen dir immer noch offen. Sieh dich doch an: der Sohn eines Kaisers, der in der eigenen Hauptstadt sein Essen erbettelt. Sieh dir deine Bettelschale an, deine zerrissenen Kleider, geradezu Lumpen. Was tust du dir selber an? Ich schäme mich für dich, abgrundtief. Aber ich habe ein Herz, das Herz eines Vaters, und meine Türe ist dir nicht verschlossen. Du hast mich zutiefst verletzt, aber mein Vaterherz schlägt noch. Komm zurück! Streife nicht wie ein Bettler durch die Lande – sei ein Kaiser!"

Und Buddha soll geantwortet haben: „Solange ich Prinz war, war ich ein Bettler. Jetzt erst bin ich ein Kaiser. Aber wie soll ich mich dir verständlich machen? Ich war ein Bettler hier im Palast. Damals, als du noch glaubtest, dass ich einmal dein Erbe antreten würde, war ich ein Bettler und saß gefangen. Jetzt bin ich vollkommen frei. Und zum ersten Mal begreife ich überhaupt, was es bedeutet, ein Kaiser zu sein. Aber wie soll ich dir das klar machen?"

Vom Augenblick an, wo du anfängst, mit andern zu teilen, zeigst du damit, dass sich dein Bewusstsein zu einem bestimmten Grad erhoben hat, dass du gewachsen bist. Ein erwachsener Mensch teilt immer mit andern. Wer an seinen Sachen festhält, ist unreif, ist kindisch. Warum? Weil du ein Ding erst dann besitzt, wenn du es mit andern teilst. Einen anderen Besitz gibt es nicht. Wenn du dich an ein Ding klammerst, dann zeigt das nur, dass das Ding größer ist als du, größer als deine Liebe, größer als dein Wesen. Nur darum hältst du dich an dem Ding fest. Deine Seele steckt in dem, was du besitzt. Du kannst nicht teilen, du kannst nicht freigebig sein.

Da er einen hohen Rang in der verborgenen Hierarchie einnahm, war er als ‚Präsident der Welt' bekannt.

Solche Titel übertragen die Sufis oft auf ihre Bettler: „Präsident der Welt". Missversteht das nicht. Er ist nicht in dem Sinn ein Präsident, wie jetzt Ford oder früher Nixon. Das sind die Allerärmsten, die Allerletzten; Opfer der abgrundtiefen Illusion, die Ersten zu sein. Nein, dieser Mann muss sich selber zum Allerletzten gemacht haben. Nur diejenigen, die mit der Welt fertig sind, können sich ganz hinten in der Schlange anstellen, können zu den Letzten werden.

Und Jesus sagt: „Diejenigen, die die Letzten in dieser Welt sind, werden die Ersten sein im Königreich meines Vaters."

Jesus muss dabei an solche Männer gedacht haben, Männer, die reich und freigebig waren. Denn das kann ich euch versichern: bist du freigebig, dann bist du auch reich. Und bist du nicht freigebig, dann magst du dich zwar in dem Glauben wiegen, reich zu sein, aber du bist trotzdem arm.

Freigebigkeit ist wirklicher Reichtum. Und um freigebig zu sein, um zu teilen, brauchst du nicht viel, brauchst du nur das zu teilen, was du hast. Du magst nur wenig haben – darum geht es nicht. Wer hat schon viel? Wer kann je genug haben? Es ist nie viel, nie genug. Du magst überhaupt nichts haben, du magst ein Bettler sein, der auf der Straße lebt, aber freigebig kannst du trotzdem sein.

Kannst du nicht wenigstens lächeln, wenn ein Fremder vorbei geht? Lächeln kannst du doch, und wenn du so dein Dasein mit einem Fremden teilst, bist du freigebig. Oder kannst du nicht singen, wenn jemand traurig ist? Du kannst jederzeit freigebig sein. Lächeln und Singen kostet nichts. Aber du bist so geizig, dass du es dir dreimal überlegst: soll ich nun lächeln oder nicht? Soll ich singen oder nicht? Tanzen oder nicht? Ja – letzten Endes– sein oder nicht sein?

Teile dein Dasein mit andern, wenn du sonst nichts hast. Und das ist der größte Schatz, jeder wird damit geboren. Teile dein Dasein mit andern: Breite die Arme aus, geh auf den andern zu, mit Liebe im Herzen. Niemand ist ein Fremder – niemand! Oder jeder ist es. Wenn du offen bist, ist niemand ein Fremder.

Wenn du verschlossen bist, dann ist jeder einer. Du kannst steinreich sein und doch ein Geizkragen – einer, der nicht geben kann. Dann werden dir deine eigenen Kinder fremd und auch deine Frau, denn wer kann schon an einen Geizigen herankommen? Er ist verschlossen. Er ist bereits gestorben und begraben. Wie kann man sich einem Geizigen nähern? Wenn er dich kommen sieht, ergreift er die Flucht. Er lebt beständig in Angst, denn sobald ihm jemand zu nahe kommt, heißt es teilen. Für einen Geizigen ist selbst ein Händedruck schon gefährlich, denn – wer weiß? – das könnte ja zu einer Freundschaft führen, und dann ist sein Besitz in Gefahr. Ein Geizhals ist immer auf der Hut, er hat immer ein wachsames Auge, damit ihm nur ja keiner zu nahe kommt. Er hält die andern auf Abstand. Schon ein Lächeln ist gefährlich; es könnte die Distanz brechen. Wenn du einem Bettler auf der Straße zulächelst, ist der Abstand gebrochen. Er ist jetzt kein Bettler mehr, sondern ein Freund. Ist er hungrig, musst du jetzt etwas unternehmen. Besser geht man also ohne Lächeln weiter. Das ist sicherer, man spart sein Geld und setzt sich keinem Risiko aus.

Es geht nicht darum, was du teilst, sondern darum, dass du teilst – gleich, was du hast. Wenn du nichts hast als deinen warmen Körper, kannst du dich neben einen andern setzen und ihm deine Wärme geben. Du kannst lächeln, du kannst tanzen, du kannst singen; du kannst lachen und den andern zum Lachen bringen. Und wenn zwei Menschen zusammen lachen, gehen sie für einen Augenblick lang ineinander auf. Wenn sich zwei anlächeln, verschwindet jeder Abstand, und eine Brücke entsteht. Macht euch also nicht vor, dass ihr erst reich sein müsstet, um geben zu können. Es ist nämlich genau umgekehrt: wenn du reich sein willst, sei freigebig. Und an Schätzen fehlt es nie: Du bringst ungeheuren Reichtum ins Leben mit, und nimmst ihn wieder fort, wenn du stirbst! Hättest du ihn ausgeteilt, wäre dir dadurch bewusst geworden, wie reich du geschaffen wurdest, und wie armselig du trotzdem lebst. Je mehr du gibst, desto mehr fängt dein Leben zu fließen an. Und je mehr es fließt, desto mehr Quellen entspringen, die den Fluss immer von Neuem speisen. Und so bleibst du frisch und klar.

Nur ein großzügiger Mensch bleibt ungetrübt; ein zurückhaltender, ein verschlossener Mensch, einer, der immer geizt, wird zum abgestandenen und fauligen Tümpel. Das ist unausweichlich so.

Es ist wie bei einem Brunnen, wenn niemand zu ihm kommt, weil der Brunnen sich weigert, sein Wasser herauszugeben, was passiert dann? Es kommt kein frisches Wasser nach, weil das alte bleibt; und so verschmutzt es immer mehr. So ein Brunnen ist bald tot. Keine frischen und lebendigen Quellen versorgen ihn mehr. Vielen von euch ist genau das passiert.

Lade die andern ein, aus dir zu schöpfen. Lade die andern ein, dich zu trinken. Das meint Jesus, wenn er sagt: „Trinket und esset mich!" Je mehr du von Jesus isst, desto mehr wächst er. Je mehr du ihn trinkst, desto mehr sprudeln seine Quellen. Die Reichtümer, mit denen dich das Leben ausgestattet hat, sind unbegrenzt. Aber dies erfährt nur einer, der mit vollen Händen gibt: sie sind wirklich unbegrenzt! Ihr seid keine GmbH, deren Kapital begrenzt ist. Euer Kapital ist unbegrenzt. In euch liegt das Göttliche verborgen. Niemand kann es erschöpfen. Sing so viele Lieder, wie du nur kannst, der Schatz wird nie ausgehen, im Gegenteil – es kommen nur immer noch bessere und schönere Lieder nach …

Von Rabindranath Tagore, einem der größten Dichter Indiens, wird erzählt, dass er, als er im Sterben lag, von einem Freund, einem literarischen Freund und großen Kritiker, besucht wurde.

Der Freund sagte: „Du kannst auf ein erfülltes Leben zurückblicken, hast mehr Gedichte geschrieben als irgendjemand vor dir."

Rabindranath hatte über sechstausend Lieder und Gedichte geschrieben. Bei dem großen englischen Dichter Shelley waren es nur zweitausend. Bei Rabindranath sechstausend. Und jedes Gedicht ist ein Wunderwerk, ein herrlicher, einmaliger Edelstein. Der Freund hatte Recht, wenn er sagte, dass Rabindranath nach einem erfüllten Leben zufrieden sterben könne. Dass er mit seinen so schönen und so vielen Gedichten selbst einen Kalidas oder Shelley in den Schatten stellte. Aber während er dies alles sagte, flossen Rabindranath die Tränen über die Backen. Der Freund konnte es nicht glauben: „Was? – du weinst? Hast du etwa Angst vor dem Tod? Du – der du dein ganzes Leben immer nur vom Tod als dem großen Freund gesungen hast – du hast Angst vor ihm?"

Rabindranath antwortete: „Nein, es ist nicht Angst vor dem Tod. Der Tod ist schön, so schön wie das Leben. Ich muss weinen, weil mir in letzter Zeit immer schönere und bessere Gedichte eingefallen sind. Was ich bisher gemacht habe, ist nur Kinderkram. Jetzt ist endlich die Reifezeit gekommen, und Gott hat mich mit immer größeren Gaben beschenkt. Je mehr ich dichtete, desto reicher strömte es aus mir. Jetzt endlich war das Instrument richtig gestimmt – und jetzt muss ich gehen! Es ist ungerecht. Endlich bin ich soweit, dass ich wirklich meinen Gesang anstimmen könnte."

Aber ich kann euch sagen: Selbst wenn Rabindranath noch tausend Jahre länger gelebt hätte, am Ende wäre es genauso gewesen – weil der Schatz unerschöpflich fließt. Du teilst ihn an andere aus, teilst ihn andern mit, und er fließt ständig nach. Du singst und weißt: es hört nicht auf. Es gibt kein Ende. Selbst nach tausend Jahren wäre Rabindranath noch mit Tränen in den Augen gestorben, denn die Quelle hätte weiter gesprudelt. Keiner kann sie leeren. Gott ist unerschöpflich. Und ihr tragt Gott in euch. Warum also geizt ihr so? Wer geizt, wird arm. Wer gibt, wird reich. Und freigebig kannst du in diesem Augenblick werden, so wie du bist, denn mehr gehört nicht dazu. Du brauchst nur zu verstehen, worauf es ankommt – und schon bist du es! Es fehlt an nichts. Alles was du dazu haben musst, hast du bereits. Kein Wunder also: dieser Reiche war als ‚Präsident der Welt' bekannt.

> Jeden Tag verschenkte er an eine bestimmte Gruppe von Leuten
> Gold – an die Kranken, die Witwen und so weiter.
> Aber wer den Mund auftat, bekam nichts.
> Nicht alle konnten den Mund halten.

Sehr sehr tiefe Worte. Wenn du zur Kirche gehst und betest, dass dir ein Wunsch in Erfüllung gehen möge, wird dein Gebet niemals erhört. Denn Beten ist nur möglich, wenn alles Wünschen aufgehört hat. Aus Wünschen kommen nie Gebete. Bitten ist nicht beten. Beten ist etwas anderes. Und was du brauchst, weiß Gott sowieso.

Ein Sufi-Mystiker namens Bayazid sagte immer wieder: „Gott weiß, was ich brauche, also bitte ich ihn um nichts. Das wäre ja albern: was sollte ich denn sagen? Er weiß es doch schon. Ihm etwas zu sagen, was er sowieso schon weiß, ist einfach dumm. Und mir etwas aus den Fingern zu saugen, was er vielleicht noch nicht weiß, ist erst recht dumm. Denn wer sollte das wohl sein? Also mache ich mir die ganze Mühe erst gar nicht. Was ich brauche, das gibt er mir."

Einmal war er nun hungrig und ohne Geld aus der Stadt gewiesen worden, durch die er gerade kam. Keiner wollte ihm Obdach für die Nacht geben. Es war stockfinster, und er saß unter einem Baum, draußen vor der Stadt, umringt von Gefahren. Und da sagte einer seiner Jünger: „So – und jetzt? Gott weiß, dass sein geliebter Bayazid in Schwierigkeiten steckt; dass ihn die Stadt ausgewiesen hat, dass er keinen Bissen zu essen hat und mit knurrendem Magen unter einem Baum sitzt, während die wilden Tiere herumstreifen und ihn noch nicht einmal schlafen lassen. Was ist das eigentlich für ein guter Gott, von dem du immer sprichst und der dir immer alles gibt, was du brauchst?"

Bayazid lachte und sagte: „Er weiß, dass ich im Augenblick genau das hier brauche. Ich brauche das. Warum wäre es sonst, wie es ist? Wie hätte es so kommen können? Gott weiß genau, wann du Armut brauchst", sagte Bayazid weiter, „und Gott weiß, wann du Wohlstand brauchst. Und Gott weiß, wann du fasten musst, und wann du an einem Festmahl teilnehmen sollst. Er weiß es! Und was ich jetzt habe, das brauche ich jetzt."

Bitten kannst du nicht. Wenn du bittest, wird dir nicht gegeben. Indem du fragst, beweist du, dass du noch nicht so weit bist, es in Empfang zu nehmen. Beten geschieht still. Wenn sich Wörter einmischen, folgt das Wünschen auf dem Fuße nach. Denn Wörter sind die Vehikel der Wünsche. Wie kann man stillschweigen und dabei wünschen? Versucht es einmal! Lässt sich in aller Stille etwas wünschen? Wie wohl? Ohne Sprache geht es nicht. Alle Sprache gehört zum Reich des Wünschens. Genau deswegen bestehen alle Weisen darauf, dass man still werden muss; denn nur, wenn kein

Wort mehr in dir übrig bleibt, hört alles Verlangen auf. Solange das nicht so ist, lauert hinter jedem Wort ein Wunsch.

Was du sagst, ist unwichtig. Selbst wenn du in deinem Tempel, deiner Moschee oder Kirche nur sagst: „Ich bin wunschlos glücklich", dann ist das schon ein Wunsch. Du brauchst nur genauer hinzuschauen – irgendwo versteckt sich ein Wunsch. Aber da du weißt, dass du erst wunschlos werden musst, damit dir gegeben werde, sagst du: „Ich bin wunschlos", damit du es doch bekommst! Es versteckt sich nur im Hintergrund; irgendwo im Schatten lauert es. Warum sagst du sonst so ausdrücklich, dass du wunschlos bist?

Sei still. Nur Stille ist Beten. Alle Gebete, die du kennst, sind falsch. Alle Gebete, die man dir beigebracht hat, sind gar keine Gebete, sondern totes Ritual. Es gibt nur ein Gebet, und das ist Schweigen. Ein solches Schweigen, dass kein Wort mehr den glatten See deines Bewusstseins kräuselt. Nicht die leiseste Welle. Der See ist vollkommen still. Er ist zum Spiegel geworden. Er spiegelt die Schöpfung wider, er spiegelt Gott wider. In einem solchen Augenblick völliger Stille geht alles in Erfüllung. Und daher heißt es in unserer Geschichte:

> Jeden Tag verschenkte er an eine bestimmte Gruppe
> von Leuten Gold – an die Kranken, die Witwen und so weiter.
> Aber wer den Mund auftat, bekam nichts.
> Nicht alle konnten den Mund halten.

Das ist eine alte Sufi-Regel: „Halte absolut den Mund – nicht nur äußerlich, sondern auch innen. Dann wird dir vieles gegeben werden. Wenn du nicht fragst, wird dir viel gegeben, wenn du fragst, wird dir nichts gegeben. Das sieht paradox aus, aber es ist ein fundamentales Gesetz des Daseins.

Bitte um nichts – und plötzlich wirst du überschüttet. Es kam einmal ein Mann zu Bayazid und sagte: „Deine Lehren haben mich ruiniert. Vor zwanzig Jahren kam ich zu dir und du sagtest: ‚Wenn du um nichts bittest, wirst du von Reichtum überschüttet. Wenn du nicht suchst, wird dir alles gegeben. Wenn du die schönste Frau der

Welt nicht begehrst, bekommst du sie.' Zwanzig Jahre habe ich umsonst gewartet. Keine einzige, nicht einmal eine hässliche Frau hat sich gezeigt. Und erst recht kein Reichtum – ich bin so arm wie eh und je. Das verdanke ich dir. Was hast du dazu zu sagen?"

Bayazid antwortete: „Es wäre bestimmt alles eingetroffen, wenn du dich nicht zu oft umgedreht hättest, um nachzusehen, ob die schöne Frau schon unterwegs ist. Der Wunsch danach war da. Dass du Frau und Geld verpasst hast, musst du dir selber zuschreiben, nicht mir. Du hast ständig auf der Lauer gelegen: ‚Ob wohl gleich die schönste Frau an meine Tür klopft? Ob sie die Göttin des Reichtums sein wird?' Still warst du jedenfalls nicht. Wunschlos warst du nicht."

Die Sufis sagen: „Wer nicht bittet, dem wird gegeben." Und diese Lehre geht tiefer als die Lehre von Jesus, der sagt: „Bitte und dir wird gegeben werden. Klopfe und die Tür öffnet sich." Aber die Sufis sagen: „Bitte und dir wird nichts gegeben werden. Klopfe an oder stoße mit dem Kopf gegen die Tür – und sie wird sich dir immer mehr verschließen."

Nicht alle konnten den Mund halten …

Obwohl sie genau wussten, dass dieser Mann, dieser freigebige Mann aus Bokhara nur denen etwas gab, die still blieben. Aber es ist eben nicht so leicht …

Der Verstand argumentiert so: „Mach es ausdrücklich klar, wie nötig du es hast, stell ihm deine ganze Situation vor Augen, dann ist sicherlich noch ein bisschen mehr aus ihm herauszuholen."

Und das Schöne an der Geschichte ist, dass es ein Advokat ist. Jeder andere hätte vielleicht seinen Mund halten können, aber nicht der Advokat. Er weiß, wie man das Gericht erweichen, wie man den Richter umstimmen und verführen kann. Er weiß, dass man den Fall verliert, wenn man den Mund hält. Für die Geschäfte der Welt sind Worte unerlässlich. Ein Rechtsanwalt lebt geradezu von Worten, und die Gerichte sind die eigentlichen Tempel dieser Welt. Seht euch einmal die Gebäude der obersten Gerichtshöfe an: das sind die heutigen Tempel. Sie kosten Unsummen. Warum?

Selbst Tempel und Kirchen sind daneben zusammengeschrumpft, aber die Gerichte werden ständig dicker und breiter. Denn da sitzt die Macht. Die Macht der Gewalt und des Mordes, die Macht von Gesetz und Sprache und Logik. Ein Advokat ist ein Logiker.

Er wusste genau, welche Bedingung dieser Reiche aufgestellt hatte: „Nur wenn du still bleibst, bekommst du was. Wenn du drum bittest, bekommst du nichts ..." Und trotzdem konnte er nicht den Mund halten.

Warum ist es nur so schwer, nichts zu sagen? Ihr müsst es wissen, denn ich muss euch immer von neuem daran erinnern: Seid still! Aber werdet ihr still? Ich sage tausendmal zu euch: „Gott wartet nur darauf, zu euch zu kommen, aber ihr müsst ihm eure Bereitschaft damit beweisen, dass ihr still werdet." Aber diesen Beweis bleibt ihr schuldig. Ihr erzählt Gott lieber etwas von eurem wirklich sehr großen Unglück, euren Problemen, Schmerzen und Ängsten – damit vielleicht etwas mehr aus ihm herauszuholen ist ...

Eines Tages waren die Advokaten an der Reihe,
ihren Anteil am Goldregen einzuheimsen.
Einer von ihnen konnte sich nicht enthalten,
eine höchst umständliche Bittrede vorzutragen.
Er bekam nicht einen Heller.
Dabei ließ er es nun aber nicht bewenden.

Einen Advokaten wird man so schnell nicht wieder los. Er findet andere Schleichwege. Wenn es auf dem einen nicht weitergeht, dann versucht er es mit einem andern. Irgendwo ist sicher eine Lücke. Dann versucht er eben, von der Rückseite ins Haus zu kommen ... durch die Hintertür.

Ich habe einen guten Freund, er ist ein berühmter Rechtsanwalt. Er erzählte mir einmal, wie er einen Fall durchgefochten hat, bei dem der Richter ein sehr frommer Mann war – den Richter kenne ich auch, ein wirklich ausgesprochen frommer Mann, völlig unbestechlich. So unbestechlich, dass einer, der ihn zu bestechen versuchte, sicher sein konnte, dass er den Fall verlor. Was also tat mein Freund? Er versuchte, den Richter im Namen der andern Partei zu bestechen. Irgendwie brachte er es zustande. Und natürlich verlor die Gegenpartei. Er schickte einen Mann zum Richter, der vorgab, für die andere Partei Bestechungsgeld anzubieten. Der Richter war empört über die Annäherungsversuche, und so verlor die Gegenpartei. Dabei war sie völlig im Recht. Kein Mensch begriff, wieso sie den Fall verlor. Die Gegenpartei war sprachlos. Bei einem so unbestechlichen Richter konnte es überhaupt keinen Zweifel über den Ausgang der Sache geben.

Es lag so klar auf der Hand, dass sie im Recht war. Nichts stand auf dem Spiel, es gab keine Komplikationen. Wie konnte sie nur verlieren?! Ein Advokat findet immer einen Weg. Wenn es durch den Haupteingang geht – gut. Wenn nicht, dann durch die Hintertür. Wenn es bei Tage geht – gut. Wenn nicht, dann bei Nacht.

Dabei ließ er es nun aber nicht bewenden.
Als am nächsten Tag die Invaliden ihre Unterstützung erhielten,
schmuggelte er sich als Krüppel getarnt unter sie.
Aber der Präsident erkannte ihn und gab ihm nichts.

‚Präsident' ist hier symbolisch zu verstehen. ‚Präsident' steht für das höhere Bewusstsein, das sich mit dem niederen Bewusstsein genau auskennt und sich nie von ihm täuschen lässt. Außer, wenn das höhere Bewusstsein aus ganz bestimmten Gründen die Täuschung zulässt. Sonst aber nicht. Wie sollte das niedere Bewusstsein das Höhere täuschen können?

Aber der ‚Präsident' erkannte ihn und gab ihm nichts.
Immer wieder versuchte er es von neuem,
selbst als Frau verkleidet ...

In muslimischen Ländern kann man sich als Frau verkleiden, ohne dass jemand sagen kann, ob man Frau oder Mann ist.

... Aber ohne Erfolg.

Man kann das höhere Bewusstsein nicht täuschen. Versucht nie, einen Meister zu täuschen. Aber ihr versucht es trotzdem, denn euer logischer Verstand, euer Winkeladvokat, versucht alles, was in seinen Kräften steht. Hier bei mir passiert das jeden Tag. Es kommt selten vor, dass mich mal jemand von euch nicht täuschen will oder zu täuschen versucht.

Jemand kommt zum Beispiel zu mir in den Darshan. Er ist glücklich und zufrieden. Ich kann es ihm ansehen: zum ersten Mal ist er von einer unbekannten Freude erfüllt. Und dann frage ich: „Wie geht's?“ – und er antwortet: „Na ja, so la-la.“ Mit einem Achselzucken. Warum versucht er, mich zu täuschen? Er will etwas mehr Beachtung, etwas Mitleid von mir. Wenn er zugibt, dass er froh und glücklich ist, dann braucht er mein Mitleid nicht. Und ihr seid so blind, dass ihr um Mitleid bettelt, wo ihr Liebe haben könntet.

Liebe bekommt nur der, der glücklich ist, aber der Unglückliche bekommt nur Mitleid. Einen Unglücklichen kann man nicht lieben. Es ist unmöglich. Er ist dafür nicht in der richtigen Stimmung. Man kann ihn nicht lieben, sondern nur bemitleiden. Liebe kann man nur dem schenken, der glücklich und offen ist– das ist die richtige Wellenlänge für die Liebe – so kann sie kommen.

Ich war zur Liebe bereit, aber ihr habt mich lieber getäuscht und habt stattdessen Mitleid bekommen. Täuschung ist aber gar nicht möglich. Ihr täuschst euch nur selber. Aber ihr seid so geschickt im Täuschen, ihr habt es euer ganzes Leben lang so gut eingeübt, dass ihr es selber nicht mehr merkt.

Die Frau ist allein zu Hause und singt und summt vor sich hin. Sie fühlt sich wohl. Plötzlich hört sie den Wagen ihres Mannes auf der Zufahrt zum Haus, und schon verändert sich ihr Gesicht. Jetzt stellt sie sich darauf ein, sein Mitleid zu bekommen. Sie sieht traurig und müde aus. Eben noch war sie heiter, ihr fehlte nichts. Es genügt schon, dass sie den Wagen kommen hört, und schon ist sie wie umgewandelt. Der Mann kommt – und diesen Trick hat sie längst gelernt: wenn sie unglücklich ist, tröstet er sie. Wenn sie nicht unglücklich ist, wird er seine Zeitung lesen.

Eure Täuschungsmanöver sind eingeübt. Und sie funktionieren! Jedenfalls mit Leuten auf derselben Stufe. Denn die andern benutzen dieselben Tricks. Der Mann mag eben noch ein Lied geträllert haben, während er im Wagen saß; aber jetzt, wo er das Haus betritt, schlüpft er in seine Pose – der abgespannte, müde Brotverdiener, der sich den ganzen Tag für Frau und Kinder abgemüht hat und jetzt ein bisschen umsorgt und bemuttert werden will.

Aber vergesst nicht: Mitleid ist ein armseliger Ersatz für Liebe. Gebt euch nie mit Mitleid zufrieden. Mitleid ist absolut nichts wert. Und der, von dem ihr es bekommt, fühlt sich auch nicht wohl dabei. Es ist ihm im Grunde lästig. Er fühlt sich genötigt. Er tut es als eine Pflicht. Wenn jemand krank ist und erwartet, dass man sich mit ihm abgibt, dann geht man aus Pflichtbewusstsein hin. Bettelt nie um Mitleid. Seid glücklich, und Liebe strömt euch von allein zu. Liebe ist echte Münze; Mitleid ist Falschgeld. Es sieht wie Liebe aus, ist aber keine. Und daraus entsteht folgendes Problem: du bittest um Mitleid, du bekommst es auch, aber hinterher fühlst du dich nicht erfüllt. Niemand fühlt sich durch Mitleid gesättigt. In Wirklichkeit hattest du Liebe nötig, hast aber um Mitleid gebettelt: Du hast um die falsche Nahrung gebeten. Wenn du sie bekommst, verdirbst du dir den Magen, und wenn sie dir vorenthalten wird, verdirbst du dir den Magen auch.

Denn wenn du um Mitleid bettelst und es nicht bekommst, dann macht dich das nur noch unglücklicher, denn dann bist du, scheint es, allen egal. Wenn du es aber bekommst, lässt es dich trotzdem unbefriedigt, weil Mitleid ein dünnes Süppchen ist, ohne Nährwert. Was du brauchst, ist wahre, authentische Liebe, ein Strömen, das von Herzen kommt. Was du brauchst, ist eine freudige Umarmung von deinem Mann, aber das kann nur geschehen, wenn du selbst zu einer magnetischen Kraft geworden bist: wenn dein Glück ihn an dich zieht.

Niemand wirft sich gern einem Häuflein Elend um den Hals. Dem Unglück gegenüber ist man auf der Hut; man bewegt sich vorsichtig. Aber diese Tricks sind euch in Fleisch und Blut übergegangen. Und so spielt ihr sie auch mir gegenüber aus, wenn ihr zu mir kommt. Sie sind euch zur zweiten Natur geworden.

> Aber der Präsident erkannte ihn und gab ihm nichts.
> Immer wieder versuchte er es von neuem –
> selbst als Frau verkleidet. Aber ohne Erfolg.

Ihr könnt euch nicht verstecken, denn ein höheres Bewusstsein bedeutet nichts anderes als ein Bewusstsein, das alles durchschaut. Es kann nicht nur durch Kleider blicken – etwa den Schleier einer Muslimin –, es kann auch durch den Körper blicken – den Schleier der Natur. Es durchschaut euren Verstand – auch nur eine Art Schleier –, den Schleier der Kultur. Es blickt bis ins innerste Herz eures Seins hinein. Es dringt direkt bis zu eurer Mitte vor. Sei ehrlich, natürlich, gelöst. Wann immer du einem höheren Bewusstsein gegenübertrittst, sei natürlich und gelöst. Was du auch bist, bring es auf den Tisch. Halte nicht einmal eine Trumpfkarte zurück. Spiel mit offenen Karten. Du wirst viel Liebe zurückbekommen – du wirst alles erhalten; denn wenn du dich völlig nackt zeigen kannst, bedeutet das, dass du bereit bist zu sterben. Nur wenn du ungeschützt bist, wirst du offen, wirst du verwundbar.

Und ein Meister ist ein Tod. So steht es auch wörtlich in den alten indischen Schriften: „Ein Meister ist ein Tod." Wenn du zu einem Meister kommst, triffst du auf den Abgrund eines unendlichen Todes. Selbst der gewöhnliche Tod ist nicht so tief, denn der gewöhnliche Tod kann nicht viel zerstören. Deine geistige Form überlebt. Der Körper verwest, und du bekommst einen neuen. Der alte Körper wird gegen einen neuen eingetauscht. Aber deine geistige Form nicht – sie bleibt gleich und sucht sich einen neuen Körper.

Ein Meister ist ein großer Tod. Wenn du durch einen Meister, seine Liebe und seinen Segen hindurchgehen kannst, wird nicht nur dein Körper, sondern auch dein geistiges Ich sterben. Was sterblich ist, wird sterben, und nur das, was nicht sterben kann – das Todlose –, wird überleben. Nur dein todloses Wesen, dein unsterbliches Wesen – *Brahma.*

> Schließlich wandte sich der Advokat an einen
> Beerdigungsunternehmer und trug ihm auf,
> ihn in ein Leichentuch zu wickeln.
> „Wenn dann der Präsident vorbeikommt,
> wird er mich für einen Toten halten
> und vielleicht ein paar Münzen auf mich werfen,
> für die Beerdigung.
> Dann bekommst du etwas von dem Geld ab."

Jetzt wird ein Kampf daraus. Der Advokat versucht verzweifelt, den Meister aufs Kreuz zu legen, nur um ihm sagen zu können: „Siehst du – sogar du kannst getäuscht werden!" Er will dem Meister auf der Nase herumtanzen, um sagen zu können: „Du hast also doch kein höheres Bewusstsein als ich."

Das ist bei jedem Jünger so. Der Jünger lässt nichts unversucht, den Meister hereinzulegen, um zu testen: „Ist er mir wirklich überlegen?" Also versucht der Jünger erst einmal alles, um zu beweisen, dass er nicht überlegen ist, dass „er auch nicht mehr weiß, als ich selber." Es ist für sein Ego die einzige Chance, wenn es erhobenen Hauptes sagen kann: „Jetzt bin ich an den Punkt gelangt, wo ich erkenne, dass er nicht höher steht als ich – er ist wie ich." Das stärkt das Ego. Statt im Meister zu sterben, päppelt ihr euer sterbendes Ego wieder auf und gebt ihm neues Blut. Jeder Jünger gerät in einen Konflikt, sobald er sich einem Meister anschließt. Der Meister will sein Ego restlos und unwiederbringlich vernichten. Und du willst es mit aller Macht retten. Nicht nur retten, sondern es kräftigen und stärken, vitaler und überlegener machen.

Ein Jünger kommt mit ganz bestimmten Vorstellungen zu einem Meister, und der Meister ist zu einem ganz anderen Zweck da. Ein Jünger kommt in Lumpen und niedergeschlagen an, weil das Leben sein Ego nicht befriedigen konnte. Jetzt hat er sich der unsichtbaren Welt zugewandt; vielleicht gelingt es ihm dort, sein Ego zu erfüllen. Er kann ein bedeutsamer Sannyasin werden; er kann zum Obererleuchteten der ganzen Welt aufsteigen. Wer weiß, was er nicht alles werden könnte. In der äußeren Welt hat er Schiffbruch erlitten. Jetzt versucht er es mit der ‚anderen' Welt: vielleicht kann er dort irgendwo vor Anker gehen und sein Ego retten.

Ihr kommt aus falschen Motiven zu einem Meister – das ist nur natürlich. Ihr lebt verkehrt, wie könnt ihr da aus den richtigen Motiven kommen? Aber der Meister ist aus einem absolut andern Grund da. Er zieht euch an, er lockt euch näher und näher heran, nur um euch umzubringen – und zwar so gründlich umzubringen, dass nicht einmal eine Spur von Ego in seinem Feuer übrig bleibt. Patanjali nennt das *„Nirbeej Samadhi"*, ein *Samadhi*, wo das Samenkorn des Ego so vollständig verbrannt wird, dass es nicht wieder zum Keimen kommt, ganz egal, was man danach noch mit ihm anstellt.

Der Meister ist ein Feuer. Der Meister ist ein Tod.

Schließlich wandte sich der Advokat an einen
Beerdigungsunternehmer und trug ihm auf,
ihn in ein Leichentuch einzuwickeln.
„Wenn dann der Präsident vorbeikommt,
wird er mich für einen Toten halten
und vielleicht ein paar Münzen auf mich werfen,
für die Beerdigung.
Dann bekommst du etwas von dem Geld ab."

Und so kam es auch. Ein Goldstück aus der Hand des Präsidenten fiel auf das Leichentuch. Der Advokat griff sofort zu, aus Angst, der Beerdigungsunternehmer könne ihm zuvorkommen.

Dann sagte er zu dem Wohltäter:
„Du hast mir dein Gold verweigert.
Schau, wie ich es mir dennoch geholt habe."

Was er sagt, ist: „Ätsch, ich hab dich hereingelegt. Wo ist dein höheres Bewusstsein? Mein Herr Weltpräsident – wo ist denn nun das höhere Bewusstsein? Endlich hab ich es dir gezeigt. Der Sieg ist mein. Du konntest nicht entscheiden, ob ich tot oder lebendig war!"

„Du irrst", erwiderte der Spender,
„du kannst nichts von mir bekommen, ehe du nicht stirbst ..."

Der freigebige Mann benutzte die Situation – der Advokat hatte ihn keineswegs getäuscht –, um ihm eine gezielte Lektion zu erteilen:

„Du kannst von mir nichts bekommen, ehe du nicht stirbst."

Dein Tod ist nicht echt, das sehe ich, und so hast du auch kein wirkliches Gold erhalten. Nur ein Stück weltliches Gold – wertlos. Dein Tod ist unecht. Aber behalte diese Lehre in deinem Herzen: „Du kannst von mir nichts bekommen, ehe du nicht stirbst." Das ist die ganze Botschaft der Sufis: „Stirb und werde!" Stirb, wie du jetzt bist, damit du das werden kannst, was du wirklich bist. Stirb dem Ego, damit das Göttliche in dir geboren werden kann. Stirb der Vergangenheit, damit du dich der Zukunft öffnest. Stirb dem Bekannten, damit das Unbekannte in dich eindringen kann.

Stirb dem Verstand, damit dein Herz wieder zu schlagen beginnt, damit du dein eigenes Herz wieder finden kannst, das dir ganz verloren ging. Ihr wisst nicht, was das ist – das Herz! Das, was da in euch schlägt, das ihr hören könnt, ist nicht das wahre Herz. Es ist nur der körperliche Teil eures Herzens.

Der seelische Teil versteckt sich hinter dem körperlichen. Diese Herzschläge gehören zum Körper, aber verborgen in diesen Schlägen, oder zwischen ihnen, in den Intervallen, schlägt der Puls des wirklichen Herzens, des Herzens der Seele. Das körperliche Herz ist nur seine materielle Seite. Mit der göttlichen Seite eures Herzens habt ihr allen Kontakt verloren. Ihr lebt ein liebloses, ein herzloses Leben. Ihr seid hart wie Stein. Selbst Stein ist nicht so hart. Steine können gesprengt werden – und das sage ich aus langer und tiefer Erfahrung.

Wenn ich versuche, euren Fels zu sprengen, zeigt es sich, dass sich euer Fels in jeder Beziehung zu schützen versucht. Ihr versucht, eure Krankheiten, eure Leiden zu schützen. Ihr versucht, eure Neurosen, euren Wahnsinn zu schützen – denn das ist das einzige, womit ihr euch identifizieren könnt. Ihr glaubt, ihr seid das alles. Ihr seid es nicht. Ehe du nicht stirbst, wirst du niemals wissen, wer du bist. In deiner jetzigen Verfassung kannst du zwar eine Yogaposition einnehmen und die Mantras von Maharshi Ramana wiederholen: „Wer bin ich? Wer bin ich? Wer bin ich?"– aber wissen wirst du es nicht. Das Mantra wird dir nur im Hirn kreisen. Ramana kam durch dieses Mantra zur Erleuchtung– aber er ging damit durch den Tod.

Es geschah, als er siebzehn Jahre alt war. Seit seiner frühen Kindheit hatte er ununterbrochen meditiert; den Antrieb dazu musste er aus früheren Leben mitgebracht haben. Er war nicht wie andere Kinder, er war von Anfang an nicht an der Welt interessiert. Bei jeder Gelegenheit bereitete er sich vor und ging mit geschlossenen Augen in Zustände des Schweigens, immer tieferen Schweigens.

Plötzlich – er war siebzehn – plötzlich spürte er, dass er sterben würde. Und wenn man in tiefer Meditation das Gefühl bekommt, sterben zu müssen, dann ist das nicht nur einfach ein Gefühl oder ein flüchtiger Gedanke– es packt dich total, weil zwischen dir und dem Tod kein Gedanke mehr ist, der als Waffe dienen kann. Du kannst dich nicht wehren. Wenn dein Geist völlig still geworden ist, gibt es keine Frage mehr, dass du jetzt sterben wirst.

Dieser Augenblick erwartet jeden Meditierenden – und gesegnet sind die, zu denen er kommt. Plötzlich hatte er das Gefühl zu sterben – und in dem Augenblick ist nichts mehr zu machen. Der Tod ist dir absolut sicher. Was will man da noch tun? Er saß unter einem

Baum und legte sich hin – zum Sterben bereit, völlig ergeben. Er entspannte seinen Körper. Keine Spur von Todeskampf! Und dann merkte er, wie nach und nach sein Körper kalt wurde. Bald war er eine Leiche, steif und leblos. Selbst wenn er gewollt hätte, er hätte nicht einmal den kleinen Finger rühren können. Aller Kontakt zum Körper war abgebrochen. Und dann sah er, wie sich sein Geist auflöste – wie Wasser, das verdampft. Und der Geist verschwand; aller Kontakt mit dem Geist war abgebrochen. Dann wartete er und wartete und wartete – wann würde der endgültige Tod eintreten? Aber der Tod kam nie. Er hatte die Dimension des Todlosen erreicht. Er war jetzt ein vollkommen neuer Mensch. Der alte Mensch war tot. Den Sohn eines bestimmten Vaters und einer bestimmten Mutter gab es nicht mehr. Er war nicht mehr Raman. Raman war plötzlich verschwunden. Ein Bhagwan war geboren: er war göttlich geworden.

Wenn du bis zur untersten Schicht deines Wesens vordringst, zum Todlosen, wirst du Gott. ‚Gott' bedeutet nichts anderes als das, Gott bedeutet das Unsterbliche, das Todlose.

„Du irrst", erwiderte der Spender
„du kannst nichts von mir bekommen, ehe du nicht stirbst ..."

Und von mir kannst du auch nichts bekommen, ehe du nicht stirbst. Und von Gott kannst du auch nichts bekommen, ehe du nicht stirbst. Ja, solange du nicht stirbst, ist dein Leben tot, bist du lebendig begraben. Bis dahin ist dein Leben nichts als ein langsamer Selbstmord, der sich über siebzig, achtzig Jahre erstreckt; ein schleichender Selbstmord, ein schleichender Tod. Vom Augenblick deiner Geburt an beginnst du zu sterben und zu sterben und zu sterben.

Ehe du nicht stirbst, ist dein Leben ein langsames Sterben, aber wenn du den Mut hast, den Sprung in den Tod zu wagen, dann geht dir plötzlich zum ersten Mal das wahre Leben auf. Zum ersten Mal tanzt dann das Todlose in dir. Zum ersten Mal regt sich in dir das, was Jesus „Ewiges Leben" nannte – du fließt über davon! Jetzt bist du kein kleines Rinnsal mehr in der Wüste, das irgendwie überlebt, weit und breit von steinigem Geröll umgeben. Du wirst wie der Ganges zur Regenzeit: Du trittst über deine Ufer, du brichst alle Dämme, überflutest alle Grenzen ... du wirst unerschöpfliches Leben. Aber das wird nie geschehen, ehe du nicht stirbst.

Da liegt also das Paradox: Jesus sagt, dass dir das Leben entgeht, wenn du dich daran klammerst. Wenn du dein Leben retten willst, wird es dir entgleiten. Die einzige Möglichkeit, es zu besitzen, ist, es zu verlieren. Und das ist es, was ich Sannyas nenne. Es ist eine innere Verwandlung. Es ist die Bereitschaft zu sterben, die Bereitschaft, dem Ego zu sterben. Die eine Tür schließt sich – die Tür des Ego; eine andere öffnet sich – die Tür zur Unsterblichkeit.

Das ist die Bedeutung des geheimnisvollen Spruches:
„Der Mensch muss sterben, bevor er stirbt."

Ihr seid zwar schon viele Male gestorben, aber von dieser Art des Todes ist hier nicht die Rede. Diese Art kennt ihr, ohne dass euch das einen Schritt weitergebracht hätte. Ihr überlebt ihn.

Was ihr braucht, ist ein größerer Tod als das. Es gibt einen Tod, der natürlich eintritt; denn alles, was geboren wurde, muss sterben; alles, was zusammengesetzt ist, muss wieder auseinander fallen. Also muss euer Körper sterben, das ist natürlich. Das ist Millionen Menschen geschehen, und es wird immer so weiter gehen, es sei denn, ihr werdet wach und bewusst.

Es gibt aber noch einen anderen Tod. Dieser Tod ist eine völlig neue Dimension. Es ist ein freiwilliger Tod, kein natürlicher. Der Körper stirbt nicht dabei, aber du springst hinein – und dabei stirbt dieses Du. Du wartest nicht erst den natürlichen Tod ab. Das ist Sannyas. Es bedeutet, freiwillig in den Tod aller Tode zu springen. Durch diesen Tod erreichst du das Todlose. Das ist die Bedeutung des geheimnisvollen Spruches: *„Der Mensch muss sterben, bevor er stirbt."*

Die Gabe erfolgt erst nach diesem ‚Tod', nicht vorher.
Und trotzdem kann ohne Hilfe dieser ‚Tod' nicht geschehen.

Deshalb bin ich hier. Allein auf euch gestellt, seid ihr nicht einmal zum Sterben fähig. Nicht einmal so etwas Einfaches bringt ihr selber fertig. Es ist so einfach! – aber es ist zu schwer für euch, es allein zu tun. Ihr braucht die Hilfe von einem, der schon vor euch gestorben ist. Er kann euch anschubsen und mitziehen; er kann eine Situation herstellen, in der ihr, ohne es zu wissen, in die Falle geht. Ein Meister wirft sein Netz aus und fängt viele Fische. Ausgewählt werden diejenigen, die bereit sind, zu sterben. Diejenigen, die nicht bereit sind zu sterben, werden in den Fluss zurückgeworfen.

Ihr seid von allen Enden der Welt zu mir gekommen. Ihr könnt gerne glauben, dass ihr von euch aus zu mir gekommen seid – aber das ist nur eine weitere Selbsttäuschung des Ego. Ich habe euch gefischt. Und darum seid ihr hier. Glaub nicht, dass du von dir aus gekommen bist. Du glaubst, aus eigener Initiative gekommen zu sein, aber das stimmt nicht. Ich habe dich auf unsichtbare Weise schon lange gerufen, an mich gezogen. Und du bist gekommen. Jetzt bist du im Netz. Und viele von euch sind immer noch damit beschäftigt, sich nicht fangen zu lassen.

Sannyas ist nur eine Geste der Hingabe eurerseits. Damit erlaubt ihr mir zu tun, was immer ich für richtig halte. Diese Auslieferung ist ein Akt des Vertrauens: „Ich trete ab – jetzt übernimm du, tu was du willst. Ich misch mich von jetzt an nicht mehr ein.“ Es ist so, wie wenn du zum Chirurgen gehst, und dich ihm vertrauensvoll überlässt; denn wenn du es nicht tust und sagst: „Ich muss dir auf die Finger schauen“, dann ist ein chirurgischer Eingriff nicht möglich. Du musst völlig unbewusst werden, und mit der Unbewusstheit lieferst du dich vollkommen aus. Selbst wenn der Chirurg dich tötet, bist du nicht mehr da, um dich zu wehren.

Vertrauen bedeutet, dass du dich den Händen eines andern überlässt, selbst auf die Gefahr hin, dass er dich tötet. Sogar das bist du bereit durchzustehen. Sannyas bedeutet, dass du dich auf meinen Operationstisch legst und mir die Freiheit gibst, zu schneiden, wo und wie ich will. Das ist schmerzlich. Es ist sehr, sehr schmerzhaft, weil diese Art von Chirurgie nicht in Narkose geschehen kann – ich muss sie durchführen, während du voll bei Bewusstsein bist. Ich kann euch kein Morphium, ich kann euch kein Chloroform geben; im Gegenteil– ich muss euch Meditationstechniken geben, damit ihr immer bewusster und empfindsamer werdet.

Dies hier ist eine andere Form von Chirurgie, eine vollkommen andere Form: Hier geht es nicht ohne dein Bewusstsein ab. Du musst ein hellwacher Zeuge des Geschehens sein, damit ich dir vor deinen Augen etwas amputieren kann, das gar nicht zu dir gehört, mit dem du dich aber bis jetzt voll identifiziert hattest. Nur so kann ich dir den Weg zeigen, wie du zu deinem innersten, zu deinem eigentlichen Wesen gelangen kannst. Es war schon da, bevor du geboren wurdest. Es ist da, bevor du stirbst. Es wird da sein, wenn du tot bist.

Die Schöpfung nimmt immer neue Lebensformen an.

Du brauchst jemanden, der dir dabei hilft, das Formlose aufzuspüren, das sich hinter allen Formen verbirgt. Du hängst an Formen, deine Augen sind von Formen geblendet, und so ist ein tiefer chirurgischer Eingriff notwendig. So, wie es dieses Sufi-Sprichwort sagt:

> Die Gabe erfolgt erst nach diesem „Tod", nicht vorher.
> Und trotzdem kann ohne Hilfe dieser „Tod" nicht geschehen.

Diese Hilfe ist möglich, wenn du dich einem Meister überlässt. Ja, indem du dich einem Meister überlässt, wird genau dieser Tod möglich, von dem hier die Rede ist. Selbstaufgabe ist wie Tod; darum hast du eine so große Angst davor. Du versuchst dich zu schützen. Du möchtest mit Gewalt etwas von mir bekommen, aber trotzdem du selbst bleiben. Aber das ist nicht möglich.

Du musst sterben. Nur so kannst du etwas bekommen. Das Geschenk ist fertig, es ist schon verpackt, die Adresse steht schon drauf – aber du bist noch nicht bereit, es in Empfang zu nehmen.

> Du kannst nichts von mir bekommen, ehe du nicht stirbst.

2 | URTEILE NICHT

Ein junger Mann kam zu Dhun-Nun, dem Ägypter.
Er behauptete, dass die Sufis im Irrtum seien,
und noch viele andere Dinge mehr.
Der Ägypter gab ihm zur Antwort einen Ring,
den er sich mit den Worten vom Finger streifte:
„Nimm diesen Ring und geh zu den Marktständen da drüben.
Sieh zu, ob du ein Goldstück dafür bekommen kannst."
Er konnte auf dem ganzen Markt keinen Händler finden,
der mehr als ein kleines Stück Silber dafür geboten hätte.
Der junge Mann kam mit dem Ring zurück.
„Und jetzt", sagte Dhun-Nun, „geh zum Goldschmied und
frag ihn, was er zu zahlen bereit ist."
Der Goldschmied bot eintausend Goldstücke für das Juwel.
Der junge Mann war hoch erstaunt.
„Und nun, mein Sohn", sagte Dhun-Nun,
„zu deiner Einschätzung der Sufis:
Du verstehst gerade soviel davon,
wie die Krämer da drüben von der Goldschmiedekunst.
Wenn du Edelsteine schätzen willst,
musst du erst Goldschmied werden."

JESUS SAGT: „RICHTE NICHT DEINEN NÄCHSTEN", UND DAS IST EINER der größten Aussprüche, die je von einem Menschen auf Erden getan wurden. Aber für den Verstand ist das zu viel verlangt. Der Verstand muss augenblicklich urteilen. Der Verstand braucht keine Gründe, um zu einem Urteil zu kommen. Wie viele Urteile habt ihr nicht schon gefällt, ohne euch je darum zu kümmern, ob sie begründet waren oder nicht. Aber wer sich die Sache genau anschaut, wird entdecken, dass Jesus recht hat.

Jedes Urteil ist falsch, weil alles auf der Welt so tief miteinander verknüpft ist, dass du einen kleinen Ausschnitt davon niemals einschätzen kannst, solange du nicht das Ganze kennst. Alles geht nahtlos ineinander über, denn alles hängt zusammen. Dieser Augenblick hängt mit der gesamten Vergangenheit und der gesamten Zukunft zusammen. Die ganze Ewigkeit trifft sich in ihm. Alles, was je geschah, ist. Alles, was jetzt geschieht, ist. Alles, was je geschehen wird, ist. Wie wollt ihr da etwas beurteilen? Die Welt besteht nicht aus Teilen. Wäre es so, könnte man die einzelnen Fragmente erkennen; aber die Welt ist eine Einheit. Alle Urteile sind falsch, weil sie einseitig sind – aber sie erheben immer den Anspruch, für das Ganze zu stehen.

Ja, Jesus hat absolut recht: „Richte nicht deinen Nächsten", denn indem du urteilst, verschließt du dich. Etwas wird taub in dir. Deine Empfindlichkeit geht verloren, und mit ihr alle Hoffnung auf Wachstum. Sobald du urteilst, schrumpft etwas in dir; sobald du urteilst, bleibst du stecken; sobald du urteilst, hörst du zu blühen auf. Es gehört also sehr viel dazu, den Mut aufzubringen, nicht zu urteilen. Es gehört tatsächlich ungeheurer Mut dazu, denn der Verstand ist darauf versessen zu urteilen. Darauf versessen, über Gut und Böse, Richtig und Falsch zu Gericht zu sitzen. Und der Verstand ist dabei sehr kindisch: er hüpft beliebig von einem Urteil zum andern.

Wenn du also überhaupt deinen Verstand hinter dir lassen willst – und anders kannst du niemals innerlich zu wachsen beginnen, so urteile nicht.

Ich will euch eine kleine Geschichte erzählen: Sie geschah in den Tagen des Laotse in China, und Laotse hat sie sehr geliebt. Und die Jünger des Laotse haben sie Generation für Generation weitererzählt, und immer neue Bedeutung in dieser Geschichte entdeckt. Dabei ist die Geschichte weiter gewachsen – wie etwas Lebendiges.

Die Geschichte ist einfach: Es gab einmal in einem Dorf einen alten Mann, der sehr arm war, aber trotzdem von Königen beneidet wurde – denn er besaß ein schönes weißes Pferd. Ein Pferd von solcher Qualität war noch nie gesehen worden – solche Schönheit, solcher Stolz, solche Stärke! Könige bewarben sich um das Pferd und boten fabelhafte Preise, aber der alte Mann kannte nur eine Antwort: „Dieses Pferd ist für mich kein Pferd, sondern ein Mensch, und wie kann man einen Menschen verkaufen? Es ist ein Freund, es ist kein Besitz. Soll ich meinen Freund verkaufen? Nein, das kommt nicht in Frage." Der Mann war arm und hatte allen Grund, der Versuchung zu erliegen, aber er verkaufte das Pferd nie.

Eines Morgens entdeckte er plötzlich, dass das Pferd nicht mehr im Stall war. Das ganze Dorf versammelte sich, und alle sagten: „Das hast du davon, du alter Narr! Wir haben es gewusst, eines Tages musste das Pferd ja gestohlen werden! Und wie kannst du bei deiner Armut einen solchen Schatz richtig behüten? Du hättest wirklich besser daran getan, das Pferd zu verkaufen. Du hättest astronomische Summen dafür verlangen können, jeden Preis. Jetzt ist es weg. Jetzt siehst du, was für ein Fluch, was für ein Unglück es für dich war."

Der alte Mann sagte: „Ihr müsst nicht übertreiben! Sagen wir einfach: Das Pferd ist nicht im Stall. Das ist die einzige Tatsache; alles andere ist Interpretation. Ob es nun ein Unglück ist oder nicht, wie wollt ihr das wissen? Wie könnt ihr das beurteilen?"

Die Leute sagten: „Uns kannst du nichts vormachen; wir mögen zwar keine großen Philosophen sein, aber hier braucht man auch keine Philosophie. Es ist eine klare Tatsache, dass ein Schatz verloren gegangen ist, und das ist ein Unglück."

Der alte Mann erwiderte: „Ich bleibe dabei, die einzige Tatsache ist, dass der Stall leer und das Pferd fort ist. Darüber hinaus weiß ich nichts, ob Unglück oder Segen – denn so ein Urteil ist begrenzt; und niemand weiß, was noch kommt."

Er wurde ausgelacht. Die Leute hielten den alten Mann für verrückt. Sie hatten es schon immer gewusst, dass er nicht ganz richtig im Kopf war; sonst hätte er ja sein Pferd verkauft und in Saus und Braus gelebt … Stattdessen fristete er sein Leben als Holzfäller. Obwohl er sehr alt war, fällte er immer noch Bäume, brachte das Holz aus dem Wald und verkaufte es. Er lebte von der Hand in den Mund, hatte nur das Nötigste und nie wirklich genug. Aber jetzt war ihnen endgültig klar, dass er verrückt war.

Nach vierzehn Tagen kam plötzlich eines Nachts das Pferd zurück. Es war nicht gestohlen worden: es war nur in die Wildnis gelaufen. Und es kam nicht nur zurück, sondern brachte auch noch zwölf andere Wildpferde mit. Und wieder kamen die Leute zusammen, und sagten: „Alter, du hast recht gehabt; wir haben uns geirrt. Es war kein Unglück, sondern ein Segen. Es tut uns leid, dass wir dir Vorwürfe gemacht haben."

Und der alte Mann sagte: „Ihr geht schon wieder zu weit. Könnt ihr nicht einfach sagen, dass das Pferd zurück ist und dass es zwölf andere Pferde mitgebracht hat? Warum urteilt ihr? Wer will den wissen, ob es ein Segen ist oder nicht? Es ist nur ein Bruchstück, und wenn man den ganzen Zusammenhang nicht kennt, wie kann man dann urteilen? Wie könnt ihr über ein Buch urteilen, wenn ihr nur eine Seite gelesen habt? Wie könnt ihr über eine ganze Seite urteilen, wenn ihr nur einen Satz davon gelesen habt? Wie könnt ihr über den Satz urteilen, wenn ihr nur ein Wort davon gelesen habt? Und was ihr in der Hand haltet, ist weniger als ein Wort – das Leben ist so unendlich. Ihr habt nur das Bruchstück eines Wortes in der Hand und habt über die ganze Welt geurteilt. Sagt also nicht, dass dies ein Segen ist, denn wer weiß … Und ich bin völlig damit zufrieden, dass ich es nicht weiß. Lasst mich also bitte in Ruhe."

Diesmal hielten die Leute den Mund. Vielleicht hatte der alte Mann ja wieder Recht. Also sagten sie nichts, aber im Stillen wussten sie natürlich, dass er sich irrte. Zwölf herrliche Pferde waren mit dem einen Pferd zurückgekommen! Wenn sie ein bisschen eingeritten wurden, konnten sie bald alle verkauft werden und massenhaft Geld einbringen.

Der alte Mann hatte auch einen jungen Sohn – es war sein einziger. Dieser Sohn begann nun, die Wildpferde zu zähmen; eine Woche später stürzte er von einem der Pferde und brach sich beide Beine. Wieder kamen die Leute zusammen. Und die Leute sind überall ‚die Leute'; überall sind sie wie ihr. Und wieder urteilten sie sofort. Wie schnell ein Urteil feststeht! Sie sagten: „Du hattest recht. Was du geahnt hast, hat sich wieder einmal bestätigt. Es war kein Segen, es war doch ein Unglück. Dein einziger Sohn hat seine Beine verloren! Wer soll jetzt die Stütze deiner alten Tage sein? Jetzt bist du ärmer denn je."

Der alte Mann sagte: „Könnt ihr denn nicht einmal aufhören mit eurem Urteilen? Ihr geht schon wieder zu weit – sagt einfach, dass mein Sohn seine Beine gebrochen hat. Keiner weiß, ob das nun ein Unglück oder ein Glück ist. Keiner. Es ist wieder nur ein Bruchstück, und wir bekommen nie mehr als Bruchstücke zu sehen. Das Leben zeigt sich uns nur in Fragmenten, aber unsere Urteile fällen wir immer über das Ganze."

Ein paar Wochen später geschah es, dass ein Krieg mit dem Nachbarland ausbrach, und alle jungen Männer wurden zur Armee eingezogen. Nur der Sohn des alten Mannes blieb zurück, weil er ein Krüppel war.

Die Leute kamen zusammen, weinend und klagend, denn aus jedem Hause wurden die jungen Männer mit Gewalt abgeholt. Und es bestand keine Aussicht, dass sie je wiederkämen, denn das Land, mit dem Krieg geführt wurde, war ein sehr großes Land, und die

Schlacht war von vornherein verloren. Also würden sie nicht zurückkommen …

Das ganze Dorf weinte und klagte, und sie kamen zu dem alten Mann und sagten: „Wie recht du hattest, Alter! Weiß Gott, wie recht du hattest – es war ein Segen: dein Sohn mag zwar ein Krüppel sein, aber wenigstens bleibt er bei dir. Unsere Söhne werden wir nie wieder sehen. Er wenigstens lebt und ist bei dir, und nach und nach wird er schon wieder das Laufen lernen. Vielleicht wird er noch ein bisschen humpeln, aber er wird wieder in Ordnung kommen."

Der alte Mann wehrte ab: „Es ist einfach unmöglich, mit euch Leuten zu reden. Ihr könnt es einfach nicht sein lassen – ewig diese Urteile. Niemand weiß etwas! Sagt doch nur, dass eure Söhne in die Armee geholt worden sind, und mein Sohn nicht. Aber ob das nun ein Segen ist oder ein Unglück, das weiß niemand. Kein Mensch wird das je wissen. Nur Gott weiß es."

Und wenn wir sagen: „Nur Gott weiß es", dann heißt das, dass nur das Ganze es weiß. Urteile nicht, sonst wirst du dich niemals mit dem Ganzen vereinigen können. Dann wirst du immer nur an den Bruchstücken kleben, und aus den geringsten Anlässen große Schlüsse ziehen.

Und das ist etwas, wo die Sufis dich immer wieder mit der Nase drauf stoßen: wie leicht du vergisst, dass es Dinge gibt, die über deinen eigenen Horizont hinausgehen. Dass jeder über Dinge urteilt, von denen er keine Ahnung hat. Euer Bewusstsein steht auf einer sehr niedrigen Sprosse der Leiter. Ihr lebt in einem dunklen Tal voller Trauer und Unglück, und aus euren dunkelsten Abgründen heraus beurteilt ihr sogar noch einen Buddha. Selbst einen Buddha könnt ihr nicht gelten lassen, ohne ihn zu beurteilen. Selbst über einen Jesus sitzt ihr zu Gericht. Ihr urteilt nicht nur über ihn, ihr kreuzigt ihn sogar. Er wird von euch vor Gericht gezerrt, für schuldig befunden, verurteilt und bestraft.

Ihr lebt im tiefen, nassen Tal. Nicht einmal in euren Träumen habt ihr die Gipfel gesehen. Ihr könnt sie euch nicht einmal vorstellen, denn selbst dazu müsst ihr wenigstens einmal einen Schimmer von ihnen gesehen haben. Von etwas, das euch absolut unbekannt ist, könnt ihr nicht einmal träumen; denn was ihr träumt, entsteht aus dem, was ihr kennt. Ihr könnt von Gott nicht träumen, weil ihr euch Gott nicht vorstellen könnt; ihr könnt euch den Gipfel nicht vorstellen, das Leben nicht vorstellen, das in einem Buddha pulsiert. Aber ihr urteilt.

Ihr sagt: „Ja, dieser Mann ist ein Buddha, und der da ist keiner; dieser ist erleuchtet, und der nicht." Einem Erleuchteten könnt ihr damit nicht schaden, weil niemand ihm schaden kann, aber euch selber schadet ihr mit euren Urteilen.

Sobald du geurteilt hast, hörst du geistig zu wachsen auf. Urteilen heißt stehen bleiben. Alle Bewegung hat aufgehört, alles Forschen, alle Mühe weiter zu wachsen. Dein Urteil steht fest; die Akten sind abgeschlossen. Und der Verstand liebt es, von festen Urteilen auszugehen, weil ihm jede Bewegung unbequem ist. Ein nicht abgeschlossener Prozess ist immer ungewiss, gefährlich. Aber wer zu einem endgültigen Schluss gekommen ist, hat ‚das Ziel erreicht'. Jetzt ist die Reise vorüber.

Wer die Reise zum Höchsten antreten will, muss sich grundsätzlich davor hüten zu urteilen. Sicher, leicht ist es nicht, es ist fast unmöglich – denn ehe du dich versiehst, hat dein Verstand schon ein Urteil parat. Aber wenn du dir Mühe gibst, bildet sich in dir nach und nach eine hochempfindliche Wachheit aus. Und in diesem Zustand kannst du einfach das Urteilen sein lassen. Und sobald dir das gelingt, bist du religiös geworden. Dann weißt du nicht mehr, was richtig und was falsch ist.

Normalerweise nennen wir gerade die Leute religiös, die „alles" wissen – die genau wissen, was gut und was böse ist, was man tun darf und was man lassen soll. Sie tragen die zehn Gebote unterm Arm. Das macht die ‚religiösen' Leute so selbstgerecht und dickhäutig. Sie sind am Ziel angelangt. Sie haben aufgehört zu wachsen. Ihr Fluss ist zum stehenden Tümpel geworden. Wer wachsen will, wer fließen will – und alles Wachsen und Fließen geht bis ins Unendliche weiter, denn Gott ist kein fester Punkt, sondern die ständige

Bewegung allen Lebens, der Schöpfung überhaupt – wer also mit Gott mitgehen will, der muss immerzu in Bewegung bleiben, immerzu unterwegs sein.

Es ist wirklich so: die Reise geht nie mehr zu Ende. Wo ein Weg endet, beginnt der nächste. Und hinter jedem Berggipfel entdeckst du noch einen höheren. Du erreichst diesen Gipfel, du willst dich gerade ausruhen in dem Gedanken, jetzt endlich dein Ziel erreicht zu haben – und plötzlich siehst du einen noch höheren Gipfel vor dir. Von Gipfel zu Gipfel geht es weiter, eine endlose Reise. Gott ist eine Reise ohne Ende ... Nur die Allerentschlossensten, nur diejenigen, die so mutig sind, jeden Gedanken ans Ziel aufzugeben, einfach nur unterwegs zu sein und sich vom Leben, vom Fluss tragen zu lassen, nur im Augenblick zu leben – und zwar restlos –, nur solche Menschen sind fähig, mit Gott zu gehen.

Erfolgsstreber sind mittelmäßig. Alle eure Erfolgshelden sind Durchschnittsmenschen. Was kann man schon erreichen? Wenn sich das Höchste ‚erreichen' ließe, dann wäre es schon deshalb nicht das Höchste, weil es sich erreichen lässt. Wenn du es erreichen kannst, wie kann es da das Höchste sein? Wie kannst du das Ziel erreichen? Du?! Dann wäre das Ziel ja kleiner als du. Nein, das Ziel ist unerreichbar. Es gibt überhaupt kein Ziel – und das ist auch gut so. Und weil es so ist, gibt es für das Leben keinen Tod. Jedes Ziel würde es töten. Und nach dem Ziel würdest du überflüssig.

Jemand, der zu viel urteilt, hindert sein eigenes Wachstum auf allen Ebenen. Haben sich deine Urteile erst einmal festgesetzt, wirst du unfähig, überhaupt etwas Neues zu sehen. Dein Urteil stellt sich in den Weg und lässt es sich nicht gefallen, durch etwas Neues in Frage gestellt zu werden. Von da an lebst du mit geschlossenen Augen. Keineswegs als Blinder – blind ist keiner – aber alle benehmen sich wie Blinde; dazu kommt es ganz automatisch: sie lassen sich durch ihre Urteile blenden. Wer die Augen aufmacht, muss erst die Angst überwinden, dass er vielleicht etwas sehen könnte, vielleicht einer Wirklichkeit in die Augen schauen muss, die er nicht wahrhaben will; die Angst, dass sein Urteil als falsch entlarvt wird.

Deshalb sind Vorurteile so bequem. Du hast dich in einem Haus niedergelassen, und jetzt ist die Landstrasse vergessen und die Reise und all die Anstrengungen und die ewige Bewegung, die Gefahren und die Unsicherheit. Du hast dich vor dem Abenteuer verschanzt. Du hast dich in einem kleinen Haus verkrochen, wo es mollig warm und bequem ist. Inzwischen hast du schon Angst, aus dem Fenster zu sehen; also machst du lieber auch noch die Fensterläden zu. Jetzt hast du Angst, die Tür zu öffnen. Denn wer weiß – eine unbekannte Wirklichkeit könnte eintreten und deinen ganzen Komfort und deine ganze Gemütlichkeit und deine Sicherheit durcheinander wirbeln.

Und darum stellt ihr euch lieber wie Blinde an. Aber ihr seid nicht blind – ihr seid nur schlau. Aber eure Schläue hat euch blind gemacht. Euer Verstand hat immer sofort ein Urteil parat. Und mit diesem Trick meidet ihr die unbequeme Reise. Urteilen ist eine Ausflucht. Es kommen viele Leute, alle möglichen Menschentypen zu mir, aber im Grunde können sie in zwei Grundtypen aufgeteilt werden: in diejenigen, die bereit sind, die Augen aufzumachen, und diejenigen, die sich weigern, die Augen aufzumachen. Mit einem, der bereit ist, die Augen zu öffnen, kann viel geschehen. Mit einem, der nicht dazu bereit ist, kann gar nichts geschehen. Er ist lebendig begraben, er lebt schon nicht mehr. Er lässt keinen frischen Wind durch sein Dasein wehen, er lässt keine neuen Blumen in sich aufblühen. Er lässt nichts Unbekanntes zu. Er hat Angst. Er fährt in eingefahrenen Gleisen, immer nur im Kreis herum, denn ein Kreis ist das Sicherste, was es gibt. Man stößt ständig auf die immer gleichen Dinge – er klebt wie eine Grammophon-Nadel auf einer Schallplatte: wieder und wieder und wieder dieselben Rillen. Und dann klagt ihr darüber, wie langweilig alles ist! Daran seid nur ihr selber schuld. Einer, der sich langweilt, ist einer, der mit geschlossenen Augen lebt. Langeweile ist nur die Folge davon. Einer, der mit offenen Augen lebt, langweilt sich nie.

Das Leben ist ein solcher Zauberwald, es ist so magisch – ein ewiges Wunder! Augenblick für Augenblick geschehen um dich herum

Millionen von Wundern – du aber lebst mit geschlossenen Augen, hinter deinen Vorurteilen. Du gehst an einer Blume vorbei, und wenn jemand sagt: „Wie schön!", dann siehst du hin, ohne wirklich hinzusehen. Du sagst: „Ach ja, eine Rose, wie schön!", aber du wiederholst damit nur eine Erinnerung aus der Vergangenheit wie eine Schallplatte. Dieselben Worte hast du schon oft und oft gesagt, viel zu oft. Jeder Blume hast du das gleiche gesagt. Leere Worte ohne Bedeutung. Du sagst es nur, weil es dir unangenehm wäre, nichts zu sagen. Neben dir sagt einer: „Schöne Blume!" und wenn du nichts darauf sagst, dann macht das einen schlechten Eindruck. Also sagst du etwas: „Ja, wie schön", sagst du, und alle beide habt ihr weder die Blume noch deren Schönheit gesehen. Es war ein Klischee. Und dann klagt ihr darüber, wie langweilig alles ist.

Du liebst eine Frau – und es vergehen noch nicht einmal ein paar Stunden, die Flitterwochen sind noch nicht vorbei, und schon hat sich Staub auf deine Frau gelegt. Ganz so schön, wie sie noch vor ein paar Stunden war, ist sie jetzt nicht mehr. Ganz so wichtig wie vorhin ist sie dir nicht mehr. Was ist geschehen? Du meinst, sie jetzt zu kennen – dein Urteil steht fest ... Jetzt ist sie für dich keine Fremde mehr – jetzt ‚kennst' du sie.

Aber glaubst du wirklich, einen Menschen kennen zu können? Ein Mensch ist ein sich ständig verändernder Strom. Du kannst nie und nimmer einen Menschen ‚kennen'.

Am Morgen ist die Blume anders als am Abend – weil der Morgen anders ist! Die Sonne geht auf und die Vögel singen, und die Blume ist ein Teil des Ganzen. Auf den Blütenblättern der Blume spiegelt sich der Morgengesang der Vögel wider, sie sind durchdrungen vom Licht des neuen Tages, vom eben erwachten Leben.

Am Nachmittag hat sie sich verändert. Alles um sie herum hat sich verändert. Die Sonne ist nicht mehr dieselbe, die Vögel sind verstummt, und die Blume neigt sich ihrem Ende zu. Gleich geht die Sonne unter, und der Abend naht. Die Blume lässt den Kopf immer tiefer hängen – eine Stimmung der Trauer, die sie noch nicht kannte. Es ist nicht mehr die gleiche Blume vom Morgen. Jetzt, wo es Abend ist, stirbt sie, ihr Herz ist getränkt von Traurigkeit. Könnte sie singen, wäre es ein trauriges Lied. Und wenn du sie aufmerksam betrachtest, zeigt dir die Blume deinen eigenen Tod. Du kannst in der Blume beobachten, wie sich sterbendes Leben und beginnender Tod mischen. Wie sich Leben langsam in Tod verwandelt. Diese Stimmung hat mit all den früheren Stimmungen nichts mehr zu tun.

Wenn ihr noch nicht einmal eine Blume in ihrer Ganzheit erkennen könnt, mit ihren unerschöpflichen Stimmungen, wie könnt ihr da glauben, einen Menschen zu kennen? Ein Mensch ist ein aufblühendes Bewusstsein – die prächtigste Blüte, die das Leben in Jahrtausenden der Evolution hervorgebracht hat.

Wie kannst du die Frau kennen, mit der du lebst? Sobald du zu glauben beginnst, dass du sie kennst, ist es aus: Du hast dir ein Urteil gebildet; du hast bereits begonnen, dich nach einer anderen Frau umzuschauen. Nein, wenn deine Augen rein bleiben, wird dir deine eigene Frau ewig ein Rätsel bleiben. Du wirst vielen Stimmungen und atmosphärischen Veränderungen in ihr begegnen, das Wesen deiner Frau wird sich dir in vielen Gesichtern offenbaren. Und so ist es mit deinem Mann, deinem Kind, deinem Freund, und mit dem Wesen deines Feindes. Niemand kann je etwas kennen. Aber der Verstand ist listig.

Der Verstand will wissen, denn nur Wissen macht sicher. Alles Fremde macht unsicher. Wenn du von allen Seiten vom Unbekannten umringt bist, bekommst du Angst und weißt nicht, wo du bist. Wenn du die Situation nicht durchschauen kannst – wenn du die Menschen, die Blumen und Bäume deiner Umgebung nicht kennst, wenn du dich nicht mehr auskennst, dann verlierst du dein Selbstgefühl, dann wird dir deine Identität genommen.

Wenn du dir dagegen sicher bist, dass du deine Frau und dein Kind, deine Freunde, deine Gesellschaft, dies und das kennst, und wenn du dich außerdem noch in Geschichte und Geographie auskennst, dann verleiht dir dieses ganze Wissen, in dem du dich wiegst, das sichere Gefühl, zu wissen, wer du bist: einer, der Bescheid weiß! Das Ego kann stolz sein Haupt erheben …

Wissen ist Futter für das Ego. Unwissen ist für das Ego Gift. Aber der Tod des Ego bedeutet dein Leben; das Leben des Ego ist dein sicherer Tod. Lass dich nicht nieder. Das ist gemeint, wenn es heißt, dass ein Sannyasin heimatlos lebt.

In der indischen Tradition war das so. Man wurde zum Wanderer ohne Heimat, ohne Wurzeln und Anker, und hat keine Identität mehr. Man lebt mit dem Unbekannten von Augenblick zu Augenblick–alles ist Überraschung. Für euch ist nichts eine Überraschung. Ihr wisst alles schon, wie kann euch da noch etwas überraschen? Über nichts staunt ihr mehr. Ihr werdet über alles staunen, sobald ihr in Unwissenheit lebt. Für unwissende Augen ist alles neu – dann gibt es nichts mehr, womit du vergleichen kannst, nichts, was dich an Vergangenes erinnert, nichts, was dir die Zukunft deutet – alles ist einmalig. So war es nie zuvor, und so wird es nie wieder sein. Was du in diesem Augenblick verfehlst, hast du für immer verfehlt. Es gibt keine Rückkehr. Jeder Augenblick bringt eine neue Stimmung des Daseins. Entweder genießt und lebst du sie aus, oder du gehst daran vorbei. Mit Wissen verpasst du sie, denn du sagst, „ich weiß schon."

Wenn ich dir zurufe: „Komm raus aus deinem Haus – die Sonne ist aufgegangen, was für ein Anblick!", dann sagst du: „Ich weiß; wie oft bin ich schon früh morgens aufgestanden und habe es gesehen. Ich weiß, wie es aussieht – lass mich schlafen." Aber die Sonne dieses Tages hat es nie zuvor gegeben. Und der, der du heute bist, der war noch nie da. Und der, der ich heute bin, der dich herausruft, den hat es auch noch nie gegeben.

Alles ist absolut neu, absolut ursprünglich. Das einzig Alte ist dein Verstand. Sein Wissen hat ihn verkalken lassen. Wenn du alt bist, sieht alles verstaubt aus, verbraucht, verlebt. Dann langweilst du dich. Langeweile zeigt nur eines an: dass du nämlich nicht weißt, wie du in Unwissenheit leben sollst. Ein Kind kann sich nicht langweilen. Alles ist eine Überraschung, alles ist ein Wunder. Ein Kind fällt von einem Erstaunen ins andere. Und genau das macht den religiösen Menschen aus: in ständigem Erstaunen zu leben, nicht mehr aus dem Staunen herauszukommen; das Staunen kommt dir so natürlich wie das Atmen. Dann siehst du plötzlich das Ganze mit anderen Augen. Dann ist die Welt nicht mehr die, die du einmal gekannt hast. Denn jetzt bist du nicht mehr der alte, also kann die Welt auch nicht mehr die alte sein.

Urteile nicht, und mach dir dein Wissen nicht zum Gefängnis. Bleibe frei, wurzellos, heimatlos. Das ist symbolisch gemeint. Ein heimatloser Sannyasin hat sich von seiner Vergangenheit losgesagt; er hat keine Wurzeln mehr in der Vergangenheit. Das muss nicht heißen, dass er wie ein Vagabund herumzieht. Sein Vagabundentum geht tiefer: es ist ein geistiges Vagabundentum. Von einem Land zum andern zu streifen, bringt niemanden weiter – früher oder später lässt man sich doch irgendwo nieder und richtet sich häuslich ein. Selbst Hippies lassen sich früher oder später irgendwo nieder. Wer hat schon alt gewordene Hippies gesehen? Es war nur eine Phase. Man bewegt sich von Ort zu Ort durch die Welt draußen, und schließlich hat man die Nase voll und bleibt irgendwo. Und merkt euch das eine: wenn sich ein Hippie häuslich niederlässt, baut er die dicksten Mauern.

Ein durchschnittlich-normaler Mensch kennt den Drang, ein Vagabund zu werden. Tief drinnen hört jeder den Lockruf. Sie mögen ein noch so bürgerliches Leben mit Frau und Kind und fester Arbeit führen, aber dieser Ruf verfolgt sie bis in ihre Träume, bis in ihre Tagträume und Fantasien. Etwas ruft, alles stehen und liegen zu lassen und fortzugehen. Aber ein Hippie, der sich niederlässt, gräbt sich tiefer ein als alle andern. Er weiß, was es heißt, Vagabund zu sein. Das hat er hinter sich. Auch das ist Wissen: Er kennt es.

Wenn es in der Sannyasin-Tradition heißt, oder wenn ich sage: werdet heimatlos, dann meine ich es nicht wörtlich. Ich meine: Lebt innerlich ein heimatloses Leben – ungefestigt, wurzellos, ohne Vergangenheit; nur dieser Augenblick zählt, dieser Augenblick in seiner Totalität; so als ob es auf der ganzen Welt nichts mehr außer diesem Augenblick gäbe.

Dann plötzlich wirst du bewusst. Dir wird das Verborgene bewusst, das Unsichtbare, das Unbekannte, das dich von allen Seiten umgibt: ein riesiger Ozean von absolut neuen Dingen, die aufsteigen und wieder verschwinden. Das Leben war noch nie alt. Das Leben war noch nie abgestanden. Es ist ursprünglich, es ist von Natur aus ursprünglich und neu. Nur dein Verstand wird alt, und so entgeht dir das Leben. Um immer nur im Neuen leben zu können, musst du mit dem Urteilen aufhören. Dann wird das höchste Bewusstsein in dir zur Explosion kommen.

Urteile sind Mauern. Und ihr urteilt keineswegs nur über alltägliche Dinge. Das Urteilen ist euch so in Fleisch und Blut übergegangen, dass ihr es keinen Augenblick lassen könnt. Kaum zeigt sich etwas, schon urteilst du. Ohne auch nur eine Sekunde verstreichen zu lassen. Und wenn du dich einem Menschen wie Buddha näherst, oder Dhun-Nun, dem Ägypter, dem Sufimeister, dann stehst du an der ursprünglichen Quelle des Bewusstseins, aus der ständig neues Leben sprudelt. Hier ist nichts alt, hier kommt nichts aus der Vergangenheit. Nur der Verstand mit seinen Gedanken kommt aus der Vergangenheit, das reine Bewusstsein aber kommt niemals aus Vergangenem.

Alles Bewusstsein entsteht nur immer in diesem Augenblick.

Verstand ist Zeit und Bewusstsein ist Ewigkeit. Der Verstand bewegt sich von Augenblick zu Augenblick, horizontal. Wie ein Zug: viele Wagen und Abteile aneinander gereiht. Vergangenheit und Zukunft bilden einen Zug – viele Abteile auf der Horizontalen. Bewusstheit dagegen ist vertikal. Es kommt nicht aus der Vergangenheit und geht nicht in die Zukunft. Es fällt in diesem Moment senkrecht in die Tiefe, oder erhebt sich senkrecht in die Höhe. Das ist die symbolische Bedeutung des Kreuzes Jesu. Die Christen sind allerdings völlig an dieser Bedeutung vorbeigegangen. Das Kreuz ist nur ein Sinnbild, ein Zeichen dafür, dass zwei Linien sich schneiden: die Horizontale und die Vertikale. Die Hände Christi sind auf der Horizontalen auseinandergebreitet, und außer den Händen ruht sein ganzes Wesen auf der Vertikalen.

Was ist die Bedeutung? Es bedeutet: das Handeln gehört zur Dimension der Zeit. Sein entzieht sich der Zeit. Die Hände stehen für das Handeln, Jesus wird mit den Händen auf der Horizontalen, auf der Ebene der Zeit gekreuzigt.

Handeln geschieht in der Zeit. Auch das Denken ist eine Handlung: die Handlung des Geistes. Auch das gehört zur Dimension der Zeit. Macht euch bewusst, dass die Hände die gröbsten Ausläufer des Gehirns darstellen. Hirn und Hand gehören zusammen. Der Kopf ist mit den Händen verbunden. Das Gehirn hat zwei Hälften: die rechte Hälfte ist mit der linken Hand verbunden, und die linke Hälfte mit der rechten Hand. Deine Hände sind die Fühler des Geistes, die in die Welt hineintasten; deine Hände sind die Antennen des Geistes, mit denen er in die Welt der Materie eingreift. Und der Geist selbst ist die feinste Form der Materie.

Alles Handeln, ob körperlich oder geistig, gehört zur Zeit. Dein Sein ist vertikal. Es geht in die Tiefe und in die Höhe. Seitwärts hat es keine Ausdehnung. Indem du urteilst, identifizierst du dich mehr und mehr mit der Horizontalen, denn anders ist Urteilen nicht möglich. Zum Urteilen brauchst du die Vergangenheit. Wie kannst du etwas beurteilen, wenn du dich nicht an die Vergangenheit hältst? Wie wäre das technisch möglich? Wo solltest du dein Kriterium hernehmen?

Du sagst zum Beispiel von einem Gesicht, dass es schön sei. Wie kannst du das beurteilen? Weißt du, was Schönheit ist? Woher weißt du, dass gerade dieses Gesicht schön ist? Du hast in deinem Leben viele Gesichter gesehen und oft von „gutaussehenden" Leuten reden gehört. Du hast davon in Romanen gelesen, du hast Filme gesehen – und aus alledem hast du dir eine Vorstellung darüber zusammengebastelt, was Schönheit ist. Es ist eine sehr vage Vorstellung, die du nicht definieren kannst. Würde man von dir eine Definition verlangen, wüsstest du nicht, was du sagen solltest. Es ist eine sehr unscharfe Vorstellung, wie eine Nebelwolke.

Trotzdem sagst du: „Dieses Gesicht ist schön." Aber woher willst du das wirklich wissen? Du gehst von deinen vergangenen Erfahrungen aus, indem du dieses Gesicht mit deiner unklaren Vorstellung von Schönheit vergleichst. Aber diese Vorstellung ist nichts als ein

Sammelsurium der Vergangenheit. Wenn du die Vergangenheit einmal völlig beiseite lässt, eröffnet sich dir eine ganz andere Art von Schönheit. Eine Schönheit, die nichts mit deinem Vorurteil zu tun hat, die kein Verstandesprodukt, die nicht aufgesetzt ist, die nichts mehr mit Interpretation zu tun hat. Du tauchst einfach in dieses Gesicht ein: hier und jetzt nimmst du zutiefst an diesem Geheimnis teil, an diesem Menschen hier und jetzt. In einem solchen Moment ist dieser Mensch weder schön noch hässlich; alle Werturteile sind verflogen. Ein unbekanntes Mysterium hat sich offenbart, ohne Namen, ohne Urteil. Und nur in Augenblicken solcher Urteilslosigkeit blüht die Liebe auf.

Liebe und Verstand sind unvereinbar. Nur der Sex ist mit dem Verstand vereinbar. Denn der Verstand will Aktion, und Sexualität ist ein Akt. Liebe ist kein Akt; sie ist ein Seinszustand – Liebe existiert auf der Senkrechten.

Wenn du einen Menschen ansehen und mit ihm eins werden kannst, ohne zu urteilen, dass er weder schön noch hässlich ist, weder gut noch böse, weder sündig noch heilig – wenn du ihn nicht beurteilst, sondern einfach nur in die Augen dieses Menschen schaust, ohne ein einziges Urteil zwischen euch treten zu lassen, dann findet plötzlich eine Vereinigung statt, eine Verschmelzung der Energien. Und dieses Einswerden ist schön. Und diese Schönheit unterscheidet sich völlig von jeder anderen Schönheit, die du je kennen gelernt hast.

Ihr kennt nur die Schönheit der Form – das hier ist die Schönheit des Formlosen. Alle Schönheit, die ihr kennt, ist Schönheit des Körperlichen – das hier ist die Schönheit der Seele. Ihr kennt nur die Schönheit der Außenseite – dies ist die Schönheit des Innern. Diese Schönheit ist ewig. Und wenn du sie erst einmal mit einem Menschen erlebt hast, wird sie nach und nach auch mit Dingen möglich. Du schaust ohne jedes Urteil auf eine Blume, und plötzlich liegt das Herz der Blume offen vor dir – wie eine Einladung. Wenn du dich nicht mit Werturteilen dazwischendrängst, wird alles um dich her zur Einladung.

Wenn du urteilst, verschließt sich auch die Blume, denn das bloße Urteilen ist feindselig. Wer urteilt, ist ein Kritiker, kein Liebender. Werturteile kommen aus der Logik, nicht aus der Liebe.

Jedes Urteilen bleibt an der Oberfläche und scheut die Tiefe. Die Blume verschließt sich einfach. Und wenn ich sage, sie verschließt sich einfach, dann ist das keine Metapher – es verhält sich genau so, wie ich es sage.

Du gehst zu einem Baum und berührst ihn: wenn du dabei urteilst, öffnet sich dir der Baum nicht. Wenn du ihn aber ohne zu urteilen berührst, einfach nur aus dem Gefühl und nicht aus dem Verstand heraus, wenn du ihn umarmst und dich neben ihn setzt wie zu einem Freund, dann wird aus dem gewöhnlichsten Baum plötzlich der *Bodhibaum*, der Baum, unter dem Buddha erleuchtet wurde. Eine unendliche Liebe strömt dir aus ihm entgegen. Er hüllt dich darin ein. Er wird dir viele Geheimnisse verraten. Selbst einem Felsen kannst du so bis ins Herz vordringen. Wenn ein Buddha einen Fels berührt, ist er kein Fels mehr – jetzt wird er lebendig, jetzt schlägt ein Herz in ihm. Wenn du dagegen einen Menschen berührst, ist er ein Felsblock, kalt und tot. Deine Berührung tötet alles, denn sie ist von Urteilen vergiftet, sie ist ein Feind, kein Freund.

Wenn das schon bei gewöhnlichen Dingen so ist, wie ist es dann erst auf höheren Ebenen des Seins und des Bewusstseins? Urteile nicht! Millionen haben Buddha verfehlt, Millionen haben Jesus verfehlt, Millionen haben Zarathustra verfehlt, nur weil sie geurteilt haben. Geht nicht in dieselbe dumme Falle. Wann immer du einem Menschen nahe sein kannst, dessen Bewusstsein auch nur ein wenig höher ist als deines, dann sei offen. Dann kann dir sehr geholfen werden. Wenn du schon mit fix und fertigen Urteilen ankommst, hast du von vornherein verloren. Wirf deinen Verstand über Bord.

Und jetzt zu dieser Geschichte.

Dhun-Nun war ein ägyptischer Sufi-Mystiker, einer der größten, die die Welt je gesehen hat. Er konnte tief blicken, tief in die Labyrinthe der menschlichen Dummheit hinein, aber er konnte auch aus ihnen heraushelfen. Nur – und das ist typisch für alle Sufis – er stellt lieber eine Situation her, denn er weiß sehr wohl, wie leicht man intellektuell alles verstehen kann, ohne dass es im geringsten weiterhilft. Intellektuell magst du leicht zu überzeugen sein, aber diese Überzeugung wird dich nicht umwandeln. Stattdessen stellen die Sufis also eine Situation her, und durch diese Situation machen sie dir etwas klar. Sie sagen nichts – sie zeigen nur.

Dhun-Nun war es einst ebenso ergangen. Es wird erzählt, dass Dhun-Nun zu der Zeit, als er noch kein Meister und selbst ein Suchender war, einmal in ein Dorf kam. Er hatte eine lange Reise durch die Wüste hinter sich – er war hungrig und müde, durstig und ohne Bleibe – und sah auf dem Dach eines Hauses eine Frau. Sie musste dort oben gearbeitet haben; es muss kurz vor der Regenzeit gewesen sein, und so hatte sie auf dem Dach zu tun. Er kam näher. Als er das Haus erreicht hatte, fing die Frau auf dem Dach zu lachen an.

Dhun-Nun verstand nicht, was das zu bedeuten hatte. „Was ist?", fragte er, „warum lachst du? Warum begrüßt du mich mit einem so wahnsinnigen Gelächter?"

Die Frau antwortete: „Als ich dich ins Dorf kommen sah, da dachte ich, ‚da kommt ein Sufi', denn ich konnte nur dein Gewand erkennen, nicht dich. Dann, als du näher kamst, sah ich, dass du keiner bist, jedenfalls kein Meister, sondern nur ein Jünger. Aber das war auch nur der erste Eindruck! Ich hatte nur dein Gesicht gesehen, aber noch nicht deine Augen. Und als ich dir schließlich in die Augen sehen konnte, erkannte ich, dass du nicht einmal ein Jünger bist, dass du noch nicht einmal auf dem Weg bist. Und jetzt, wie du da stehst, sehe ich, dass du noch nicht einmal nach dem Weg suchst – du hast noch nicht einmal davon gehört! Und da musste ich lachen. Du siehst wie ein Mystiker aus, aber dein Gesicht passt nicht zu deinem Gewand, zu deiner Sufi-Kutte."

Das Wort Sufi bedeutet ursprünglich ein bestimmtes Gewand. Sufi bedeutet Wolle, und ein Sufi ist einer, der das „wollene Hemd" anzieht, die wollene Kutte. In der Wüste zu leben, ist schon hart genug, aber die Sufis tragen dazu noch wollene Kleidung! Und sie haben immer in Wüsten gelebt, in den heißesten Gegenden der Erde.

Warum? Weil sie sagen, dass dir keine Hitze etwas ausmacht, wenn du innen kühl bist. Wenn du innen kühl bist, kann dir nichts etwas anhaben. An der Außenseite Hitze; im innersten Kern Kühle.

Es ist also eine Methode, ein Mittel, um dich von der Außenzone nach innen zu bringen. Wenn der Körper heiß ist, brennend heiß, besinnst du dich auf deine innere Mitte. Es bleibt dir gar nichts anderes übrig, denn die Oberfläche des Körpers brennt wie Feuer. Was tut man, wenn man in der Mittagsglut eine Landstrasse entlang geht? Man sucht Schatten, einen Baum, unter den man sich hinsetzen kann um auszuruhen. Sufis haben die Hitze als Hilfsmittel genutzt. Was soll man machen, wenn man ständig schweißgebadet unter einer dicken Wollkutte herumlaufen muss? Was macht man in einer Wüste? Man muss sich auf einen inneren Punkt besinnen, wohin die Hitze niemals vordringen kann. Man sucht Schatten.

Die Frau sagte: „Von außen siehst du wie ein Sufi, wie ein Meister aus, aber als ich dein Gesicht sah, passte es nicht zu deinem Gewand. Dein Gesicht sagt etwas ganz anderes. Und deine Augen sagen noch etwas anderes als das Gesicht; sie stimmen noch nicht einmal mit dem Gesicht überein. Und als ich dich dann in deiner Ganzheit sah, erkannte ich, dass du überhaupt kein Suchender bist."

Es heißt, dass Dhun-Nun sein Gewand fortwarf und in die Wüste zurückging. Jahrelang hörte man nichts mehr von ihm und keiner wusste, was ihm zugestoßen war. Zwanzig Jahre lang wusste niemand, wo er war und was er machte. Zwanzig Jahre später ... eine plötzliche Explosion. Dhun-Nun explodierte über ganz Ägypten. Tausende von Suchenden aus allen Sufi-Ländern machten sich auf die Reise zu ihm. Noch zu Lebzeiten wurde Dhun-Nun zu einem zweiten Mekka; die Leute kamen zu ihm geströmt, statt nach Mekka zu pilgern. Oft wurde er gefragt: „Was geschah in jenen zwanzig Jahren, nach der Begegnung mit dieser Frau? Was hast du getan? Welche Praktiken hast du benutzt?" Und darauf antwortete er immer: „Nichts. Ich saß einfach nur in der Wüste – denn was ich auch getan hätte, es wäre ein Stück von mir gewesen, ein Teil meines Ichs. Alles, was ich tue, kann nicht größer sein als ich selber, es wird immer kleiner sein als ich. Und wenn was mit mir nicht stimmt, wie kann ich dann etwas Richtiges tun? Also hörte ich auf, überhaupt etwas zu tun. Zwanzig Jahre lang tat ich nichts, oder besser: Nichts war alles, was ich tat. Ich tat nichts, tat nichts als – nichts. Ich blieb einfach nur bei mir. Nichts war alles, was ich tat."

Was geschieht, wenn man zwanzig Jahre lang nur dasitzt, ohne von sich aus etwas zu tun? Dann verschwindet die Horizontale, und es bleibt nur die Senkrechte – keine Handlung, reines Dasein. Aber dazu gehört Geduld; das ist die einzige Methode, die man dazu braucht.

Da ihr diese Geduld nicht habt, muss ich euch Methoden geben. Wenn ihr nicht in Eile wärt und sagen könntet: „Ich kann warten, ich kann Ewigkeiten warten", dann wären Methoden nicht nötig. Dann sitzt du einfach nur da, und selbst wenn du die notwendigen Dinge verrichtest, bleibst du innerlich einer, der nichts tut. Natürlich gibt es noch vieles zu tun; zum Beispiel nimmst du ein Bad oder musst dich ums Essen kümmern, oder dein Bett herrichten. Aber bei all diesen Dingen, die du tust, bleibst du trotzdem untätig. Mehr als das ist nicht nötig.

Indem du still in dir selber bleibst, indem du nichts tust, verschwindet das Ego. Wenn du noch nicht einmal versuchst, ein besserer Mensch zu werden, verschwindet das Ego; ohne dich umwandeln zu wollen, verschwindet das Ego – einfach nur, indem du dich so akzeptierst, wie du bist, ganz egal, was du bist. Ich sehe, dass eure ganze Schwierigkeit darin liegt, dass ihr euch nicht selbst akzeptieren könnt. Jeder möchte ein anderer sein – das ist das ganze Problem. Ansonsten fehlt es an nichts; ansonsten ist alles schon da. Indem Dhun-Nun zwanzig Jahre lang nichts tat, wurde er zu einem der größten Meister überhaupt. Jetzt aber – unsere Geschichte:

Ein junger Mann kam zu Dhun-Nun, dem Ägypter.
Er behauptete, dass die Sufis im Irrtum seien,
und noch viele andere Dinge mehr.

Wie kann man wissen, dass die Sufis im Irrtum sind, wenn man selber keiner ist? Und hat je ein Mensch, der selber Sufi war, gesagt, dass mit den Sufis irgendetwas nicht stimmt? Wohl kaum. Diejenigen, die selber Sufis waren, haben nie etwas daran verkehrt gefunden, und diejenigen, die den Sufismus kritisieren, sind niemals Sufis gewesen. Woher wollen sie es also wissen?

Erst vor ein paar Tagen bewies mir jemand, dass all die Meditationsmethoden, die ich lehre, falsch seien, weil Patanjali sie nicht in seinen Yoga-Sutras erwähnt. Und der Mann fragte: „Wir haben nie von solchen Methoden vorher gehört. Auf welche Autorität stützt du dich? Woher nimmst du diese Methoden? Sie gehören weder zum Hatha-Yoga noch zum Raja-Yoga noch zum Bhakti-Yoga."

Ich fragte zurück: „Hast du je meditiert?", und er verneinte.

Ich fragte noch einmal: „Weißt du, was Meditation ist?"

Seine Antwort war: „Nein".

Wenn du nicht weißt, was Meditation ist, wie willst du darüber urteilen, ob eine meditative Methode gut oder schlecht ist? Wenn du nicht weißt, was Meditation ist, wie weißt du dann, was Nicht-Meditation ist? Du weißt nicht, was gut ist, und verdammst trotzdem etwas als schlecht. Man weiß nicht, was Moral ist, aber man verdammt ständig die Unmoral. Wer weiß denn wirklich, was Sufismus ist? Wie leicht es ist, etwas zu verurteilen!

Ein Urteil zu fällen ist für den Verstand ein Leichtes. Es ist die allerleichteste Sache von der Welt, zu sagen, dass etwas nicht stimmt. Nichts fällt dem Verstand leichter, als nein zu sagen. Und ja zu sagen, ist für ihn das Allerschwerste. Achte einmal darauf, wie oft dein Verstand nein sagt. Selbst wenn er manchmal ja sagt, sagt er es nur widerwillig. Bei nein fühlt er sich am wohlsten. Sobald du zu jemandem nein sagen kannst, gibt dir das ein großes Machtgefühl. Das Nein sagen ist genussvoll, weil sich das Ego stark fühlt – bei ja löst es sich auf. Und es ist leicht, nein zu sagen, und sehr, sehr schwer, ja zu sagen, denn mit dem Ja geht eine Türe auf – mit dem Nein verschließt sie sich. Wenn du nein sagst, schau hin, was in deinem Inneren passiert – plötzlich gehen alle Türen zu. Wenn du nein sagst, bist du verschlossen. Dann wirst du zu einer Leibniz'schen Monade – ohne Fenster, ohne Türen, ohne Brücken. Das Nein schneidet einfach alle Verbindungen zwischen dir und andern ab. Alle Möglichkeiten der Liebe, des Betens, der Hingabe, alle Möglichkeiten der Meditation werden plötzlich zerstört; du brauchst nur nein zu sagen. Das Nein macht eine Insel aus dir, und kein Mensch ist eine Insel. Sich selbst für eine Insel zu halten, ist die größte Illusion – jeder ist Teil des Ganzen. Mit deinem Nein bist du abgeschnitten, hast du alle Brücken abgebrochen. Und genau das will das Ego immerzu; es genießt, nein zu sagen, es triumphiert dabei.

Achte darauf! Sage nie nein, außer wenn es absolut notwendig ist. Wenn du einfach nur das Wort aus deinem Wortschatz streichst, werden dir die Auswirkungen immer mehr bewusst werden. Und wenn du es trotzdem einmal sagen musst, dann sage das Nein in einer Weise, dass es eine positive Aussage wird, dass es die Form eines Ja annimmt.

Wenn du einfach das Nein streichst, werden sich plötzlich viele neue Dinge in dir ereignen, denn es ist ein ungeheuer mächtiges Wort. Ja und nein – das sind zwei sehr machtvolle Wörter. Sie können dein ganzes Wesen verwandeln; denn sie sind keine gewöhnlichen Wörter. Es sind nicht Worte, sondern Haltungen. Ja und nein bezeichnen deinen Weg, deine ganze Lebensweise. Ein Mensch, der fortwährend nein sagt, wird immer trauriger und resignierter, denn das Leben klopft immer seltener an seine Tür. Wenn einer ewig nur nein sagt, warum soll sich das Leben dann weiter um ihn kümmern?

Der Wind wird ihn nicht mehr streicheln, Blumen werden nicht mehr auf seinem Wege blühen. Er sät Dornen, indem er alles verneint. Der Nein-Sager ist der einzige Atheist. Gott zu verneinen, ist nur die Essenz seiner ganzen inneren Negativität. Und ja zum Leben zu sagen – das ist es, was Gottesgläubigkeit für mich bedeutet: ja zum Leben zu sagen, die Türen aufzumachen, sich unter die anderen zu mischen, offen zu sein.

Sag ja, und plötzlich fühlst du, wie sich in dir Fenster öffnen.

Sitz einfach nur still unter einem Baum und sage laut ja. Fühle die

Veränderung. Dann sage nein und fühle die Veränderung. Du schaffst jedes Mal eine andere Atmosphäre. Die Schwingungen sind völlig verschieden. Mit dem Ja setzt du etwas in Gang – wie wenn du einen Kiesel in einen See wirfst, und es entstehen kleine Wellenringe, die sich immer mehr ausdehnen, bis sie sogar das andere Ufer erreichen. Wenn du ja sagst, wirfst du einen Stein der Bejahung, der Liebe, des Gebets, der Bereitschaft, der Selbstaufgabe in den See – und dann setzen sich die Wellenkreise fort und fort, bis ins Unendliche. Ein Ja-Sager muss früher oder später zum Gläubigen werden, denn jedes Ja gipfelt am Ende im Göttlichen. Aus Ja entsteht Gott. Nein wird am Ende zu Gottlosigkeit.

Ein junger Mann kam zu Dhun-Nun, dem Ägypter.
Er behauptete, dass die Sufis im Irrtum seien,
und noch viele andere Dinge mehr.

Wie töricht! – Aber das kommt vor. Ich weiß es; denn es kommt hier bei mir täglich vor. Leute, die von nichts eine Ahnung haben, kommen her und geben mir gute Ratschläge – dass dieses so und jenes nicht so gemacht werden muss. Die Dummheit der Menschen ist grenzenlos.

Es gibt nur zwei Dinge, die unendlich sind: die Dummheit der Menschen und die Liebe Gottes. Wie sonst könnte der Mensch weiterleben? Aber Gottes Erbarmen ist grenzenlos. Die Schöpfung gibt unaufhörlich – sie fragt nicht erst, wie dumm du bist. Eines Tages wirst du wieder nach Hause zurückkehren und verstehen ... Was für eine Dummheit, zu einem Mann wie Dhun-Nun zu kommen und zu sagen, dass die Sufis im Irrtum sind.

Der Ägypter gab ihm ... einen Ring, den er sich vom Finger streifte ...

Dieser Ägypter, Dhun-Nun, machte das Richtige. Es wäre zwecklos, mit einem so dummen Mann zu reden, er würde sowieso kein Wort verstehen. Und selbst wenn er es auf intellektueller Ebene könnte –

es kommt gar nicht auf das Verstehen an. So stellte Dhun-Nun sofort eine Situation her. Er gab ihm seinen Ring mit den Worten:

„Nimm diesen Ring und geh zu den Marktständen da drüben.
Sieh zu, ob du ein Goldstück dafür bekommen kannst."
Er konnte auf dem ganzen Markt keinen Händler finden,
der mehr als ein kleines Stück Silber dafür geboten hätte.
Der junge Mann kam mit dem Ring zurück.
„Und jetzt", sagte Dhun-Nun,
„geh zum wirklichen Goldschmied und frag ihn,
was er zu zahlen bereit ist."
Der Goldschmied bot eintausend Goldstücke für das Juwel.
Der junge Mann war hocherstaunt.
„Und nun mein Sohn", sagte Dhun-Nun, „zu deiner Einschätzung
der Sufis: Du verstehst gerade soviel davon,
wie die Krämer da drüben von der Goldschmiedekunst.
Wenn du Edelsteine schätzen willst,
musst du erst Goldschmied werden."

Was genau ist der Punkt, den der Ägypter demonstrieren wollte? Dass der Sufismus kein Wissenssystem ist. Man kann über ihn nichts lesen. Schriften sind keine Hilfe, Lehrer sind keine Hilfe, sie können zwar erklären, aber die eigene Erfahrung nicht ersetzen. Im Gegenteil, Lehren sind gewöhnlich dazu da, die eigene Erfahrung zu verhindern. Durch Erklärungen kann man alles wegerklären. Sie verhindern nicht nur die eigene Erfahrung, sondern werden zum Ersatz dafür. Auf diese Weise werden Gelehrte und Philosophen geboren.

Sufismus ist keine Wissenschaft. Er ist nirgendwo und bei niemandem erlernbar. Der Sufismus ist kein geborgtes Wissen, kein Informationsmaterial. Kein Lehrer kann ihn lehren. Wahrheit kann nicht gelehrt werden – sie ist Erfahrung. Sie ist nicht Wissen – sie ist Sein. Nicht etwas, das du erlernst, sondern etwas, das du wirst. Wer kann sie dir geben? Nur du selbst. Du kannst sie dir nur selber geben.

Nur du selbst kannst dich an einem Punkt bringen, wo du weißt, was Sufismus ist – es geschieht nicht durch Wissen, sondern durch Weisheit. Den Unterschied zwischen Wissen und Weisheit dürft ihr nie vergessen. Wissen ist toter, angehäufter Kram; Weisheit ist ständige Bewegung. Weisheit lebt. Wissen ist tot. Weisheit ist dein wahres Sein. Wissen bleibt deinem wahren Sein immer fremd. Dein Wissen gehört allenfalls zu deinem Gedächtnis, und das Gedächtnis ist nichts als ein Bio-Computer.

Früher oder später werden die Technologen kleine Taschen-Computer entwickeln, die das Wissen aller Bibliotheken der Welt gespeichert haben. Dann brauchst du dir nichts mehr anzueignen, du drückst nur auf einen Knopf, und der Computer liefert dir die Information. Warum also fünfundzwanzig kostbare Lebensjahre in Schule und Hochschulen und Universitäten vergeuden, mit engstirnigen Lehrern und idiotischen Prüfern, die einem alles Mögliche eintrichtern? Das alles kann der Computer übernehmen. Und zwar wirksamer als jedes Gedächtnis, denn ein Computer ist etwas Totes, und Wissen auch. Es eignet sich mehr für Computer als für das menschliche Hirn. Das Hirn ist nicht so zuverlässig – irgendwie hängt es nämlich immer noch mit einem lebendigen Wesen zusammen, das Leben pulsiert auch in ihm. Und dies Leben ist ein Störfaktor.

Wissen ist Teil deines Gedächtnisses, nicht deines Wesens. Weisheit ist Teil deines Wesens. Weisheit bedeutet nämlich, das zu sein, was du wissen willst: Wenn du Gott kennen lernen willst, versteckt sich Gott nicht etwa irgendwo „da draußen", so dass du ihn aufstöbern musst ...

Ich erinnere mich, dass sowjetische Astronauten, als sie sich dem Mond näherten, dem russischen Fernsehen zurückfunkten: „Bis jetzt keine Lebenszeichen von einem Gott oder Göttern."

Gott ist nicht irgendwo da oben! Gott ist kein Ding. Gott ist keine Person, die sich irgendwo versteckt hält. Gott ist dein innerstes Aufblühen. Ihr kommt und fragt mich: „Zeig uns Gott, wo ist Gott?" Er kann nicht gezeigt werden, weil er in euch verborgen ist. Gott ist die Erfüllung deiner wahren Bestimmung.

Dein Gott ist noch nicht angekommen. Dein Gott wächst noch. Dein Gott ist erst latent, eine Möglichkeit, die noch nicht verwirklicht ist. Und meinen Gott kann ich dir nicht zeigen – deine Augen sind noch nicht fähig, ihn zu erkennen. Dein Gott aber ist erst eine Möglichkeit: du musst dafür arbeiten, dass er wirklich wird. Er ist erst ein Samenkorn: du musst es begießen, den richtigen Boden finden und ihm wachsen helfen.

Ich kann euch meinen Gott nicht zeigen, weil ihr noch nicht dafür ausgestattet seid, ihn zu sehen. Und die richtige Ausrüstung habt ihr erst dann, wenn ihr bei eurer eigenen Göttlichkeit angelangt seid – aber dann ist es überflüssig, meinen Gott zu sehen: Dann siehst du einen eigenen; und du siehst den Gott eines jeden anderen. Selbst den Gott derjenigen wirst du sehen können, die ihn nur als Möglichkeit enthalten.

Ich kann deinen Gott erkennen – unter dem Boden, wie ein Samenkorn, das sich abmüht, die Erdkruste zu durchbrechen. Die Kruste ist hart, manchmal muss es durch Steine und Felsen hindurch. Ich sehe euren Gott, wie er die harte Erdkruste zu durchbrechen sucht. Ich sehe, dass er eines Tages erscheinen wird – aber noch ist er verborgen. Wenn du deinen eigenen Gott erkennst, erkennst du ihn überall, denn jetzt hast du die Augen, ihn zu sehen. Ich sehe euch nicht so, wie ihr jetzt seid. Sicher, ich sehe auch das, aber das ist etwas Vorübergehendes, wie eine Wolke am Himmel, ich aber sehe den ganzen Himmel. Die Wolke wird vorüberziehen.

Ich sehe dich so, wie du sein wirst. Ich sehe dich so, wie du sein kannst. Ich sehe dich so, wie du jetzt in diesem Augenblick sein könntest, wenn du den Mut zum plötzlichen Durchbruch hättest.

„Und nun mein Sohn“, sagte Dhun-Nun,
„zu deiner Einschätzung der Sufis.
Du verstehst gerade soviel davon,
wie die Krämer da drüben von der Goldschmiedekunst.“

Diese Leute wissen nicht, was ein Diamant wert ist. Sie haben sich sicher gedacht, dass dieser wertvolle Stein Spielkram für Kinder oder vielleicht als Gewicht nützlich sei. Aber den Diamanten erkennen sie nicht. Für sie ist er nur ein blanker Stein, bunt, glitzernd.

Kennt ihr die Geschichte des größten Diamanten der Welt, des Kohinoor? Hört gut zu: Er gehörte einem Dorfbewohner in Golkonda in Indien. Er hatte ihn auf seinem Grundstück gefunden. Ein Fluss führte durch seine Äcker, und dort hatte er ihn gefunden. Er sah schön aus, und er dachte, dass die Kinder sich über ein so schönes Spielzeug freuen würden. Und so brachte er ihn heim. Die Kinder spielten damit, und wie Kinder nun einmal sind, hatten sie es schnell satt. Also wurde er auf ein Fensterbrett gelegt, und dort rührte ihn niemand mehr an.

Ein Wandermönch, ein Sannyasin, kam durch das Dorf und bat um Unterkunft für die Nacht. Dieser Bauer lud ihn ein. Der Sannyasin bekam sein Essen, und dann schwatzten sie zusammen, und da der Sannyasin ein Vagabund war, wusste er viel Neuigkeiten aus der großen Welt zu berichten.

Der Bauer hörte zu und irgendwann sagte der Sannyasin: „Was vergeudest du dein Leben hier? Ich kenne einen Platz, wo die Diamanten nur so am Flussufer herumliegen. Wenn du dir die Mühe machst, kannst du zum reichsten Mann der Welt werden, aber hier auf deinem harten Boden wirst du immer arm bleiben. Du vertust nur dein Leben."

Am nächsten Morgen zog der Sannyasin weiter. Aber er hinterließ in diesem armen Bäuerlein einen heimlichen Wunsch, einen brennenden Ehrgeiz. Von nun an war er besessen. Er wusste zwar nicht, wo dieser Fluss war, aber das Verlangen trieb ihn schließlich dazu, seinen Hof zu verkaufen und sich auf die Suche zu machen. Er sagte zu seiner Frau und zu seinen Kindern: „Wartet fünf Jahre, dann komme ich zurück."

Überall wo er hinkam, arbeitete er hart, aber nach fünf Jahren hatte er immer noch nicht den Ort gefunden, wo es Diamanten im Überfluss gab und man sich nur nach ihnen zu bücken brauchte. Aber eines lernte er in diesen fünf Jahren: er wusste jetzt, was ein

Diamant war. Als er seine Hütte betrat, glaubte er seinen Augen nicht.

Ein Diamant – größer, als er ihn sich je erträumt hatte oder als er je einen auf dem Markt gesehen hatte – lag dort auf dem Fensterbrett. Dann erinnerte er sich, dass der Fluss, an dem er ihn gefunden hatte, durch sein eigenes Grundstück floss, aber das hatte er verkauft. Und dort hatte er den größten Diamanten der Welt gefunden!

Dieser Teil seines Landes wurde zur größten Diamantenmine, die es auf der Welt gibt – Golkonda. Die allergrößten Diamanten der Welt kommen aus Golkonda, von dem Grundstück dieses Bauern. Und der Diamant, mit dem die Kinder nur kurz gespielt hatten, und der dann so lange unbeachtet herumgelegen hatte, ist der größte Diamant, den die Welt bis heute kennt.

Und so ist es auch mit der Reise nach innen. Verkaufe nicht deinen Hof. Der größte Diamant liegt dort verborgen. Aber du musst erst lernen, ein Kenner zu werden, und das ist nur möglich, indem du zu sterben lernst. Denn nur wenn du als der stirbst, der du jetzt bist, wirst du als der wiedergeboren, der du sein sollst.

Das Sufi-Sprichwort hat recht: „Ich kann dir nichts geben, ehe du nicht stirbst."

3 | GEH OHNE KRÜCKEN

Einst verletzte ein Mann sein Bein und musste mit Krücken gehen.
Diese Krücken erwiesen sich als sehr nützlich,
nicht nur zum Laufen,
sondern auch noch für manche andere Zwecke.
Daher brachte er seiner ganzen Familie bei,
ebenfalls auf Krücken zu gehen,
und allmählich gewöhnten sich alle an Krücken
als gewöhnliche Gebrauchsgegenstände -
bald wollte jeder eine haben.
Einige Krücken waren aus Elfenbein, andere mit Gold verziert.
Es wurden Schulen eröffnet, die den Leuten beibrachten,
wie man auf Krücken lief, und es entstanden Fakultäten,
die sich mit den höheren Aspekten dieser Wissenschaft beschäftigten.
Da fingen ein paar Leute - einige wenige - wieder an,
ohne Krücken zu laufen.
Daraus entstand ein großer Skandal, und man erklärte es für absurd.
Wie konnte man nur die vielen nützlichen Seiten der Krücken
übersehen? Einige der Rebellen verteidigten sich und wurden
entsprechend bestraft.
Sie versuchten zu demonstrieren,
dass Krücken nur manchmal, wenn es nicht anders ging,
einen Zweck erfüllten, und dass die vielen anderen Zwecke,

für die man Krücken gebrauchte,
auch von anderen Werkzeugen erfüllt werden konnten.
Kaum jemand hörte auf sie.
Um die eingefahrenen Vorurteile zu widerlegen,
begannen einige von den Leuten, die ohne Krücken gehen konnten,
sich völlig anders zu bewegen, als es üblich war.
Aber selbst das überzeugte nur verschwindend wenige.
Als es offensichtlich war,
dass ein paar Menschen tatsächlich ohne Krücken gehen konnten,
obwohl seit Generationen nur Krücken gebraucht worden waren,
strengte sich die Mehrheit an zu beweisen,
dass Krücken unersetzlich waren.
„Nehmt zum Beispiel diesen Mann hier",
sagten sie und griffen sich irgendeinen heraus,
„und lasst ihn einmal ohne Krücken gehen.
Seht ihr - er kann es nicht!"
„Aber wir gehen doch ohne Krücken", sagten die Fußgänger.
„Das ist nicht wahr, das bildet ihr euch nur ein", sagten die Krüppel,
denn inzwischen wurden sie allmählich auch blind -
blind, weil sie ihre Augen nicht gebrauchen wollten.

3 |

LEBEN IST BEWEGUNG, EIN STÄNDIGES FLIESSEN. JEDEN AUGENBLICK ist es neu. Aber das Denken? – Das Denken ist niemals neu. Es hinkt immer hinterher. Die wesentliche Eigenschaft des Verstandes ist die, dass er niemals mit dem Leben übereinstimmt, während das Leben weiter geht, hinken die Gedanken hinterher. Leben und Denken decken sich nie. Daran gibt es nichts zu rütteln.

Du siehst zum Beispiel eine Blume: im gleichen Augenblick, wo du aussprichst, dass du sie gesehen hast, ist sie schon nicht mehr die gleiche. Das Leben ist weitergegangen. Du siehst einen Fluss, aber diesen Fluss wirst du nie wieder sehen. Du kannst es nicht. Der alte Heraklit sagt: „Du kannst nicht zweimal in den gleichen Fluss steigen." Und ich sage euch: Du kannst sogar kein einziges Mal in den gleichen Fluss steigen – denn der Fluss fließt ständig weiter.

Sobald der Verstand etwas festhält, hat sich die wirkliche Lage schon geändert. Der Verstand sammelt nichts als tote Fußspuren. Sie beweisen, dass das Leben hier war, aber jetzt schon weitergegangen ist. Und wir sind nur daran interessiert, unseren Verstand auszubilden – das ist das Erstaunliche. Wir gehen immerzu am Leben vorbei und werden es auch weiterhin tun, wenn wir nicht lernen, auf den Verstand zu verzichten und in einem Zustand des Nicht-Denkens zu leben. Nur dann seid ihr in Harmonie mit dem Leben. Nur dann verschwindet der Abstand zwischen dir und deinem Denken. Nur dann lebst du wirklich und nicht nur mit eingebildeten Vorstellungen, mit Hirngespinsten. Dann lebst du nicht nach dem Diktat einer Ideologie, einer Religion, einer Bibel oder Tradition – du lebst einfach nur aus der Leere deines Seins.

Es ist anfangs schwer, sich auch nur vorzustellen, was das ist: aus der Leere heraus leben. Aber aus der Leere wachsen alle Bäume hervor, und aus der Leere heraus ziehen alle Sterne ihre Bahn, und aus der Leere entsteht die ganze Schöpfung. Das geht ohne alle Probleme. Nur der Mensch hat die absurde Vorstellung, dass es unmöglich sei, ohne den Verstand zu überleben. Dabei ist es genau umgekehrt: es ist schwierig, mit dem Verstand zu überleben. Denn Leben und Denken sind zwei getrennte, nicht nur getrennte, sondern entgegengesetzte Dimensionen.

Wer mit dem Verstand übereinstimmen will, kann nicht mit dem Leben harmonieren. Mulla Nasrudin stand einmal vor Gericht und wurde vom Richter gefragt: „Wie alt bist du, Nasrudin?"

Und er antwortete: „Sie wissen doch so gut wie alle andern, dass ich vierzig Jahre alt bin."

Der Richter war überrascht und fragte: „Aber vor fünf Jahren hast du schon einmal vor Gericht gestanden und auch behauptet, vierzig Jahre alt zu sein. Wie ist das möglich? Fünf Jahre später bist du immer noch vierzig?"

Nasrudin antwortete: „Ich bin ein Mann von Wort, Sir; wenn ich einmal sage, dass ich vierzig bin, dann stehe ich auch jederzeit dazu. Auf mich kann man sich verlassen."

Wenn du dich strikt an den Verstand hältst, wirst du so zuverlässig wie Nasrudin. Dann wirst du absolut beständig – und völlig chaotisch dazu, denn das Leben geht weiter, es bleibt niemals stehen. Keinen einzigen Moment lang hält sich das Leben irgendwo auf. Das Leben kennt keine Ruhe. Das Leben ist keiner Tradition verpflichtet, muss keine Ideologie erfüllen und braucht kein festgelegtes Muster der Vergangenheit nachzuahmen. Das Leben öffnet sich immer dem Unbekannten.

Das Leben bewegt sich der Zukunft entgegen, das Denken geht in die Vergangenheit zurück. Das Denken hält sich immer genau an die Erfahrungen, die hinter dir liegen; das Leben führt dich zu immer neuen, nie gemachten Erfahrungen. Wie können sie da also je zusammentreffen? Das ist ausgeschlossen. Und je geübter der Verstand, desto verschlossener ist er. Und nicht nur das, er bekommt auch immer mehr Angst davor, dem Leben in die Augen zu schauen. Der Verstand hat deshalb Angst, weil er weiß, dass schon ein einziger Blick auf das Leben ihn widerlegen würde. Besser also die Augen geschlossen halten, besser nicht aufs Leben sehen! Beurteile das Leben nur nach den Gesetzen des Verstandes und höre ja nicht auf das Leben selbst!

Und so wirst du allmählich taub. So wirst du blind. Daher könnt ihr auch mich nicht wirklich hören und verstehen – denn wer hier spricht, ist keine Person. Ich spreche nicht aus dem Verstand zu euch. Ihr könnt nur auf dem Boden des Lebens mit mir zusammentreffen, niemals auf dem Boden des Verstandes.

Darum habt ihr oft das Gefühl, dass ich mir laufend widerspreche. Ich tu's. Was ich heute sage, könnt ihr nicht mit dem vergleichen, was ich gestern gesagt habe. Ihr werdet nichts als Widersprüche finden. Aber was soll ich tun? Heute Morgen ist alles neu. Dieser Morgen war noch nie da, und es wird ihn auch nie wieder geben. Er gehört nicht der Vergangenheit an, er gehört nicht der Zukunft an. Er gehört sich selber – eine einmalige Erscheinung. Die Papageien, die in den Bäumen schnattern, waren gestern nicht da. Und wer will wissen, wo sie morgen sind? Und die Brise – die warme Brise, die eben jetzt durch die Bäume streift, sanft und warm wie eine Frau – sie wird nie wieder wehen. Alles wird anders sein. Gestern war alles anders. Und heute ist wieder alles anders.

Und auch ihr seid nicht die gleichen. Wie kannst du der gleiche sein? Solange du lebst, bist du ein Fluss. Vierundzwanzig Stunden sind vergangen. Vierundzwanzig Stunden sind wie tausend Jahre; Tausende von Sekunden sind verstrichen. Wie kannst du noch der gleiche sein? Ich erkenne dich nicht. Ich habe euch nie zuvor gesehen. Ihr seid mir völlig neu. Wie könnte ich euch dasselbe sagen, was ich gestern gesagt habe? Ich bin auch nicht mehr da; der Mann, der gestern hier war, ist nicht mehr.

Das Leben ist ständige Auferstehung. Jeden Augenblick stirbt es, jeden Augenblick wird es neu geboren. Aber ihr schleppt euch mit dem alten Verstand ab. Du passt nirgendwohin. Und das weißt du auch. Du passt nirgendwohin. Mit niemandem passt du zusammen. Wo du gehst und stehst, gibt es Probleme. Irgendwo hapert's immer, überall klaffen Lücken. Eure Beziehungen sind nie harmonisch, denn Harmonie wird erst dann möglich, wenn aus euch fließende Wesen geworden sind, die sich ändern, die sich bewegen, die sich mit dem Neuen vermischen.

Wenn du zu einem formlosen Strom des Bewusstseins geworden bist, passt plötzlich alles. Dann passt du ins Leben, und das Leben passt zu dir – plötzlich ist die Welt völlig in Ordnung. Es ist dieses absolute Gefühl der Harmonie, wofür die religiösen Menschen das Wort „Gott" geprägt haben. Gott ist keine Person, Gott ist ein Seins-Zustand, wo alles zusammenpasst. Wenn du keine Klagen mehr hast, ist plötzlich alles schön. Der Verstand macht alles hässlich. Der Verstand verewigt das Vergangene – als Überlieferung, als Tradition; aber das Leben ist momentan.

Dieses Wort Tradition ist sehr, sehr bedeutungsvoll. Es mag euch nicht bewusst sein, aber es kommt aus derselben Wortwurzel wie das englische Wort *traitor*, Verräter. Die Tradition ist Verrat am Leben, ist ein Verräter. Euer Verstand betrügt euch. Wenn ihr den Verstand fallenlassen könnt, ist alles gewonnen. Den Verstand hinter sich zu lassen, ist in allen Religionen das Wesentliche. Der Sufismus kümmert sich nur darum, wie man den Verstand fallenlassen kann, wie man der Tradition, der Vergangenheit entkommt. Darum ist Religion immer etwas Revolutionäres – denn sie richtet sich gegen die Tradition. Sie ist immer gegen die Vergangenheit. Sie ist immer gegen eingefrorene Wörter. Sie ist immer für das Leben, für den lebendigen Fluss. Religion kann nie Tradition sein, aber alle Religionen sind Tradition geworden. Sie wurden verfälscht, bis sie keine Religion mehr waren.

Eine Religion ist nur so lange eine Religion, wie sie sich ganz an das Leben, an das Dasein hält, und nicht an Dogmen, die Bibel, die Veden, den Koran oder an andere heilige Schriften. Deswegen konnten die Muslime den Sufismus nie verstehen. Der Islam hat die fanatischsten Völker der Welt hervorgebracht. Wie sollten sie Sufismus verstehen? Die Muslime lassen nichts anderes gelten als den Koran, sie halten starrköpfig am Buchstaben fest – es gibt auf der ganzen Welt keine Leute, die so sehr von einem Buch besessen sind.

Sicher, als Mohammed der Koran offenbart wurde, war das ein lebendiger Augenblick: alles fügte sich plötzlich wie von selbst zusammen. Plötzlich war Mohammed in Harmonie mit dem Universum, und das Universum begann, ihm seine Geheimnisse zu enthüllen. Und das erste Wort, das sich auf Mohammeds Lippen bildete, war: „Singe! Singe in meinem Namen!"

Das Wort Koran bedeutet „Singe!" Denn es ist das allererste Wort der Offenbarung des Mohammed. Es ist ein herrliches Wort – wenn man es als ein lebendiges Wort versteht. Denn als totes Zitat ist es hässlich. Das Wort selber ist so schön wie eine schöne Frau, die anmutig vorbeigeht. Jede Bewegung an ihr, die Linien ihres Körpers, das Leben, das sie durchfließt, das Strahlen ihres ganzen Wesens – unaussprechlich schön. Aber wenn du sie einfrierst, wenn du sie zur Statue machst und in einen Garten stellst, dann ist alle Schönheit verschwunden, denn das Schöne an ihr war der Ausdruck ihrer Lebendigkeit. Eine erstarrte Frau kann nicht schön sein. Sie ist eine Leiche. Und ihre sanften Formen hatten etwas Göttliches, so lange sie in Bewegung und voller Leben waren. Jetzt ist nichts mehr davon zu spüren, nur noch Materie – toter Stoff.

Als Mohammed zum ersten Mal auf dem Berge Hira dieses Wort hörte: „Singe! Singe im Namen deines Herrn!", da war ihm so, als wäre er aus einem Tiefschlaf erwacht. Er blickte sich um – wer hatte da gesprochen? Es war niemand da! Die Existenz ist nicht ein ‚Jemand' – die Existenz ist dieses All, dieses Ganze. Und so fing Mohammed an, die Worte des Herrn vorzutragen. Er muss sie getanzt, er muss sie gesungen haben. Damals war es Musik, damals war es Tanz. Damals hatte sich ein Herz geöffnet und sang. Dieser Augenblick war ein Augenblick höchster Freude. Mohammed war erhört worden. Mohammed war in das Ganze eingegangen, und das Ganze hatte sich mit Mohammed vermischt. Der Tropfen war in das Meer, und das Meer in den Tropfen gefallen.

Es war die höchste Vollendung, die ein Wesen erfahren kann, der höchste Gipfel, zu dem man sich erheben kann. Aber als andere anfingen, es niederzuschreiben, war es schon nicht mehr die gleiche Schönheit. Jetzt begannen die Worte zu erstarren. Der Koran ist ein Buch wie die Veden, wie die Bibel, wie die *Upanishaden* – sehr bedeutsame Worte sind darin zu finden, aber sie sind tot. Und so lange du nicht selbst jenen Moment auf dem Berg Hira erlebst, jenen Moment, in dem die ganze Schöpfung zu dir sagt: „Singe im Namen deines Herrn!", wirst du nicht fähig sein, den Koran zu verstehen.

Du kannst ihn mit dir herumtragen, aber er wird dir nur zur Last. Er schenkt dir kein Leben. Im Gegenteil, er nimmt dir und vielen anderen das Leben. Eine Last ist gefährlich. Und eine Last wird letzten Endes zur Aggression. Man hat es satt und wird zerstörerisch.

Die Muslime konnten den Sufismus nie verstehen. Dabei ist Mohammed nichts anderes als ein Sufi. Keine Tradition kann die Sufis verstehen. Sie sind immer die Außenseiter, jede Gesellschaft schließt sie von ihren traditionellen Einrichtungen aus, denn die Sufis bringen stets die Revolution mit sich. Sie kommen wie ein Wirbelwind, erschüttern die Grundfesten jeder etablierten Gesellschaft, jeder toten Gesellschaft, jeder Kultur und jeder Zivilisation mit ihren Universitäten, ihren Regierungen, ihren Kirchen – alles morsche Gehäuse. Auch die Mehrheit der Menschen, die in ihnen leben, sind tot. Und weil die Mehrheit der Menschen tot ist, ist ihnen eine tote, etablierte Gesellschaft nur recht.

Wenn du aber lebendig wirst, wenn deine Lebensenergie steigt, stellst du plötzlich fest, dass du zwar ins Dasein passt, aber nicht in die Gesellschaft. Und ich sage euch: wenn ihr nicht in die Gesellschaft passt, dann macht euch keine Gedanken, denn letzten Endes verliert ihr nichts dabei. Worauf es letzten Endes ankommt, ist einzig und allein, ob du ins Leben passt oder nicht. Versuche, mit dem Leben in Einklang zu kommen – ganz egal, wie viel Mühe dich das kostet. Selbst, wenn es manchmal unmöglich erscheint, versuche es trotzdem, dich in die Harmonie des Ganzen zu fügen. Selbst auf die Gefahr hin, dass man dich aus der Gesellschaft verbannt und dich zum Außenseiter macht – kümmere dich nicht darum. Das ist für mich die Bedeutung von Sannyas. Sannyas bedeutet, sich auf den Weg zu machen, alles Mögliche zu versuchen, um mit der Harmonie des Ganzen in Einklang zu kommen, auch dann, wenn das zu einer Kluft zwischen dir und deiner Gesellschaft führt – denn die Gesellschaft ist Menschenwerk. Sich ihr anzupassen, ist wertlos. Man muss seine Heimat im Höchsten suchen, Gesellschaften aber sind immer gegen Gott.

Viele Leute glauben, dass es fromme Gesellschaften gibt, die nicht gegen Gott sind. Nein, die gibt es nicht. Manchmal, sehr selten, in wenigen Sternstunden der Geschichte, hat es in der unendlichen Wüste der Kulturen und Zivilisationen ein paar Oasen gegeben. Aber das sind seltene Ausnahmen. Im Grunde hat es nie eine Gesellschaft gegeben, die insgesamt religiös war. Zum Beispiel entstand zu Buddhas Lebzeiten um ihn herum eine Oase: ein paar tausend Leute. Aber was bedeutet das schon im Vergleich zur Weltbevölkerung? Ein paar tausend Leute, die wahrhaft religiös geworden waren, die sich gewandelt hatten und mit Buddha zusammen lebten … Aber in dem Augenblick, als Buddha verschwand, verschwand auch diese Oase, denn die Quelle in ihrer Mitte versiegte – und wie lange können Bäume ohne Wasser überleben?

Es hat also hier und da ganz selten einmal Oasen gegeben, aber die Gesellschaft wurde davon nie berührt und blieb antireligiös. Aber die Leute am Ruder, das Establishment, stellen es jedes Mal sehr schlau an. Sie geben der Gesellschaft ein rituelles, formales, religiöses Aussehen; es gibt Kirchen, es gibt Tempel, und da gehen die Leute hinein und beten; und es gibt Festtage, religiöse Feiertage – alles rein formal. Aber lasst euch nicht von Formalitäten täuschen; sie sind Augenwischerei. Sie sind dazu da, allen das Gefühl zu geben, in einer religiösen Gesellschaft zu leben, damit niemand auf den Gedanken kommt, über die Grenzen der Gesellschaft hinaus zu suchen, um religiös zu werden.

Wirkliche Religion ist aber immer nur jenseits der gesellschaftlichen Grenzen zu finden, denn Religion ist etwas Urlebendiges, jenseits der Welt des Verstandes. Jede Gesellschaft ist aber eine Ausgeburt des Verstandes, eine Ordnung, die vom Verstand hervorgebracht und aufrechterhalten wird. Religion ist keine rational gelenkte Ordnung. Religion ist zwar eine Disziplin, aber eine, die gelöst und natürlich ist. Religiosität wird nicht durch deine eigene Manipulation und Einmischung aufrechterhalten, im Gegenteil, du verlierst dich in ein großes Strömen; du überlässt dich völlig diesem Strom.

Der Verstand ist der Wurm im Apfel – aber seine Sabotage ist klug und vorsichtig. Er zersetzt die Wahrheit auf unmerkliche Weise, so dass man höllisch aufpassen muss, um überhaupt wahrzunehmen, was eigentlich vor sich geht. Zum Beispiel hält sich der Verstand an Dinge, die zu einem bestimmten Augenblick wirklich die Wahrheit waren, und zwar mit dem Argument: „Wenn es damals stimmte, muss es auch heute noch so sein, denn die Wahrheit ist ja ewig."

Ich aber sage euch: Nichts ist so veränderlich wie die Wahrheit. Und gerade das macht sie ewig. Würde sie sich nicht verändern, wäre sie längst tot. Sie verändert sich so ununterbrochen, dass sie nicht sterben kann, denn Veränderung bedeutet eine Erneuerung der Lebensenergie.

Die Wahrheit ist ewig, aber nicht unveränderlich. Die Wahrheit ist ewig aufgrund ihrer dauernden Verwandlung. Sie erneuert sich ständig selbst. Sie lässt nichts Totes zu, sie stößt es einfach ab. Sie duldet es nie, dass sich in ihr abgestorbene Elemente ansammeln, denn mit diesen Partikeln beginnt das Sterben. Der Verstand stirbt; und er muss deshalb sterben, weil er totes Zeug ansammelt. Das Leben stirbt nie, weil es sich ewig verändert. Vergesst es nicht: die Wahrheit ist nicht beständig, sie ist ewig; und ewig ist sie deshalb, weil sie nicht beständig ist. Sie ist ewig, weil sie sich ununterbrochen ändert. Sie überlebt durch Veränderung. Durch Wandel wird sie neu. Durch ständige Veränderung entgeht sie dem Tod. Der Tod kann sie nie einholen.

Der Verstand hat seine eigenen logischen Gesetzmäßigkeiten; sie sind zwar absurd, wenn du weißt, was Leben ist, aber wenn du das Leben nicht kennst, dann erscheint dir der Verstand als logisch. Seine

Logik scheint völlig hieb- und stichfest zu sein, absolut überzeugend. Hütet euch vor ihr!

Der Verstand argumentiert: „Dies war damals wahr. Also muss es auch heute noch wahr sein – bis in alle Ewigkeit." Richtig – der Koran hat die Wahrheit gesagt. Aber seine Wahrheit galt für eine bestimmte Situation. Er entstand aus der Situation, in der sich die individuelle Seele Mohammeds mit der Seele des Alls vereinte. Aus diesem Augenblick entstand ein Gesang – ein Gesang der Wahrheit. Dieser Gesang war so wahr, wie das Kreischen der Papageien, wie das Blühen der Bäume, wie die Bewegung der Sonne. Aber als der Augenblick vorbei war, verschwand Mohammed. Die Einheit, die in jenem Augenblick existierte, ist jetzt nicht mehr da.

Heute ist der Koran eine ebenso tote Last wie die *Gita*, wie die Veden, wie die Bibel. Alles, was ich zu euch sage, ist wahr in diesem Augenblick. Morgen wird es schon eine tote Last sein. Schleppt euch nicht damit ab. Lebt es, wenn ihr es jetzt in diesem Augenblick leben könnt. Genießt es, wenn ihr es jetzt mit mir genießen könnt. Feiert es! Lasst euer Bewusstsein in diesem Augenblick zu der gleichen Begegnung kommen ... Lasst es tief in euer Herz einsinken. Es kann euch formen. Lasst den Samen keimen – aber es muss jetzt geschehen! Verschiebt es nicht auf morgen, denn morgen wird es nicht mehr gültig sein. Nichts hat Gültigkeit außer diesem Augenblick.

Der Verstand sagt: „Wenn etwas heute gültig ist, wird es auch morgen gültig sein." Und so werden Traditionen geboren. So nimmt man sehr bedeutsamen Dingen jede Bedeutung und macht sie absurd. So wird aus Schönheit Hässlichkeit.

Als Krishna zu Arjuna sprach, war das einer der Gipfelpunkte des menschlichen Bewusstseins. Aber die *Bhagavad Gita*? ... Die *Gita* ist nur ein Gedenkstein. Sie kann euch nicht weiterhelfen. Die Begegnung mit Krishna muss direkt und ohne Umschweife stattfinden. Du selbst musst zu einem Arjuna werden und dir deinen eigenen Krishna suchen. Aber vergiss nicht, du kannst unmöglich der gleiche Arjuna sein, denn wie sollte das angehen? Du hast eine vollkommen andere Seinsweise, eine völlig andere Daseinsqualität.

Wie kannst du da noch der alte Arjuna sein? Nein, das ist nie und nimmer möglich. Und den Krishna, den Arjuna fand, wirst du auch nicht wieder finden. Du musst dir deinen eigenen Krishna suchen, einen, in den du eintauchen, mit dem du verschmelzen kannst. Einen, mit dem du zu einer solchen Einheit werden kannst, dass du, der Jünger, nicht einmal mehr spürst, dass du der Jünger bist, und dass der Meister vergisst, dass er der Meister ist. Wo keiner mehr weiß, wer wer ist.

Wenn sich zwei Wesen so tief vereinigen, entsteht ein neuer Gesang, entsteht eine neue *Gita. Gita* heißt Lied, und *Bhagavad Gita* bedeutet „das Göttliche Lied". Die *Gita* ist wiedergeboren. Aber es wird nicht eine Wiederholung der alten Worte sein, denn diesmal ist es ein anderer Krishna, diesmal ist es ein anderer Arjuna – es können also unmöglich die gleichen Worte sein. Gott ist unendlich und braucht sich nicht selber zu wiederholen. Er hat sich bis heute nicht erschöpft; Wiederholungen braucht er nicht. Das wäre ein Armutszeugnis, wenn Gott es nötig hätte, die *Bhagavad Gita* noch einmal zu rezitieren. Er wäre dann nicht Gott, und es wäre nicht der Mühe wert, ihm zuzuhören. Nein – etwas Neues entsteht, und dies Neue wird mit dem Alten nichts mehr gemein haben.

Das ist der Punkt, wo sich die wirklich religiösen von den pseudoreligiösen Menschen scheiden. Der pseudo-religiöse Mensch hält sich strikt an die Vergangenheit, an das Alte; und der wirklich religiöse Mensch ist immer bereit, mit dem Neuen zu gehen. Und das Paradoxe ist: wer mit dem Neuen geht, wird alles wieder finden, was im Alten verborgen liegt; und wer sich ans Alte klammert, wird weder das finden, was im Alten verborgen liegt, noch das, was im Neuen verborgen liegt. Das Neue war seit je das einzige Tor zu Gott, und er macht euch ständig neue Tore auf.

Die Reise geht weiter, und immer neue Türen öffnen sich euch. Fragt nicht nach den alten Türen. Der Verstand fragt nur nach alten Türen. Wenn ich etwas sage, fangt ihr sofort zu vergleichen an, ob es wohl auch so in der *Gita*, im Koran, in der Bibel steht. Steht es dort auch so, nickt der Kopf, und sagt: „Richtig!" Steht es nicht da, macht ihr plötzlich dicht, und ihr nickt nicht; jetzt sagt ihr nicht mehr ja. Und ich sage euch, dass alles, was geschrieben steht, längst irrelevant ist, längst überholt und sinnlos.

Den Sinn muss man ständig neu suchen, denn nur die Suche nach dem Sinn bringt dich weiter. Und jetzt zu diesem wunderbaren Gleichnis: Versucht jedes Wort zu verstehen. Viele Bedeutungen sind in dieser Parabel enthalten.

Einst verletzte ein Mann sein Bein, und musste mit Krücken gehen ...

So werden Religionen geboren. Ein Freund von mir, ein Freund aus meiner Kindheit, ein guter Arzt, hatte eines Tages einen Unfall: er stürzte aus einem fahrenden Zug. Durch den Unfall wurde sein Gehirn verletzt; drei Tage lang verlor er das Bewusstsein, und als er wieder zu sich kam, war er ein total veränderter Mann. Er war bis dahin immer jähzornig gewesen; jetzt war keine Spur von Jähzorn mehr da. Etwas hatte sich im Gehirn aufgelöst. Irgendwie hatte sich seine Körperenergie geändert. Er wurde sehr sanft, sehr feinfühlig, sehr friedliebend. Alle, die ihn kannten, fragten ihn, was ihn so verändert hätte.

Er sagte: „Tja, das geht so: man muss aus einem fahrenden Zug springen, und wenn man dann mit dem Kopf aufschlägt, verschwindet der Jähzorn. Das hat mich geheilt – warum sollte es nicht auch andern helfen?"

Als ich davon hörte, ging ich zu ihm und sagte: „Was erzählst du da bloß den Leuten?" Er antwortete: „Aber so war es doch bei mir auch! Und wie oft habe ich nicht versucht, meinen Jähzorn loszuwerden. Und dann plötzlich fand ich den Schlüssel durch diesen Unfall!" Ich riet ihm: „Behalte diesen Schlüssel besser für dich, verrate ihn keinem anderen – Unfälle lassen sich nicht wiederholen."

Aber genau so entstehen religiöse Traditionen! Buddha saß in einer ganz bestimmten Pose – zufällig, denn die Erleuchtung hat keine Vorliebe für irgendeine bestimmte Pose. Erleuchtungen haben schon im Bett stattgefunden, oder beim Spazierengehen, oder es kam vor, dass jemand gerade einen Eimer Wasser trug und dabei erleuchtet wurde. Erleuchtung ist in allen möglichen Lagen und Stellungen eingetreten. Sie hat keine Vorlieben! Sie hängt nicht von einer bestimmten Körperhaltung ab. Buddha also saß im *Siddhasana*, dem Lotussitz – und die Buddhisten richten sich noch heute danach, zweitausend Jahre später. Sie setzen sich genauso hin und warten auf die Erleuchtung … Dummköpfe! Aber davon gibt es ja überall genug.

So sind übrigens alle Yogapositionen entstanden. Sobald irgendetwas Spirituelles bei einer bestimmten Körperhaltung geschah, wurde daraus eine wichtige Yogaposition gemacht. Und dann gehen die Leute her und verrenken sich die Glieder auf alle mögliche Weise und glauben, dass durch eine bestimmte Position etwas Bestimmtes ausgelöst wird. Aber da besteht kein Zusammenhang. Man kann auch auf einem Stuhl sitzen und erleuchtet werden. Ihr dürft der Form keine zu große Bedeutung beimessen. Sonst macht ihr aus der Form einen Fetisch.

Suchende ziehen sich in den Himalaja zurück, weil viele dort erleuchtet wurden – aber das kann überall passieren. Gott ist überall. Wozu in den Himalaja gehen? Viele spirituelle Lehrer schlagen Gewinn daraus, dass in einer ganz bestimmten Situation etwas mit ihnen geschehen ist. Aber das braucht nicht für andere zu gelten, denn jeder ist einzigartig. Die Menschen sind voneinander so verschieden, wie man es sich nur vorstellen kann.

Immer wieder bestehe ich darauf, dass sich jeder einzelne von euch einen Weg suchen muss, den ihm keine Tradition vorschreiben kann. Jeder muss seinen eigenen Weg gehen, seine eigenen Methoden finden. Ihr könnt mit vielen Methoden experimentieren, um herauszufinden, welche am besten ist, aber selbst dann führt keine davon sehr viel weiter – jedenfalls nicht in ihrer verallgemeinerten Form. Nach und nach muss jeder seine eigene individuelle Methode entwickeln.

Es ist wie mit deinem Daumenabdruck, er ist unverwechselbar. Es gibt keinen zweiten Daumen, der so ist wie deiner – auf der ganzen

Welt nicht. Nicht jetzt und auch nicht in der Vergangenheit. Niemand hat je einen solchen Daumen besessen wie du, und kein Mensch wird ihn je besitzen. Du bist eine Original-Signatur des Göttlichen. Dir kann keine allgemeine Methode helfen. Allgemeine Techniken sind für den Anfang gut, aber dann muss man seinen eigenen Stil finden, seine eigene Methode entwickeln. Etwas muss man hinzufügen, etwas wegnehmen, und nach und nach musst du dir ein eigenes System entwickeln. Dein Weg ist nicht vorgegeben: du musst ihn erst schaffen, indem du ihn gehst.

Das ist auch genau die Art, wie ein Meister vorgeht, wenn er andern hilft. Erst gibt er ihnen eine allgemeine Methode, damit sie ausprobieren können, wie es sich damit arbeitet, und ob diese Methode ihrem Wesen entspricht; ob sie überhaupt in Frage kommt. Das ist der Sinn, dass ich so viele Methoden entwickelt habe und auch ständig neue entwickle, je nachdem, was für Menschen zu mir kommen. Jedes Mal, wenn jemand neu zu mir kommt, denke ich mir etwas Neues für ihn aus. Viele Methoden sind notwendig, um auszuprobieren und um schließlich das Richtige finden zu können.

Einst verletzte ein Mann sein Bein, und musste mit Krücken gehen.
Diese Krücken erwiesen sich als sehr nützlich,
nicht nur zum Laufen, sondern auch noch für manche andere Zwecke.

Man kann sich auf ihnen ausruhen, wenn man erschöpft ist. Man kann damit streunende Hunde verscheuchen, man kann sogar, wenn es nötig ist, damit kämpfen … Die Krücke kann zur Waffe werden und noch viele andere Zwecke erfüllen … Der Mann merkte, dass die Krücken den Schmerz linderten; er fühlte sich gestützt. Er hatte ein Mantra gefunden, eine TM, eine Transzendentale Meditation. Jetzt brachte er sie andern bei, verhalf andern Leuten ebenfalls zu Krücken. Viele Leute haben Schmerzen und fühlen sich verletzt – sie alle brauchen Krücken. Und die Krücken erfüllen noch manche andere Zwecke …

Daher brachte er seiner ganzen Familie bei,
ebenfalls auf Krücken zu gehen, und allmählich gewöhnten sich alle
an Krücken als gewöhnliche Gebrauchsgegenstände -
bald wollte jeder eine haben.
Einige Krücken waren aus Elfenbein, andere mit Gold verziert.
Es wurden Schulen eröffnet, die den Leuten beibrachten,
wie man auf Krücken lief, und es entstanden Fakultäten,
die sich mit den höheren Aspekten dieser Wissenschaft beschäftigten.

Dummköpfe gibt es wie Sand am Meer – und sie sind immer begierig, etwas zu lernen. Und den Mann – er mag noch so idiotisch sein –, der nicht wenigstens einige wenige Jünger um sich scharen kann, den gibt es einfach nicht. Die Leute warten geradezu darauf, hinter jedem Hanswurst herzulaufen, denn sie leben im Unglück. Sie suchen irgendeine Methode, irgendeinen Weg, irgendeine Technik, um ihr Elend loszuwerden. So fallen sie auf alles Mögliche herein, auf Dinge, die nicht nur unnötig sind, sondern auch absurd. Und nicht nur absurd, sondern geradezu schädlich.

Da fingen ein paar Leute -
einige wenige - wieder an, ohne Krücken zu laufen.

Denn es ist nicht leicht, sich gegen die Gesellschaft aufzulehnen. Es ist ausgesprochen schwer, denn die Gesellschaft lässt nichts unversucht, um dir dabei Hindernisse und Schwierigkeiten in den Weg zu legen. Sie bestraft dich, wenn du ihr nicht folgst. Sie belohnt dich, sie überhäuft dich mit Ehren, wenn du mit ihr läufst. Sie füttert dein Ego, wenn du dich ihr fügst, und wenn du dich gegen sie auflehnst, zerstört sie es. Viele Menschen laufen wissentlich mit, im vollen Bewusstsein des ganzen Wahnsinns; warum sich denn unnötig Scherereien machen? Lieber Kompromisse schließen …

Diese Geschichte erscheint euch sicher etwas übertrieben. ‚Das ist ja lächerlich', werdet ihr denken. Aber sie ist nicht übertrieben. Sie ist Wirklichkeit. Du denkst: ‚Wie soll denn das möglich sein? Wie will man Menschen, die normal laufen können, dazu bringen, lieber auf Krücken zu gehen?' Aber es ist so, sie sind schon dazu gebracht worden. Denn diese Leute, das seid ihr. Lassen wir diese Geschichte einmal ganz außer Acht.

Aggression ist etwas Natürliches. Nicht ihr habt sie erschaffen, sondern ihr wurdet mit ihr geboren, die Natur hat euch damit ausgestattet. Und die Natur muss irgendeinen Zweck damit verfolgen, sonst hättet ihr sie nicht mitbekommen. Aber die Gesellschaft ist gegen Wut und Aggression; sie fordert von euch, sie zu unterdrücken. Und wenn ihr erst einmal eure Aggression unterdrückt, werden noch viele andere Dinge mit unterdrückt. Denn in deinem inneren Wesen ist alles mit allem verbunden.

Du kannst nicht das eine unterdrücken und gleichzeitig das andere ausdrücken. Wenn du etwas ausdrückst, drückst du tausend andere Dinge aus; wenn du etwas unterdrückst, unterdrückst du damit tausend andere Dinge. Jemand, der seine Wut unterdrückt, muss notgedrungen auch seine Liebe unterdrücken. Er bekommt Angst vor der Liebe, denn wenn er jetzt noch Liebe ausdrücken wollte, käme die Wut mit.

Liebende sind nämlich in Wirklichkeit ständig wütend aufeinander – so wütend, wie es sonst nur Feinde sind. Sie sind eng vertraute Feinde: sie lieben und hassen sich zugleich. Nur wissen sie, dass ihre Liebe so tief ist, dass die Wut ihr nichts anhaben kann – und das kann sie auch nicht. Zerstörerisch wird sie erst, wenn überhaupt keine Liebe da ist, vorher nicht. Aber wenn die Liebe fehlt, dann braucht man die Wut nicht zerstörerisch zu nennen. Dann zeigt sie einfach nur an, dass überhaupt keine Liebe da ist. Wenn im Grunde Liebe da ist, kann nichts sie zerstören. Dann hilft euch alles weiter – sogar Aggression fügt sich dann in die Harmonie des Ganzen. Wenn du jemanden liebst und auf ihn wütend wirst, folgt nach der Wut, wenn der Sturm vorüber ist, die Stille. Nach einem Augenblick der Wut wirst du umso liebevoller; wenn sie verraucht ist, kommt die Liebe umso stärker zum Vorschein. Jetzt musst du alles wiedergutmachen: Du hattest dich selber vergessen, eben warst du noch böse, jetzt aber strömt die Liebe. Daraus entsteht ein Rhythmus. Liebende kämpfen miteinander und lieben sich danach. Liebe ist nichts als ein sehr intimer Krieg.

Ich ging einmal eine Straße entlang und sah, wie drei Gassenjungen durch ein Schlüsselloch guckten. Der erste bückte sich, um durchzusehen, und sagte: „Sie machen einen Ringkampf, der Mann und die Frau!" Dann guckte der zweite und lachte: „Du Idiot, sie kämpfen nicht, sie vögeln!" Und der dritte sah hin und sagte: „Stimmt, aber Profis sind sie nicht!"

Die Liebe ist ein Kampf, der einen bestimmten Rhythmus hat. In der Wut trennt ihr euch; je weiter man sich von dem geliebten Menschen entfernt, desto stärker ist der Antrieb, wieder zusammenzukommen. Es ist wie mit dem Hunger. Du hast Hunger, also isst du etwas. Danach bist du satt. Man kann aber auch ohne jeden Hunger essen – alle Reichen machen das –, nur ist man dann auch nie gesund satt. Stattdessen leidet man unter Völlegefühl und Trägheit, ist schwer wie Blei und ohne Leben. Dasselbe kann aber auch in der Liebe passieren: nie auf den Geliebten wütend zu sein, ist wie Essen ohne Hunger. Früher oder später hat man es satt.

Niemand bricht entzwei, wenn er seine Wut zum Ausdruck bringt. Sie gehört zum natürlichen Rhythmus. Man entfernt sich und kommt zurück. Immer wieder entdeckst du den geliebten Menschen von neuem. Jeden Tag fangen die Flitterwochen von vorne an, in Miniaturausgabe. Und die Liebe wächst dadurch. Wenn du die Wut unterdrückst, unterdrückst du auch die Liebe. Wenn du deine Liebe zeigst, zeigst du auch deine Wut. Aber weil die Gesellschaft gegen die Wut ist, darum ist sie auch gegen die Liebe. Keine Gesellschaft ist für die Liebe. Alle Gesellschaften sind für die Ehe, aber Ehe ist nicht dasselbe wie Liebe. Ehe ist eine Institution, die vom Verstand geschaffen wurde. Aber Liebe – Liebe ist ein Sturm, den die Natur entfesselt hat. Aus einem Sturm kann man keine Institution machen.

Alle Verheirateten leben genauso in einer Institution, wie die Gefangenen im Gefängnis. Mit dem Herzen hat das nichts zu tun. Alle anderen Überlegungen mögen eine Rolle spielen, nur nicht das Herz. Geld spielt eine Rolle, Familie spielt eine Rolle; ja, einige Gesellschaften gehen so weit, dass sie es den Liebenden gar nicht erlauben, sich ihre Partner selbst auszusuchen, weil auf junge Leute kein Verlass ist. Nur alte Leute sind zuverlässig, denn alte Leute leben nur noch im Verstand. Ihr Verstand kennt sich aus, er kann kalkulieren, er kann schlau und listig sein. Lasst also die Väter entscheiden, oder noch besser die Großväter. Je verkalkter, desto besser. Oder lasst die Sterne entscheiden, das ist völlig in Ordnung. Man kann zum Astrologen gehen und die Sterne befragen, da gibt es kein Problem – nur selbst darf niemand entscheiden.

Würdest du nämlich entscheiden, dann wäre schon die bloße Tatsache, dass du liebst, eine Gefahr für die Gesellschaft. Liebende fallen aus dem Rahmen. Habt ihr Liebende schon einmal beobachtet? Wenn sich zwei lieben, dann tun sie so, als wären sie eine geschlossene Gesellschaft. Sie kümmern sich nicht um andere, sie wollen allein gelassen werden. Sie haben keine Lust, in den Club zu gehen oder zum Tempel oder in die Kirche – absolut keine. Sie haben ihre eigene Kirche, ihren eigenen Tempel gefunden, sie sind sich selber der beste Club: sie sind sich gegenseitig genug. Am liebsten wäre es ihnen sogar, wenn die ganze Welt verschwinden würde, und man sie in Ruhe ließe. Sie wollen allein sein auf der großen, nackten Erde.

Liebe ist gegen Gesellschaft. Gesellschaft ist gegen Liebe. Und Liebe ist völlig natürlich. Ehe hingegen ist eine Krücke. Liebe heißt, auf eigenen Füßen gehen, Ehe heißt, Krücken benutzen. Ehe verkrüppelt. Du bist kein unabhängiges Wesen mehr, deine Individualität geht verloren. Jetzt bist du ein Mitglied der Gesellschaft, aber kein Individuum mehr. Ein Individuum ist nirgendwo „Mitglied". Ein Individuum lebt individuell.

Jetzt werdet ihr vielleicht etwas überrascht feststellen, dass die Sufis diese Parabel nicht zum Zeitvertreib aufgeschrieben haben. Sie haben sich durchaus etwas dabei gedacht. Wir haben die ganze Natur verkrüppelt. Alles Natürliche, was es auch sei: die Gesellschaft stellt sich dagegen. Die Vertreter der Gesellschaft verdammen alles

Natürliche als „animalisch“. Sie machen aus euch kultivierte, oberflächliche, wohlerzogene Marionetten. Sie nehmen euch euer wahres Wesen und geben euch einen Ersatz aus Plastik – künstliche Blumen. Die Plastikblume hat nämlich ihre Vorzüge: die wirkliche Blume ist immer in Lebensgefahr, das kann der Plastikblume nicht passieren. Und der Ehe auch nicht – das macht sie so attraktiv. Je mehr Liebe zugelassen wird, desto mehr steigen die Scheidungsziffern. Solange es sich um Ehe handelt, gibt es keine Scheidungen; denn wie kann einem, der nie geliebt hat, die Liebe abhanden kommen? Ehe ist sicher.

Eine wirkliche Blume ist am Morgen voller Leben; und wenn es Abend wird, stirbt sie. Eine Plastikblume rührt sich nicht, sie bleibt da, wo sie ist; sie scheint dauerhaft zu sein. Lasst euch nicht vom Wunsch nach Dauer beherrschen: „Dauer“ ist kein echter Wert; so wirst du niemals den Rhythmus der Schöpfung erkennen. Freue dich an einer Sache, so lange sie da ist; ist sie fort, dann vergib und vergiss und gehe weiter. Nur so wächst du.

Da fingen ein paar Leute – einige wenige – wieder an,
ohne Krücken zu laufen.
Daraus entstand ein großer Skandal und man erklärte es für absurd.
Wie konnte man nur die vielen nützlichen Seiten
der Krücken übersehen?

Und diejenigen, die auf unnatürlichen und künstlichen Lebensmustern bestehen, begründen das immer damit, dass es nützlich ist. Sie stellen die Ehe als nützlich hin: nützlich für die Familie, für die Kinder, für die Gesellschaft, nützlich für jeden. Die Liebe dagegen ist gefährlich. Und wozu kann man sie gebrauchen? Was springt bei der Liebe heraus? Sie hat keine nützlichen Seiten. In den Augen dieser Leute ist Liebe nur eine Romanze, eine Gefühlsduselei, eine Sentimentalität. Sie bringt nichts! Sie ist keine Ware. Sie lässt sich nicht auf dem Markt verkaufen. Du kannst aus ihr keinen Gewinn schlagen. Im Gegenteil: die Liebe nimmt dir vieles weg. Darum nennen clevere Leute die Liebe blind und behaupten, dass die Liebe dir den Verstand verdreht und sonst nichts dabei herauskommt. Aber merkt euch das grundsätzlich: das Leben an sich bringt nichts ein … Vergesst also nicht: Jeder, der über Nützlichkeit nachzudenken anfängt, ist auf dem Holzweg. Denn Nützlichkeit kann zwar manchmal nützlich sein, aber niemals zum Lebensinhalt selber werden. Das Nützliche kann man vernachlässigen – aber das, was keinen Nutzen bringt, darf man niemals opfern.

Alles, was nichts einbringt – Liebe, Meditation, Gebet –, das sind die wahren Lebensziele. Nur sie führen dich zum Göttlichen. Was bringt dir Meditation schon ein? Was verdienst du an ihr? Keinen Pfennig. Was bringt dir Tanzen ein? Nichts. Wenn du tanzt, füllt es nicht deinen Magen, stillt es nicht deinen Durst, hast du damit noch kein Dach über dem Kopf. Tanzen ist unnütz. Alles Schöne und Wahre ist unnütz.

Einige wenige versuchten also zu rebellieren – ein paar Buddhas, ein paar Menschen wie Christus, die sich auflehnen und euch wieder zur Natur zurückbringen wollen.

Aber die Stützen der Gesellschaft fragen: „Wozu soll denn das gut sein?“ Es kommen Leute zu mir und fragen: „Wozu ist Meditation gut. Selbst wenn es uns gelingen sollte zu meditieren, was springt dabei heraus? Was ist dabei gewonnen?“ Gott jedenfalls nicht – denn Gott ist keine Ware. Gott ist Jubel! Und was ist das Leben wert, wenn es nicht zur Freude wird? Was bleibt dann noch vom Leben? Dann ist es eine Wüste.

> Um die eingefahrenen Vorurteile zu widerlegen,
> begannen einige von den Leuten,
> die ohne Krücken gehen konnten,
> sich völlig anders zu bewegen, als es üblich war.

Sie fingen an, sich natürlich zu benehmen. Sie fingen an, auf eigenen Füßen zu gehen. Wenn an einer Stelle gerüttelt wird, kommt das ganze Gefüge an tausend anderen Stellen ins Wanken. Wenn du an einem Punkt gegen die Gesellschaft rebellierst, dann wird dir plötzlich klar, dass es noch tausend andere Dinge gibt, mit denen man aufräumen muss. Die Gesellschaft hat Müllplätze aus euch gemacht. Wenn du erkennst, dass es an einer Stelle stinkt, dann wirst du bald riechen, dass vieles andere auch noch stinkt. Eine Kettenreaktion wird ausgelöst.

Meditation ist meine Methode, eine solche Kettenreaktion auszulösen. Sobald du zu meditieren anfängst, ergeben sich daraus viele Konsequenzen, denn je bewusster und stiller du wirst, desto deutlicher wirst du erkennen, wie sehr die Gesellschaft dich abgetötet, vergiftet hat, was für ein Mordgesindel „die Gesellschaft" ist. Und sie alle wollen dir einreden, dass es ja nur dir zuliebe geschieht. Um dir zu helfen, bringen sie dich in Wirklichkeit um.

Die Gesellschaft ist allein zu deinem Besten da, aber in Wirklichkeit hat sie dich durch und durch vergiftet. Bis in den Ursprung deines Wesens hinein hat sie dich vergiftet.

Um die eingefahrenen Vorurteile zu widerlegen,
begannen einige von den Leuten,
die ohne Krücken gehen konnten,
sich völlig anders zu bewegen, als es üblich war.
Aber selbst das überzeugte nur verschwindend wenige.
Als es offensichtlich war, dass ein paar Menschen tatsächlich
ohne Krücken gehen konnten,
obwohl seit Generationen nur Krücken gebraucht worden waren,
strengte sich die Mehrheit an zu beweisen,
dass Krücken unersetzlich waren.

Genau so funktioniert der Teufelskreis, in dem die Welt sich dreht. Erst wird ein Verhaltensmuster geschaffen und andern aufgezwungen, und am Ende kann das Opfer nicht mehr ohne dieses Korsett leben. Damit ist dann „bewiesen": „Seht ihr, kein Mensch kann ohne Krücken gehen!" Denn es ist niemandem je erlaubt worden, das Laufen ohne Krücken zu erlernen.

Jedes Kind wächst mit tausend Vorurteilen auf, aber jedes Mal, wenn es versucht, die Vorurteile loszuwerden, kennt es sich nicht mehr aus. Denn sie sind ihm zur zweiten Natur geworden, sie sind jetzt Teil des inneren psychologischen Bauplans, der Weltanschauung. Automatisch spürt man den Widerstand in sich und gibt dann auf: „Nein, das ist ja unmöglich, so kann man nicht gehen." Versuch einmal, drei Jahre lang nur auf Krücken zu gehen, und dann, ja dann wirst du nicht mehr ohne sie auskommen können, dann bist du der lebendige Beweis dafür, dass natürliches Laufen unmöglich ist.

So pflanzen sich Vorurteile fort, über Jahrtausende hin, und gehen euch in Fleisch und Blut über. Regt sich deine Sexualität, setzt sofort ein Schuldgefühl ein – es ist eingebaut. Wenn du eine schöne Frau oder einen schönen Mann ansiehst, und dabei ein plötzliches Aufsteigen der Energie spürst, ist daran nichts verkehrt. Es ist eine lebendige Erwiderung! Es ist ganz natürlich: ein schöner Mensch steht vor dir, es wäre geradezu beleidigend, wenn deine Energie nicht darauf reagierte. Wenn die Gesellschaft natürlich wäre und diese Tatsache akzeptierte, dann würde die Frau es dir danken, wenn sie sieht, wie du rot wirst, wenn du verlegen wirst und zitterst – was für ein schönes Kompliment! Aber nein, du versteckst dein Gefühl und wagst nicht einmal, die Frau anzusehen. Und je mehr du wegzusehen versuchst, desto mehr lehnt sich deine Natur dagegen auf, und daraus entsteht ein Schuldgefühl, und du redest dir ein, unmoralisch zu sein.

Ist es etwa unmoralisch, auf eine Blume zu blicken und sie schön zu nennen? Wenn du ein menschliches Gesicht siehst und es schön findest, wieso soll das plötzlich unmoralisch sein? Was ist daran unmoralisch? Warum soll man seiner Freude nicht Ausdruck geben?

Jahrhundertelang ist der Sex unterdrückt worden – dabei ist die Sexualität die Quelle all eurer Energien: mit dem Sex ist eure gesamte Energie mitverdammt worden. Denn wenn eure Energie an einer Stelle aktiviert wird, dann werden alle andern Bereiche der Energie mit erfasst. Also hat man euch gezwungen, euer Leben mit minimaler Energie zu fristen … Kein Wunder, dass ihr das Leben so zähflüssig findet, dass ihr es nicht richtig genießen könnt, dass ihm alle Vitalität fehlt. Ihr fühlt euch ständig erschöpft und ausgebeutet und habt keine Energie mehr zum Leben übrig. Dabei kann das Leben strahlend schön sein, vor Lebendigkeit überschäumen ... Und die Quelle dazu ist der Sex.

Solange du deine Sexualität nicht akzeptierst, wirst du dich nie wohl in deiner Haut fühlen, denn die Sexualität ist die tiefste Triebkraft in dir. Aus ihr wirst du geboren, und jede Zelle deines Körpers lebt aus ihr. Deine gesamte Energie ist sexuell. Und wann immer du willst, kann sich diese Energie in Liebe verwandeln.

Die gleiche Energie kann immer höher steigen, und schließlich zu Gebet werden. Aber ist sie erst einmal unterdrückt, dann ist weder Meditation noch Gebet möglich, denn wo sollte der Rohstoff zu dieser Verwandlung herkommen? Du wirst dich ängstlich weiter unterdrücken.

Jeden Tag kommt es vor, dass Leute zu mir kommen und sich darüber beklagen, dass ihre sexuelle Energie aufsteigt, seit sie mit den Meditationen begonnen haben. Jetzt bekommen sie es mit der Angst. „Das ist uns ja noch nie passiert", sagen sie, „was ist denn los? Da muss etwas schief laufen. Was machen wir falsch bei der Meditation? Denn wir fühlen uns sexuell so angeregt!" Das ist ein schönes, ein ausgesprochen gutes Zeichen! – Das Leben kommt zurück, das Leben steigt wieder auf, das Leben fängt an, aus seinen vereisten Quellen zu sprudeln.

Natürlich ist die Sex-Energie das fundamentale Reservoir, das zuerst betroffen wird. Und das ist auch das Zentrum der Unterdrückung. Jetzt entrollt sich der Sex: Wie wenn eine Spirale, die unter Druck niedergepresst war, plötzlich hochspringt, sobald der Druck beseitigt wird. Es ist großartig: es zeigt nur, dass die Meditationen ihren Zweck erfüllen. Euch wäre es umgekehrt lieber.

Ihr wollt, dass die Meditation euch hilft, den Sex endgültig loszuwerden. Aber da seid ihr an den Falschen geraten. Dann geht lieber zu den alten Brunnenvergiftern, den Lebensverneinern. Sie werden euch Meditationen verschreiben, mit denen ihr euch noch mehr unterdrücken könnt. Aber wundert euch nicht, wenn ihr dann immer gespalten bleibt, immer mit euch selbst in Unfrieden lebt, und die letzte Harmonie ferner rückt denn je.

Ich versuche nichts weiter, als in euch eine Einheit herzustellen, bei der auch der unterdrückte Teil wieder zugelassen wird, der unterdrückte Teil wieder in das gesamte Wesen einverleibt wird, denn ohne ihn wird es nicht vorwärts gehen. Der Sex, das sind eure Beine – der unterste Teil, ich weiß; aber wenn die Beine nicht laufen können, kommt auch der Kopf nicht vorwärts. Er ist das Unterste, ich weiß, aber das Höchste hängt vom Untersten ab. Wenn sich das Unterste bewegt, dann kommt auch bald das Höchste in Bewegung: wenn der Sex wach wird, wird bald auch die Liebe wach. Und wenn die Liebe erwacht, verschwindet der Sex – denn es ist die gleiche Energie, die sich dann in Liebe verwandelt. Wenn das geschieht, hast du zum ersten Mal im Leben wirklich den Sex überwunden, dann gelangst du zu einer authentischen Enthaltsamkeit. Der Sex verschwindet einfach – es ist Liebe daraus geworden. Und dann steigt die Liebe noch höher auf und wird zur Andacht. Und in der Andacht löst sich die Liebe auf: Andacht ist die höchste Stufe.

Zum Gebet geworden, hast du dich erfüllt. Aber die Bewegung muss vom Fundament ausgehen, von der natürlichen Quelle. Ihr Weg geht vom Natürlichen zum Übernatürlichen, aber niemals gegen das Natürliche.

Als es offensichtlich war, dass ein paar Menschen tatsächlich
ohne Krücken gehen konnten,
obwohl seit Generationen nur Krücken gebraucht worden waren,
strengte sich die Mehrheit an zu beweisen,
dass Krücken unersetzlich waren.
„Nehmt zum Beispiel diesen Mann hier“, sagten sie
und griffen sich irgendeinen heraus,
„und lasst ihn einmal ohne Krücken gehen.
Seht ihr? - er kann es nicht!“
„Aber wir gehen doch ohne Krücken“, sagten die Fußgänger.

„Das ist nicht wahr; das bildet ihr euch nur ein", sagten die Krüppel,
denn inzwischen wurden sie allmählich auch blind –
blind, weil sie ihre Augen nicht gebrauchen wollten."

Ich sage den Leuten immer wieder: akzeptiert euer natürliches Wesen, und das bloße Akzeptieren führt schon zu einer tiefen Transformation – ihr werdet transfiguriert sein. Manchmal kommen alte Sannyasins zu mir, traditionelle Sannyasins der Jaina-Tradition, des Buddhismus oder des Hinduismus; die hören mir zu und sagen dann: „Das ist doch gar nicht möglich – wir haben unser Leben lang unsere Sexualität unterdrückt, und sie ist immer noch da. Und du behauptest, dass man sie loswird – indem man sie akzeptiert?"

Ihre Logik ist offensichtlich. Sie sagen: „Wir unterdrücken uns und kämpfen unser ganzes Leben lang gegen den Sex, aber er ist geblieben. Und jetzt kommst du und behauptest: Ihr dürft ihn nicht unterdrücken. Nehmt ihn an, dann wird er von selbst verschwinden!"

Klare Logik. Sie fragen sich, wie der Sex verschwinden kann, ohne dass man ihn bekämpft, wenn er selbst nach so viel Kampf noch nicht fort ist. Das kommt ihnen unmöglich vor: „Wir haben es doch versucht, und der Sex ist nicht einen Zentimeter zurückgewichen. Unser ganzes Leben haben wir dafür geopfert! Und du erzählst uns, dass es eine ganz einfache Sache sei! Sind wir denn Idioten? So leicht ist die Sache nicht."

Dann sage ich zu ihnen: „Schaut mich an, ich bin ihn los!" Und was sie – ob sie es laut sagen oder nicht – in Wirklichkeit denken, ist: „Das muss er sich einbilden. Er fantasiert. Wahr ist es jedenfalls nicht. Eine fixe Idee."

Das Ego stirbt nicht so leicht. Lieber haben sie keine Augen. Ich fordere sie auf, bei mir zu bleiben, mir zuzuschauen, mich zu beobachten: „Dann werdet ihr schon sehen, dass das, wonach ihr sucht, mit mir geschehen ist!"

Aber ihr Kopf sagt: „Das ist eine Fantasie von dir. Es ist in unserem Zeitalter überhaupt nicht möglich, erleuchtet zu werden. Es steht in den Heiligen Schriften, dass im Kali-Yuga, in diesem technologischen

Zeitalter, kein Mensch erleuchtet werden kann. Das ist nicht möglich. Wie kannst du also behaupten, erleuchtet zu sein?"

Darauf kann ich nur sagen: „Schaut auf mich, seht mir zu, seid mir nahe, so nahe wie möglich, und fühlt es." Aber dazu sind sie nicht bereit. In ihren Schriften steht es anders, also bin ich einer Illusion verfallen, einem Traum. Ich bin ein Schwärmer. Aber das geht nicht nur mir so – es ist schon immer so gewesen.

Als Buddha erleuchtet wurde, kamen dieselben Leute zu Buddha und sagten: „Nein, das ist nicht möglich. Es ist nicht möglich. Wie kannst du erleuchtet sein? Dazu gehören Millionen Jahre – so steht es geschrieben. Und auf welchem Weg willst du es geschafft haben? Welche Entbehrungen hast du auf dich genommen? Welches *Tapascharya* hast du geübt? Welchem Yoga bist du gefolgt? Du sitzt hier unterm *Bodhibaum* und erklärst plötzlich, dass du erleuchtet bist. Was ist der Beweis? Du träumst!"

Die Leute nehmen es nicht gern zur Kenntnis, dass jemand erleuchtet ist. In den Schriften der Hindus wird Mahavir nicht ein einziges Mal erwähnt, weil die Hindus ihm seine Erleuchtung einfach nicht geglaubt haben.

Das Ego stirbt nicht so leicht. Wenn man sein Leben in einer künstlichen Plastikwelt verbringt, wo alles auf Zwang beruht und von außen aufgesetzt wird, wo alles entfremdet ist, verliert man langsam die Sehkraft. Wer seine Augen nicht gebraucht, wird langsam blind. Wer die Welt durch Vorurteile sieht, vermeidet es, die eigenen Augen zu gebrauchen; denn wer weiß: die Tatsachen könnten das Vorurteil widerlegen. Also sieht man nicht hin und schließt lieber die Augen, wo man kann. Und wenn man sie doch mal aufmacht, dann interpretiert man so lange an dem herum, was man sieht, bis die Tatsachen nicht mehr da sind. Bis die Wirklichkeit hinter einem Fantasieschleier verschwunden ist.

Leute, die Vorurteile haben, sind blind. Und das gilt für alle Leute. Man braucht nur Hindu, Muslim, Christ und so weiter zu sein, und schon ist man voller Vorurteile. Ohne eigene Erfahrungen zu haben, wissen die meisten Leute von vornherein, was wahr ist und was nicht. Ohne das Geringste zu wissen, haben sie über alles ein fix und fertiges Urteil. Sie vermeiden es tunlichst, direkt hinzuschauen. Und wer sich ständig weigert hinzusehen, der verliert natürlich seine Sehkraft und wird blind.

„Das ist nicht wahr; das bildet ihr euch nur ein",
sagten die Krüppel, denn inzwischen
wurden sie allmählich auch blind –
blind, weil sie ihre Augen nicht gebrauchen wollten.

Wenn ihr einen klaren Blick haben wollt, müsst ihr euer Ego sterben lassen. Denn das Ego kann euch nicht gestatten hinzusehen, natürlich zu bleiben und die Tatsachen so wahrzunehmen, wie sie wirklich sind.

Stirb dem Ego. Stirb der Vergangenheit.

Denn das Sufi-Sprichwort hat recht: „Du bekommst nichts von mir, ehe du nicht stirbst."

Stirb! Es ist schwer, aber es gibt keinen anderen Weg.

Ihr könnt von mir nichts bekommen, bevor ihr nicht sterbt.

4 | DIREKT IN DIE FREIHEIT

Zu dem großen Sufi-Lehrer Bahaudin
kam einmal ein Mann zu Besuch und bat um guten Rat
und um Anleitung auf dem „Weg der Lehre".
Bahaudin forderte ihn auf alle geistlichen Studien
aufzugeben und seinen Hof sofort zu verlassen.
Ein wohlmeinender Besucher wollte Bahaudin daraufhin umstimmen.
„Ich will dir demonstrieren, wie es gemeint war", sagte der Weise.
In diesem Augenblick kam ein Vogel ins Zimmer geflogen,
flatterte ziellos hin und her,
suchte verzweifelt und fand keinen Ausweg.
Der Sufi wartete ab, bis sich der Vogel in der Nähe
des offenen Fensters niedergelassen hatte
und klatschte dann plötzlich in die Hände.
Aufgeschreckt flog der Vogel durch die Fensteröffnung -
direkt in die Freiheit.
Daraufhin sagte Bahaudin: „Dieses Klatschen muss wohl
ein Schock für ihn gewesen sein,
ja geradezu eine Beleidigung, findest du nicht?"

ICH WILL EUCH EINE ALTE GESCHICHTE ERZÄHLEN: IN THAILAND steht ein uralter Tempel, und die Sage erzählt, dass Gott, als er die Welt erschuf, einmal sehr böse auf einen Engel wurde. Der Engel war ungehorsam gewesen, und sein Vergehen war so schlimm, dass Gott ihn zur Erde hinunterwarf, und von jetzt an musste er als unsichtbare Schlange in diesem alten Tempel in Thailand hausen. Zu dem Tempel gehört ein Turm mit hundert Stufen. Und jeder Pilger, der zu diesem Tempel kommt, muss den Turm besteigen; das gehört zur Pilgerschaft. Die Schlange musste auf der ersten Stufe im Turm leben und jeden Pilger, der die Treppe betrat, bis zur höchsten Stufe begleiten.

In Thailand wird das menschliche Bewusstsein in hundert Stufen unterteilt, und die Schlange durfte einen Pilger jeweils nur bis zu der Stufe begleiten, die seinem Bewusstsein entsprach. Wenn er bis zur zwanzigsten Bewusstseinsstufe aufgestiegen war, konnte ihn die Schlange nur bis zur zwanzigsten begleiten; wenn es die fünfzigste war, dann bis zur fünfzigsten. Und Gott hatte gesagt: „Wenn du dreimal zur obersten Stufe aufgestiegen bist, wirst du von deiner Sünde befreit sein."

Der Sage nach ist es der Schlange bisher nur einmal gelungen, bis zur obersten Stufe zu gelangen. Mindestens zehntausend Pilger besuchen täglich diesen Tempel. Jahrtausende sind vergangen – unzählige Pilger! Und mit jedem Pilger muss die Schlange mitgehen. Manchmal – nur ganz selten erreicht sie die fünfundzwanzigste Stufe; noch viel seltener die fünfzigste; und bisher ist sie erst einmal bis zur hundertsten gekommen. Jedes Mal muss sie auf die erste Stufe zurück. Ihr könnt euch vorstellen, wie deprimiert die Schlange inzwischen ist. Die Sache scheint absolut aussichtslos zu sein. Bisher nur einmal … Und dreimal muss sie bis zur hundertsten hinauf, erst dann ist sie frei.

Eine wunderschöne Sage, die viele Dinge zeigt, zum Beispiel, dass von so vielen Menschen nur ein einziger erleuchtet wurde. Erleuchtet zu werden ist schon sehr schwer; aber es gibt etwas, das noch schwieriger ist. Und darüber möchte ich ein paar Worte sagen.

Unter Millionen wird einer erleuchtet. Und unter Tausenden von Erleuchteten wird einer zum Meister. Meister zu werden ist nahezu unmöglich. Um erleuchtet zu werden, musst du an dir selbst arbeiten, an deinen Schranken und Hindernissen – aber es sind immerhin deine eigenen. Um Meister zu werden, musst du dich mit den Schranken und Hindernissen anderer befassen. Schon an sich selbst zu arbeiten ist schwer genug. An einem anderen zu arbeiten, ist praktisch unmöglich.

Buddhas hat es schon viele gegeben. Aber nur ganz selten wird einer von ihnen zum Meister. Der Ruhm des Gautama Buddha stammt daher, dass er ein Meister war. Tausende von Buddhas waren ihm vorausgegangen, aber sie waren keine Meister gewesen. Eines Tages wurde Buddha gefragt: „Du bist von fast fünfzigtausend Sannyasins umgeben – wie viele von ihnen sind so geworden wie du?" Buddha soll gesagt haben „Viele."

Der Fragesteller war verwirrt: „Aber wenn es so viele sind, warum weiß dann kein Mensch von ihnen?" Buddha sagte: „Sie sind erleuchtet, aber deshalb noch keine Meister. Sie sind wie ich, sie existieren auf der gleichen Seinsebene. Das ist aber nur die eine Seite. Einen anderen Menschen zu überreden, auch auf diese Ebene zu kommen – das ist eine höchst komplizierte Kunst."

Andere zu bewegen, zu höheren Gipfeln des Daseins aufzusteigen, ist deswegen fast unmöglich, weil der andere sich todsicher mit Händen und Füßen dagegen sträubt. Und je mehr du dich abmühst, ihn höher zu führen, desto stärker widerstrebt sein Ego. Euer Ego genießt es, wenn es euch immer wieder zu Fall bringen kann. Das Ego ist der Feind. Und jeder ist mit seinem Ego identifiziert, ja, er hält sich sogar für sein eigenes Ego. Wenn also ein Meister versucht, dich umzuformen, oder dir dabei zu helfen, dann erfindest du eine Finte nach der anderen, um dich der Hilfe zu verschließen.

Lehrer gibt es überall, Meister nur selten. Lehrer werden billig gehandelt – im Dutzend billiger; denn ein Lehrer ist nichts wert. Er braucht nur ein wenig intellektuelle Begabung, eine gewisse Fähigkeit, Dinge zu erklären – wer ein bisschen reden kann, der kann Lehrer werden. Bücher sind schon da. Du brauchst sie nur ein bisschen auswendig zu lernen, und mit etwas Übung kannst du lernen, wie man die Dinge logisch auseinander nimmt und die Leute damit mundtot macht. Du kannst alles Mögliche beweisen und viele damit beeindrucken, denn die meisten leben im Kopf. Sie kennen nur den Intellekt.

Ein Lehrer ist ein Kopfmensch. Er hat mehr Köpfchen als ihr. Damit kann er euch zwar imponieren, aber nirgendwo hinführen. Aus eurem eingefahrenen Gleis bringt euch das nicht heraus. Er selbst lebt im luftleeren Raum. Er unterrichtet etwas, ohne zu wissen, was, redet über Dinge, die er selber nicht kennt, berichtet über ganze Welten, die er nie betreten hat – er hat noch nie das Unbekannte gekostet.

Er mag noch so viel an den Veden, am Koran, an der Bibel, an den *Upanishaden* herumgeknabbert und sich viele Bröckchen Wissen einverleibt haben, aber Weisheit hat er keine. Ihr könnt euch einem Lehrer aber leicht anpassen, denn ihr seid beide vom gleichen Typ. Eure Bewusstseinsstufe, eure Seinsebene ist die gleiche. Das erklärt, warum Lehrer soviel Einfluss gewinnen können. Sie führen große Bewegungen an und ziehen Millionen in ihren Bann – nur, weil sie eine Sprache sprechen, die ihr alle versteht.

Meister dagegen können keine großen Bewegungen führen. Erst, wenn sie nicht mehr da sind, werden sie plötzlich berühmt. Wenn die breite Masse von ihnen erfährt, sind sie schon fort. Dann werden sie Tausende von Jahren angebetet, aber diese Anbetung ist nicht viel wert. Mit einem Meister zu gehen fällt schwer, weil es bedeutet, dass das eigene Ich sterben muss. Es gehört viel Mut dazu, einem Meister zu gestatten, an dir zu arbeiten. Du öffnest ihm dein Herz, machst dich verletzlich – und dabei weißt du nicht, weiß keiner, wohin er dich führt. Du vertraust dich ihm einfach an. Logik bringt dich da nicht weiter, sondern nur Liebe. Und Liebe ist etwas sehr Seltenes. Alle Welt ist logisch, aber wer kann schon lieben? Einen schlauen Verstand hat jeder – aber ein Herz voller Vertrauen?

Das ist das Allererste, was ihr verstehen müsst, um in diese Geschichte eindringen zu können. Die Sufis glauben an Lehren und Lehrer. Dieser Mann Bahaudin ist einer von den ganz großen Meistern. Ein Meister lehrt nicht – er demonstriert; sein ganzes Sein ist eine einzige Demonstration.

Er öffnet neue Dimensionen und lädt dich ein, einen Blick in diese neuen Bereiche zu werfen, durch diese neuen Fenster zu schauen. Er zeigt; er lehrt nicht. Und selbst wenn er lehrt, dann nur, um deinen Intellekt zu überreden, an sein Fenster zu treten, von wo aus alle Dinge plötzlich ganz anders aussehen.

Und ein Meister muss sich in der allergrößten Kunst auskennen: in der Kenntnis des menschlichen Herzens – denn hier stellen sich die subtilsten, die kompliziertesten Probleme, die es gibt.

Zum Beispiel: jemand kommt zu mir. Er ist bereit, den Sprung zu wagen. Er glaubt, er sei bereit dazu, aber in Wirklichkeit ist er es nicht. Ich sehe, dass der richtige Augenblick noch nicht gekommen ist. Wenn er jetzt springt, springt er daneben. Ich muss ihn überreden zu warten. Ich muss ihn überreden, den richtigen Moment abzupassen. Ich muss mir etwas einfallen lassen, um ihn abzulenken, muss ihn beschäftigen, damit er nicht zu viel dran denkt und es sich wenigstens für den Augenblick aus dem Kopf schlägt. Eines Tages wird er bereit sein, denn alles kommt zu seiner Zeit.

Ein Phänomen wie Erleuchtung lässt sich nicht erzwingen, man kann sie nicht beeinflussen. Man muss einfach abwarten. Wenn es soweit ist, kommt sie von selbst. Es gibt absolut keine Möglichkeit, sie herbeizuzwingen. Sie lässt sich durch nichts kontrollieren. Wir können nur eines tun: voller Liebe warten – überhaupt warten, voller Vertrauen. Wenn der richtige Moment gekommen ist, geschieht es.

Jemand kommt also zu mir; er ist bereit. Jedenfalls glaubt er, bereit zu sein. Aber ich sehe, dass er es nicht ist. So muss ich ihn ablenken: ich muss ihn mit Spielzeug beschäftigen, damit die Zeit vergeht und er reifen kann. Er hält sich für bereit, aber er kennt sich selbst nicht: es ist nur sein Ego, das glaubt, bereit zu sein! Es sagt: „Hilf mir und zwar gleich."

Und dann ist da jemand, der glaubt, er sei noch lange nicht soweit. Aber wo es um die innersten Dinge geht, hilft Denken nicht weiter. Der eine denkt, er ist soweit, ist es aber nicht; der andere denkt, er ist noch nicht soweit, ist es aber. So einen muss ich dazu überreden, ja geradezu überlisten, den Sprung zu tun. Er zögert und hat Angst. Er sagt, dass es noch lange nicht soweit ist. „Was willst du von mir? Warum drängelst du so? Warum bist du so hinter mir her?" Aber ich weiß – er ist bereit. Und wenn er es nicht jetzt tut, kann es Jahre dauern, bevor die nächste günstige Gelegenheit eintritt. Jahre, oder sogar noch viele Leben.

Es kommt ein Zeitpunkt, wo die gesamte Schöpfung bereitsteht, dich aufzunehmen – aber du zögerst. So ein Moment wiederholt sich nicht oft. Vielleicht vergeht ein ganzes Leben, oder sogar mehrere, bevor er wiederkommt. Also muss ich sehr aufpassen. Auf euch darf ich nicht hören – das wäre schlimm. Ich muss mein Süppchen im Stillen kochen. Auf euch kann ich nicht hören, denn ihr wisst nicht, was ihr sagt. Ihr wisst nicht, was mit euch vor sich geht. Ihr seid verwirrt. Wenn ich mich nach euch richten würde, dann wäre euch nicht geholfen. Ich muss mich auf mich selbst verlassen, auch wenn ich euch das Gefühl geben mag, auf das zu hören, was ihr sagt. Und ich muss mir viel Mühe geben, in euch den Eindruck zu erwecken, dass alles so läuft, wie ihr es gerne hättet …

Manchmal sehe ich, dass es besser für jemanden ist, mit allen Meditationen aufzuhören, weil der Verstand sogar aus der Meditation einen Leistungsdruck macht und dann die Meditation selbst zum Hindernis wird. Und manchmal muss ich euch gegen euren ganzen Widerstand zur Meditation zwingen, weil es ohne einen gewissen Druck, ohne eine gewisse Anspannung zu keiner Umformung kommen kann. Es ist eine sehr subtile Kunst. Man muss genau die richtige Spannung herstellen. Beim Bogenschießen muss die Sehne auch bis zu einem ganz bestimmten Punkt gespannt werden, damit der Pfeil fliegen kann. Aber wenn die Spannung zu groß wird, kann der Bogen brechen.

Meditation ist notwendig, man muss sich Mühe geben, aber ihr wisst nicht, wo ihr anfangen und wo ihr aufhören sollt. Darüber habe ich zu wachen. Also sage ich manchmal: „Hör mit dem Meditieren auf", und manchmal: „Meditiere weiter." Und wenn ich darauf bestehe, dass ihr mit allen möglichen Meditationsformen experimentiert, dann versteht ihr nicht, wie sich das mit dem verträgt, was ich ständig predige: nämlich, dass es auf Mühelosigkeit ankommt. Aber diese ‚Mühelosigkeit' kommt, wenn es an der Zeit ist. Sie kommt von allein. Habt ein bisschen Verständnis für meine Situation. Ich habe nämlich mit vielen zu arbeiten, und deshalb stelle ich ständig Behauptungen auf, die sich gegenseitig aufheben. Dem einen sage ich dies und dem anderen genau das Gegenteil – denn es sind zwei verschiedene Individuen. Was immer ich sage, ist also persönlich gemeint. Wenn ich es zu dir sage, sage ich es nur zu dir und zu keinem anderen. Und wenn ich etwas sage, dann ist es nicht nur persönlich, sondern gilt auch nur für diesen Augenblick – denn morgen hast du dich bereits verändert, und dann sage ich dir etwas anderes. Alles, was ich sage, ist ein lebendiges Eingehen, eine Erwiderung auf deine jetzige Situation.

Ein Lehrer ist tot, und er lehrt eine tote Lehre. Er kümmert sich nicht um dich – du spielst keine Rolle. Er besitzt eine Lehre, und die gibt er weiter. Ihm geht es nur um die Lehre, nicht um dich. Du bist überhaupt nicht in seinem Blickfeld. Ein Lehrer ist ein Irrer – seine Lehre bedeutet ihm die ganze Welt. Seine Lehre ist nicht für die Menschen da, sondern die Menschen sind für seine Lehre da, für seine Ideologie. Aber für einen Meister sind Ideologien Spielzeuge: Ideologien sind nur solange brauchbar, wie sie helfen, und verwerflich, wenn sie nicht helfen. Und manchmal helfen sie und manchmal nicht. Dem einen dienen sie als Brücke, für andere sind sie eine Schranke. Es kommt ganz auf den Menschen an. Für einen Meister ist der Mensch das Maß aller Dinge – der individuelle, persönliche Mensch. Nicht die Menschen, sondern der Einzelne; nicht die Menschheit, sondern Du. Ganz und gar so, wie du bist – in deiner unverwechselbaren Individualität. Alles, was ein Meister sagt, wendet sich an einen Menschen, so wie ein Brief. Es lassen sich keine allgemeinen Lehrsätze davon ableiten. Man kann nichts von dem, was er sagt, verallgemeinern. Verallgemeinerungen sind immer falsch – sogar diese Verallgemeinerung, dass Verallgemeinerungen falsch sind.

Es ist eine äußerst feine Kunst. Und es kann auch nicht anders sein; denn es geht darum, das menschliche Herz zu verwandeln – das Wertvollste, was die Evolution hervorgebracht hat, das höchste Gebilde der gesamten Schöpfung.

Ein Lehrer überhäuft euch mit Informationen über Gott, über die Wahrheit, über Himmel und Hölle. Ein Meister öffnet euch sein Herz, er führt euch vor, was Wahrheit ist.

Was mache ich hier? Ich bin trunken vom Dasein – ich bin ein Betrunkener. Und ich lade euch ein, mir näher zu kommen und mitzutrinken. Und je näher ihr kommt, desto betrunkener werdet ihr selber. Und dann kommt der Augenblick, wo Meister und Jünger schweigend zusammensitzen – und niemand mehr weiß, wer der Meister und wer der Jünger ist. Sie sind so sehr ineinander aufgegangen wie zwei Kerzen, deren Flammen sich immer näher kommen und durch einen plötzlichen Sprung zu einer wurden.

Um einen Meister zu verstehen, musst du nahe an ihn herankommen. Von einem Lehrer kannst du dich so weit entfernt halten, wie du willst, es macht keinen Unterschied. Es kommt nicht auf Nähe an, es geht nicht um Intimität. Bei einem Lehrer brauchst du dich nicht selbst ins Spiel zu bringen.

Bei einem Meister jedoch musst du dich unwiderruflich, restlos aufs Spiel setzen. Das ist die Bedeutung der Worte: „Du kannst nichts von mir bekommen, bevor du nicht stirbst." Genau das bedeutet dieses Sufi-Sprichwort, denn sterben heißt, dich restlos hinzugeben.

Jetzt gibt es keine Rückkehr mehr, du kannst dich zu niemandem mehr flüchten. Es ist ein Einsatz aller Kräfte – ohne Widerruf. Wo solltest du danach noch hinkönnen? Du hast alle Brücken abgebrannt; ein listiger Kopf hält sich fern: er möchte nicht teilnehmen, sondern beobachten. Indem er sich fernhält, bleiben seine Brücken intakt, und der Weg nach hinten ist jederzeit frei, falls es brenzlig wird. Aber alles Schöne im Leben kommt nur daher, dass man sich rückhaltlos einsetzt.

Vor allem im Westen ist es verpönt, dieses Wort –, sich rückhaltlos einsetzen' – zu gebrauchen. Es ist ein Tabu. Sobald ihr das Wort hört, bekommt ihr es mit der Angst zu tun. Das ist der Grund, warum im Westen alles, was schön ist, und alles, was tief ist, immer mehr verschwindet. Die Liebe ist unmöglich geworden, und nur noch Sex ist möglich. Zum Sex braucht man keine innere Teilnahme. Liebe ist nur durch innere Teilnahme möglich. Sex findet zwischen Fremden statt. Liebe zwischen zweien, die intim und offen miteinander sind, die zwischen sich ein Band der Verwandtschaft fühlen – die sich nicht einfach nur gegenseitig ausbeuten, sondern aneinander wachsen wollen. Ohne diese innere Hingabe ist Liebe nicht möglich. Und wo die Liebe fehlt, wird der Sex leer. Im Westen ist es bereits so weit gekommen. Meditation ist ohne inneren Einsatz nicht möglich. Man kann nicht Zaungast bleiben. Wenn du Zaungast sein willst, bleibst du draußen. Die Hingabe, der Einsatz ist es, was dich ins Herz der Dinge führt.

Es gehört rückhaltloser Einsatz dazu, mit einem Meister zu sein. Es ist die höchste Form der Liebe, die höchste Form der Meditation, die höchste Form des Gebets. Im Westen kennt man nur Lehrer. Im Westen weiß man noch nicht einmal zwischen einem Lehrer und einem Meister zu unterscheiden. Beides bedeutet mehr oder weniger dasselbe. Daran liegt es auch, dass in unserer Parabel das Wort Meister mit Lehrer übersetzt werden konnte. Bahaudin ist alles andere als ein Lehrer: er ist ein Meister. Aber im Englischen und in den anderen westlichen Sprachen macht man da keinen Unterschied. Für das Abendland gibt es ein Wort wie Guru überhaupt nicht. Es geht um eine so tiefe Hingabe an einen Menschen, eine so tiefe Bereitschaft, dass man sogar sein Leben aufs Spiel zu setzen bereit ist.

Liebe, Meditation, Gebet – das sind die tiefsten Formen der Hingabe. Aber wer ist es, der vor solcher Hingabe zurückschreckt? Es ist das Ego, das die Hingabe scheut – weil es bei dieser Hingabe kein Zurück gibt. Die Brücken sind verbrannt, und man fürchtet sich. Nur die unbekannte Zukunft liegt vor dir, und hinter dir keine Vergangenheit mehr. Dir wird schwindlig. Und wenn du einem Meister in die Augen schaust, dann wird dir schwindlig. Denn ein Meister ist unendlich leer. Er ist wie ein Abgrund ohne Boden. Du möchtest dich verzweifelt an irgendetwas klammern, denn du spürst die Gefahr, dich auf ewig zu verlieren. Und diese Gefahr ist echt! Aber du kannst dich niemals selber finden, bevor du dich nicht verlierst. Und du kannst nicht wiedergeboren werden, bevor du nicht stirbst. Ein Meister ist Tod und Leben. Ein Meister ist Tod und Wiederauferstehung.

Lasst uns jetzt Schritt für Schritt in diese Geschichte hineingehen:

> Zu dem großen Sufi-Lehrer Bahaudin kam einmal ein Mann zu Besuch und bat um guten Rat und um Anleitung auf dem „Weg der Lehre." Bahaudin forderte ihn auf, alle geistlichen Studien aufzugeben und seinen Hof sofort zu verlassen.

Das klingt wirklich sehr brutal, sehr grob. Passt eigentlich nicht zu dem Ideal, das man sich von einem Meister macht. Der Mann kommt schließlich als Suchender und will Hilfe. Er kommt als Bittsteller – und was ist das für eine komische Art, wenn Bahaudin ihm erklärt: „Gib sofort alle geistlichen Studien auf und verlasse augenblicklich diesen Hof!"

Warum stößt Bahaudin ihn zurück? Ein Meister ist doch dazu da, den Menschen zu helfen: er lädt sie ein, er heißt sie willkommen. Nur dazu ist er schließlich da. Warum benimmt sich Bahaudin also so grob? Mit einem solchen Benehmen rechnet man nicht bei einem

Meister. Und der Mann hat doch nichts anderes getan, als um ein bisschen Rat zu fragen, für seine persönlichen Probleme und für seinen spirituellen Weg.

Ein wohlmeinender Besucher wollte Bahaudin daraufhin umstimmen ...

Es war also ein Mann mit Herz anwesend, der fragte: „Warum tust du das? Bitte erkläre mir, warum du dich so verhältst! Der Mann hat doch nichts Verkehrtes gemacht. Ein unschuldiger Sucher, und du wirfst ihn einfach hinaus. Dazu bist du doch da. Er bittet dich um Hilfe, und du knallst ihm die Türe vor der Nase zu. Er bettelt, und du bist hart!"

„Ich will dir demonstrieren, wie es gemeint war", sagte der Weise ...

Bahaudin sagt also: „Warte! Es gibt Dinge, die sich nicht erklären lassen. Warte, ich werde es dir zeigen." Manche Dinge können nur durch eine Situation klar gemacht werden, weil sie nur in einem lebendigen Zusammenhang sichtbar werden, nicht durch theoretische Erklärungen. Es ist unerklärlich; denn Bahaudin hat etwas gesehen, hat etwas in diesem fremden Sucher erkannt, das der freundliche Mann nicht erkennen kann. Und wie soll man einem Blinden das Licht erklären? Keine Erklärung der Welt bringt das fertig!

Bahaudin hätte sagen können, was er wollte, der andere wäre doch das Gefühl nicht losgeworden, dass er sich nur herausredet, dass er für sein hartes, unbarmherziges Benehmen Entschuldigungen sucht. Also sagte Bahaudin: „Ich will dir demonstrieren, was ich meine."

In diesem Augenblick kam ein Vogel ins Zimmer geflogen,
flatterte ziellos hin und her,
suchte verzweifelt und fand keinen Ausweg.
Der Sufi wartete ab, bis sich der Vogel
in der Nähe des offenen Fensters niedergelassen hatte
und klatschte dann plötzlich in die Hände.

Aufgeschreckt flog der Vogel durch die Fensteröffnung –
direkt in die Freiheit.
Daraufhin sagte Bahaudin:
„Dieses Klatschen muss wohl ein Schock für ihn gewesen sein,
ja geradezu eine Beleidigung, findest du nicht?"

Wirklich, eine einmalig schöne Situation. Bahaudin sagt damit vieles, ohne ein einziges Wort zu sagen. Was er damit sagt, ist: „Dieser Mann steht am Rande der totalen Freiheit. Er braucht keine Hilfe. Hilfe würde ihn nur in neue Fesseln legen. Sie würde ihm nur zur Last. Er braucht nichts mehr zu lernen, das hat er alles hinter sich. Er ist soweit: er kann sich in den Himmel aufschwingen. Er braucht keine Anleitung mehr. Alles, was er brauchte, war ein Stoß in den Rücken, und den habe ich ihm versetzt. Hätte ich ihn hier aufgenommen, wäre es kein Akt der Nächstenliebe gewesen. Die einzige Liebe, die ich ihm antun konnte, war, ihn von mir zu stoßen und ihm die Tür vor der Nase zuzuschlagen."

Bahaudin sagt mit anderen Worten: „Ich habe diesen Mann sofort erkannt. Sein Herz ist völlig bereit. Jeden Moment kann sich der Vogel in die Lüfte schwingen. Worte wären jetzt nur noch Verzögerung. Er braucht sich nicht mehr mit Lehren aufzuhalten, es gibt für ihn nichts mehr zu lernen auf dem Weg der Lehre."

Manchmal werden Lehren gebraucht. Auf einer ganz bestimmten Stufe der spirituellen Entwicklung haben sie ihren Sinn – wenn du Anleitung auf dem Weg brauchst, wenn du Ermutigung brauchst. Du musst in vieler Hinsicht geschult werden, aber dann kommt der Augenblick, wo du über jede Anleitung hinauswächst. Anfangs gibt es viel zu lernen; später gibt es viel zu verlernen. Erst müsst ihr euch Meditationstechniken aneignen, und dann müsst ihr lernen, sie wieder auf den Müllhaufen zu werfen.

Erst müsst ihr aus allen theoretischen Vorstellungen, aus allen Begriffen hinauskatapultiert werden und das Schweigen erlernen. Dann kommt ein Augenblick, wo ihr auch dieses Schweigen abstreifen müsst, denn sonst wird eine falsche Sicherheit daraus.

Man kann genauso gut am Schweigen hängen wie an Wörtern, aber dann ist Schweigen auch nur ein Gedanke, die Vorstellung des Schweigens. Wie willst du wissen, dass du still geworden bist? Wenn du es weißt, ist es nur ein Gedanke. Wie willst du wissen, dass du das Glück gefunden hast? Wenn du es weißt, ist es nur ein Gedanke. Und solange das Glück, das Gefühl des Glücks, der Gedanke an Glück noch da ist, lauert irgendwo im Hintergrund auch noch das Unglück und wartet wie ein Schatten auf eine günstige Gelegenheit.

Erst muss man also das Unglück abstreifen – und dann auch das Glück. Andernfalls wird das Glück selbst wieder nur zum Gefängnis. Und nichts könnt ihr besser als das: Gefängnisse bauen; ihr könnt aus allem ein Gefängnis machen – selbst aus Gott. Was sind eure Kirchen, Tempel, Moscheen, Gurudwaras denn anderes als Gefängnisse, in die ihr Gott gesperrt habt – und euch selber? Was habt ihr bloß aus den schönen Überlieferungen gemacht? Die *Upanishaden* sind herrliche Dichtungen, es gibt keine reineren, aber kein Mensch liest sie um ihrer Schönheit willen. Euch geht es nur um religiöse Prinzipien. Ihr habt sie zu einem Gefängnis gemacht. Als Dichtungen sind sie wunderschön, unvergleichlich; vom Poetischen her kann man sich nichts Schöneres vorstellen.

Ich habe kürzlich erst ein Interview gelesen, das J. Krishnamurti einem Journalisten gegeben hat. Ich glaube, dass der Journalist Krishnamurti nicht ganz folgen konnte. Krishnamurti sagte: „Ich habe das Neue Testament gelesen. Ich war begeistert, es ist eine großartige Dichtung. Aber als Heilige Schrift finde ich es langweilig." Er hat vollkommen Recht. Man sollte wirklich die Bibel lesen: sie gehört zu den größten literarischen Meisterwerken aller Zeiten. Und das neue Testament ist unübertroffen. Nirgends sonst findet man Worte, die so bedeutungsvoll sind – aber reden wir besser nicht von Bedeutung, denn sobald die Suche nach der Bedeutung losgeht, ist alle Poesie dahin. Dann ist daraus Theologie geworden. Sagen wir Tiefsinn, aber nicht Bedeutung. Größe, Schönheit – aber nicht Dogma.

Welche Schönheit enthalten die *Upanishaden*, der Koran, das Neue Testament! Wenn du sie singen kannst, wunderbar! Wenn du sie nur denken kannst, bist du vom Wege abgekommen. Wenn du den Koran singen kannst, dann gibt es nichts Schöneres. Habt ihr schon einmal den Koran singen hören? Er ist dazu da, vorgetragen, gesungen, genossen zu werden. Dabei kann man tanzen, aber doch nicht denken! Wenn einer dabei zu denken anfängt, wird ein Moslem geboren, ein fanatischer Moslem. Wenn einer dabei vor Liebe und Freude tanzt und singt, wird ein Sufi geboren. Und niemand ist weiter von einem Moslem entfernt, als ein Sufi. Er ist das absolute Gegenteil. Und wenn einer die *Upanishaden* singt, wird ebenfalls ein Sufi geboren. Aber wenn einer an die *Upanishaden* glaubt, wird ein Hindu geboren, ein toter Hindu, verfault bis in die Wurzeln. Ihr seid so geschickt im Gefängnisbauen, dass ihr aus allem, was man euch in die Hand gibt, Ketten schmiedet. Selbst Buddha, selbst Jesus, die gekommen sind, um euch zu befreien – ihr macht sie zu Sklavenhaltern. Weil ... weil ihr so seid, wie ihr seid.

Dieser Mann, der Bahaudin aufsuchte, war bereit, wie eine reife Frucht vom Baum zu fallen. Er hatte nicht die geringste Hilfe nötig. Bahaudin hätte diesen Mann ohne weiteres in seinen Kreis aufnehmen, ihn teilnehmen lassen, ihn als Jünger annehmen können, aber das wäre falsche Liebe gewesen. Und dazu ist kein Bahaudin fähig.

Aber oberflächlich betrachtet ist er unbarmherzig. Er scheint kein Mitgefühl zu haben. Ein Suchender klopft an seine Tür, und er weist ihn ab. Hier könnt ihr den Unterschied zwischen Freundlichkeit und wahrer Menschenliebe erkennen. Freundlichkeit bleibt an der Oberfläche und wird ohne weiteres verstanden. Jeder unwissende Mensch, jeder Narr kann freundlich sein, auch ein Krimineller, ein Sünder kann freundlich sein – Freundlichkeit braucht nicht tief zu gehen. Aber ein stumpfsinniger Mensch kennt die wahre Menschenliebe nicht. Das ist nicht möglich.

Diese Dimension entsteht erst, wenn ein Mensch zu seinem eigenen Zentrum gelangt ist. Erst, wer in seinem inneren Mittelpunkt lebt, weiß, was Nächstenliebe ist. Und Nächstenliebe muss nicht immer ein freundliches Gesicht zeigen. Nächstenliebe kann manchmal sehr unfreundlich aussehen.

Der freundliche, der barmherzige Besucher wollte Bahaudin umstimmen: „Aber was machst du da?“ Bahaudin jedoch sieht etwas, das der freundliche Mann nicht sehen kann. Er hat erkannt, dass der Fremde unmittelbar am Rand des Abgrundes steht. Wirft er ihn jetzt heraus, ist seine Befreiung möglich. Hätte er ihn hereingelassen …

Und das wollte der Mann ja, er wollte ja sein Jünger werden. Wäre er an einen Lehrer geraten, wäre der Lehrer sehr freundlich gewesen und hätte ihn mit offenen Armen empfangen. Ein Lehrer hätte ihn eingeweiht. Nicht der Meister; denn ein Meister hat nur ein Ziel: dich völlig zu befreien. Wenn er dich einweiht, dann ist die Einweihung für ihn nur ein Schritt auf dieses Ziel zu, aber nicht Zweck der Sache. Am Ende stößt er jeden von euch in den offenen Himmel hinein. Sobald du dafür reif bist, wirst du in den offenen Himmel geworfen. Das Haus eines Meisters ist nur ein Übungsfeld, wo du dich vorbereiten kannst. Es ist nicht dein eigentliches Heim. Dort machst du dich nur bereit, und schließlich wirft dich der Meister hinaus in den offenen Himmel, denn dort ist dein eigentliches Heim – in der totalen Freiheit, in *Moksha.*

Ein Meister leistet nur unterwegs Hilfe. Vor dem Tempel des Göttlichen lässt er dich plötzlich im Stich. Vor dem Tempel des Göttlichen angekommen, stößt er dich plötzlich vorwärts, und wenn du dich umschaust, ist er nicht mehr da. Denn dem Göttlichen musst du allein gegenübertreten. Der Meister hat seine Aufgabe erfüllt.

Dieser Mann stand aber schon auf der Schwelle, ohne es zu wissen. Wie soll man das auch selbst erkennen können? Wenn man noch nie vorher auf der Schwelle gestanden hat, kennt sich der Verstand natürlich nicht aus. Einer, der auf dieser Schwelle steht, weiß es nicht. Er war noch nie in diesem Zustand, also kann er ihn auch nicht wieder erkennen. Er sucht Unterstützung und weiß nicht, dass er gar keine mehr braucht.

Würde er als Jünger zugelassen, könnte das viel Schaden anrichten. Ich kann voraussehen, dass dieser Mann, wenn er Jünger geworden wäre, sich tief in Bahaudin verliebt hätte – er wäre unweigerlich dieser Liebe verfallen! Und dann wäre aus dieser Liebe eine Fessel geworden: Ihr seid so geschickt, so unfehlbar, wenn es darum geht, sich ein Gefängnis zu schaffen!

Es ist also besser, von Anfang an hart zu sein. Hätte Bahaudin ihn auch nur einen Moment lang zu sich gelassen, wäre er kaum wieder von ihm losgekommen. Also verweigerte ihm Bahaudin von vornherein, einen Blick in sein Herz zu werfen, seine Liebe, seine Menschenliebe zu sehen. Bahaudin musste ihm ein sehr hartes Gesicht zeigen, damit er nie wieder an ihn zurückdächte.

Gurdjieff hat genau denselben Trick benutzt. Er zeigte sich vielen Jüngern gegenüber hart, wurde aber missverstanden, weil im Westen so etwas fremd ist. Der Osten geht seine eigenen Wege. Gurdjieff war ein Sufi. Er hatte Sufimeister gehabt und sich in vielen Sufi-Kommunen aufgehalten: er lebte mit vielen Sufis zusammen und hatte die Haltung eines Sufis. Aber für den Westen ist das eine fremde Welt; die Symbole der Sufis, die demonstrativen Situationen der Sufis bedeuten nichts.

In einem Buch über Gurdjieff – geschrieben von einer seiner Schülerinnen, einer sehr begabten Musikerin, lass ich, wie Gurdjieff einmal zu toben anfing, wegen irgendetwas, das er ihr verboten hatte. Er war sehr erbost, und sagte ihr: „Jetzt reicht's aber – ich will dich nie wieder sehen, wag dich nicht noch einmal zu mir!" Natürlich ging die Frau fort, aber sie ging als eine Frau des Westens, und verlor so ihre Chance. Sie dachte bei sich: „Wie kann dieser Mann erleuchtet sein, wenn er sich über eine Kleinigkeit so aufregen kann?" Ihr urteilt nach euren Kriterien. „Wieso macht ihn das wütend? Eine solche Kleinigkeit! Etwas so Läppisches – er hätte mir ohne weiteres verzeihen können.

Große Meister sind die Nachsicht selbst, sie sind die Vergebung in Person. Buddha ist die reine Menschenliebe, und Jesus vergibt sogar seinen Feinden, die ihn ans Kreuz schlagen. Sogar seinen Mördern vergibt er! Und was hab ich getan? Nur eine kleine Anweisung nicht befolgt! Ich verstehe einfach nicht, wieso er da so böse werden kann." Dabei hatte sie fast zwanzig Jahre lang mit Gurdjieff verbracht – eine Jüngerin, die einfach hinausgeworfen wurde. Gurdjieff sagte: „Ich will dich nie wieder sehen, und wenn du mich noch einmal sehen willst, dann nur als Leiche." Das Ego war verletzt; die Frau hat Gurdjieff nie wieder gesehen. Erst zu seinem Begräbnis kam sie zurück. Aber ihre Chance hatte sie verfehlt.

Was hatte Gurdjieff in Wirklichkeit getan? Wäre dies im Osten geschehen, wo es eine lange, lange Tradition von Meister-Jünger-Beziehungen gibt, wo viele Leute mit der inneren Disziplin der Jüngerschaft vertraut sind, wäre es ganz anders verlaufen. Was hatte Gurdjieff im Klartext gesagt? „Entweder kommst du zu mir, wenn du selbst gestorben bist, oder du siehst mich nur als Toten wieder. Mehr kann ich nicht für dich tun." Das war die eigentliche Bedeutung. Stattdessen wartete sie zwanzig Jahre ab, bis Gurdjieff selbst gestorben war, und erwies ihm dann die letzte Ehre. Sie hätte selbst „sterben" können.

Gurdjieff hatte lediglich eine Situation geschaffen; er war nicht böse, weil sie nicht gehorcht hatte. Mit seiner Wut schuf er lediglich eine Situation, sie war nur ein Vorwand. Gurdjieff wäre wütend geworden, ob sie nun gehorcht oder nicht gehorcht hätte. Damit hatte es nichts zu tun. Er wäre unter jedem beliebigen Vorwand wütend geworden.

Es kam ihm allein auf dies eine an: ein böses Gesicht zu machen, sehr wütend auszusehen. Und ein Mensch, der zwanzig Jahre lang mit ihm zusammengelebt hatte, hätte sich nicht von der Oberfläche täuschen lassen dürfen, hätte tiefer blicken und das Herz erkennen können. Und in seinem Herzen war Gurdjieff voller Liebe und Hilfsbereitschaft, aber er versteckte das hinter einer harten Schale.

Diese Frau, die hinausgeworfen wurde – wenn sie wirklich eine westliche Haltung hatte, aber das wissen wir nicht, ihre Geschichte endet dort, also wissen wir nicht, was wirklich mit ihr passiert ist … Wenn sie also eine westliche Einstellung hatte – und damit meine ich eine egoistische Einstellung –, dann musste sie glauben, Gurdjieff hätte sie hinausgeworfen, weil sie nicht würdig war. Wenn sie also ein verletztes Ego davontrug, dann hatte sie verfehlt. Hätte sie jedoch die Sache mit östlichen Augen gesehen, wäre ihr bewusst gewesen, dass sich in der Wut des Meisters nichts als Liebe verbarg, denn warum sonst sollte er wütend werden?

Wenn der Meister ihr die Tür vor der Nase zuschlug, dann musste es eine tiefere Bedeutung haben. Dann musste sich mit dem Zugehen der einen Tür eine andere öffnen. Wenn ein Meister sagt, dass du alle geistlichen Studien aufgeben und sein Haus sofort verlassen sollst, dann bedeutet das, dass es keinen Augenblick zu verlieren gibt, dass Alarmstufe eins besteht, dass du augenblicklich alles, was du gelernt hast, all deine Vorstellungen vom „Weg" und von der Lehre aufgeben musst. Dass das Haus in Flammen steht. Hätte die Frau eine östliche Einstellung gehabt, die Einstellung eines Jüngers, eines Menschen, der sein eigenes Ich ausgelöscht hatte, der zu sterben bereit war, dann wäre diese Frau erleuchtet worden. Genau auf jener Schwelle, genau in jenem Augenblick. Aber es kommt darauf an. Es kommt nicht nur auf den Meister an, sondern auch auf den Jünger. Es ist eine sehr subtile Zusammenarbeit, die subtilste Abstimmung, die es überhaupt gibt.

Ein wohlmeinender Besucher wollte Bahaudin daraufhin umstimmen.
„Ich will dir demonstrieren, wie es gemeint war", sagte der Weise.
In diesem Augenblick kam ein Vogel ins Zimmer geflogen ...

Und jeden Augenblick kommt ein Vogel ins Zimmer geflogen – jeden Augenblick kommen Situationen angeflogen. An Situationen fehlt es nie. Einer, der den Meisterkniff kennt, einer der über den Meisterschlüssel verfügt, kann aus allem eine Situation machen. Der kann überall eine Situation herstellen, aus allem eine Demonstration machen.

Ein Vogel flog herein. Und es passierte, was allen Vögeln passiert – und nicht nur den Vögeln, sondern euch auch, wes Geistes Kind ihr auch seid ... Ihr habt es sicher auch schon beobachtet: ein Vogel kommt in das Zimmer geflogen – natürlich durch das offene Fenster, er muss also wissen, wo er hereingekommen ist. Aber sobald er drin ist, vergisst er das Fenster völlig. Stattdessen fängt er an, hin und her zu flattern. Das sieht sehr komisch aus, denn er ist ja schließlich durch das offene Fenster gekommen und müsste wissen, dass er durch dasselbe Fenster auch wieder hinausfliegen kann – warum also flattert er so aufgeregt hin und her? Und je hektischer er sucht, je mehr er es mit der Angst zu tun bekommt, desto mehr vergisst er den Anfang.

Und das Unbegreifliche ist: dass der Vogel in alle Ecken fliegt und sich an jeder Wand den Kopf einrennt, nur das Fenster, das findet er nicht. Aber lacht ihn nur nicht aus! Der Vogel ist ein armes Schwein. Armer Vogel! Aber genauso arme Vögel seid ihr auch. Jeden Tag hab ich mit Leuten zu tun, die genau wissen, wie sie sich in eine unangenehme Situation gebracht haben, aber nicht wissen, wie sie wieder herauskommen sollen. Erst heiratet ihr – und dann wisst ihr nicht, wie ihr da wieder herauskommen sollt. Ihr kennt das Fenster und fragt euch, wie ihr überhaupt da hinein fliegen konntet. Warum also nicht denselben Schritt zurückgehen? Enttäuscht sucht ihr nach einem Ausweg. Warum ist das nur so kompliziert? Warum nicht einfach die Lage einsehen und wieder hinausfliegen? Aber es ist leicht, in die Ehe hineinzugeraten und sehr, sehr schwer, wieder herauszukommen.

Jeder weiß, wie man hineinkommt, aber keiner weiß, wie man herauskommt. Du wirst wütend – dazu brauchst du keinen, der dir sagt, wie man das macht. Aber hinterher kommst du zu mir und fragst: „Wie werde ich bloß meine Wut wieder los?"

Frag dich lieber, wie du da hineingeraten bist. Und dasselbe passiert hier auch. Der Vogel weiß, wie es hineingeht, und vergisst dann völlig, wie es wieder hinausgeht. Es sieht fast so aus, als ob irgendwo im Hirn eine Täuschungszentrale arbeitet. Wie sonst ist so etwas zu erklären? Es ist so sonnenklar! Das Fenster steht offen, der Vogel ist hereingekommen – flieg also zum selben Fenster wieder hinaus! Aber irgendwo im Hirn scheint eine Überzeugung zu sitzen, eine unbewusste Überzeugung, die dir einredet, dass der Weg hinaus woanders lang geht als der Weg hinein. Da steckt das Problem. Du wirst nervös und fragst nach dem Ausgang. Du quälst dich ab und fragst überall, wie du wieder herauskommst. Frag dich, wie du hereingekommen bist.

Mulla Nasrudin ging einmal mit seinem Kind die Straße entlang. Da sah das Kind am Wegrand ein Vogelei liegen. Und es fragte seinen Vater, so wie alle Kinder fragen:

„Ich möchte wissen, wie die Vögel in die Eier kommen!"

Da sagte Mulla Nasrudin: „Das frage ich mich auch, aber mehr noch, wie sie wieder herauskommen. Aber ich weiß es nicht. Ich habe mich mein ganzes Leben lang gefragt und jetzt kommst du mit einer neuen Frage. Erst weiß ich nicht, wie sie herauskommen, und jetzt kommst du mit einem neuen Problem – wie sie überhaupt hineinkommen …"

Irgendwo im Unbewussten muss ein tief verwurzelter Mechanismus stecken, der in uns die Erwartung auslöst, dass es zwei Wege geben muss: einen Weg hinein und einen hinaus. Aber so ist es nicht. Es gibt nur einen Weg. Du kommst durch die Tür hinein und du gehst wieder durch sie hinaus. Und wenn du verstanden hast, wie du hineingekommen bist, dann weißt du auch, wie du wieder hinauskommst. Wenn du also wütend wirst, dann brauchst du nur zu beobachten, wie du wütend wirst. Verfolge den Vorgang Schritt für Schritt. Beobachte scharf und langsam. Und plötzlich geht dir ein Licht auf. Plötzlich wird es hell, und mit dieser Technik kannst du dich langsam zurückarbeiten.

Der Vogel kam herein geflogen. Im gleichen Augenblick, als Bahaudin sagte, dass er etwas demonstrieren wollte, „kam ein Vogel ins Zimmer herein geflogen, flatterte ziellos hin und her, suchte verzweifelt und fand keinen Ausweg."

Jeder ist in der gleichen Situation. Ihr seid ins Leben hereingekommen. Jetzt flattert ihr aufgeregt hin und her und findet keinen Ausweg. Alle Techniken der Meditation sind nichts als Hilfsmittel, die euch bewusst machen, wie ihr hereingekommen seid. Sie helfen euch, den Weg zurückzuverfolgen. Wenn sich das Denken beruhigt hat, kannst du langsam zurückgehen. Du kannst den ganzen Film rückwärts abspulen, du kannst ihn bis in die Kindheit zurückverfolgen, bis in den Mutterleib. Ja, du kannst sogar bis zum eigentlichen Ausgangspunkt zurückgehen, wo du den Mutterleib betreten hast. Deine Mutter und dein Vater haben nur eine äußere Situation dafür geschaffen. Diese Situation hast du dir zunutze gemacht. Das Fenster stand offen – und du bist hinein geflogen. Aber der Weg hinaus ist der gleiche. Wenn du immer tiefer meditierst, wird sich dir deine ganze Vergangenheit zeigen, nicht nur die Vergangenheit dieses Lebens, sondern auch aller früheren Leben.

Buddha spricht von seinen vielen Leben: einst war er ein Elefant und starb; dann wurde er zum Hasen, starb und wurde dann zum Löwen, starb und schließlich, so berichtet er, kam er als Siddhartha wieder. Indem du zurückgehst, kommst du am Ende genau an der Tür an, durch die du ins Dasein getreten bist. Und das ist auch die Tür, durch die du wieder hinausfliegen kannst. Aber dazu gehört ein sehr, sehr stilles Gemüt, voller Wachsamkeit, Bewusstheit und Intelligenz.

> Der Sufi wartete ab, bis sich der Vogel niedergelassen hatte.

In Geschichten wie dieser kommt es auf jedes Wort an:

> Der Sufi wartete ab, bis sich der Vogel niedergelassen hatte.

Du kannst keinem Vogel zur Freiheit verhelfen, solange er noch alles selbst machen will. So geht es nicht. Deine Einmischung verstört den Vogel dann nur noch mehr. Du machst ihn nur noch hektischer und verrückter. Wenn du ihm in diesem Zustand helfen willst, verliert er sein Bewusstsein völlig. Und das muss ich verhüten.

Viele von euch kommen zu mir in einem Augenblick, wo ihr noch so aufgeregt und durcheinander seid, dass ich euch nur noch mehr verwirren würde, wenn ich sofort anfangen würde, euch zu helfen. Erst muss ich abwarten. Wenn du dich beruhigt hast, wenn deine Aufgeregtheit und Verwirrung sich ein bisschen gelegt hat, dann tauchen erst einmal ein paar Dinge wieder ins Unbewusste. Wenn ihr zum ersten Mal zu mir kommt, geratet ihr sehr durcheinander. Es ist nicht anders möglich – denn damit fängt ein völlig neues Leben an. Es ist so, wie wenn ein Haus jahrelang verschlossen war, und jetzt wird die Tür aufgemacht. Überall im Haus hat sich der Staub angesammelt. Wenn du jetzt das Haus betrittst, wird dieser ganze Staub aufgewirbelt, und alles wird vernebelt und verwirrt. Wenn du zu mir kommst, öffnest du damit in deinem eigenen Hause eine Tür, die du lange Jahre oder lange Leben lang versperrt gehalten hattest. Jetzt geht die Tür auf, ein neuer Wind weht herein, und alles wird aufgewirbelt. Jeder, der zu mir kommt, ist verwirrt – verwirrter, als er je zuvor war. Aber das ist natürlich.

Aber wenn du aufgrund dieser Verwirrung vor mir davonläufst, läufst du vor einer ungeheuren Möglichkeit davon. Viele laufen davon. Sie glauben, dass es an mir läge, dass sie den Boden unter den Füßen verloren haben. Nein, an mir liegt es nur, dass sie ihr eigenes Unbewusstes betreten haben.

Das bringt natürlich alles durcheinander, der Geist vernebelt sich, man weiß nicht mehr, wo man ist und wer man ist. Die alte Identität ist hin. Ein Zittern, ein Fieber überkommt euch, und ihr wollt, dass ich euch augenblicklich helfe. Ich kann verstehen, wenn ihr glaubt, sofort Hilfe zu brauchen. Aber wenn ich sofort eingreifen würde, dann brächte euch das nur noch mehr durcheinander. Ich muss also erst abwarten.

Trösten kann ich zwar, aber vorläufig tue ich noch gar nichts. Ich mache Versprechungen, aber werde nichts tun. Oft muss ich den Lügner spielen, euretwegen. Weil ihr mich sonst nicht verstehen würdet. Ich kann erst helfen, wenn sich der Vogel beruhigt hat. Erst dann kann etwas geschehen. Jetzt ist der Augenblick da, wo dem Vogel geholfen werden kann.

Der Sufi wartete ab, bis sich der Vogel
in der Nähe des offenen Fensters niedergelassen hatte
und klatschte dann plötzlich in die Hände.

Der Vogel hat sich beim Fenster niedergelassen. Jetzt will er nicht mehr so verzweifelt hinauskommen.

Wer zu sehr nach Erleuchtung fiebert, macht sie unmöglich. Wer allzu versessen auf Meditation ist, kann nicht meditieren. Hast du dich aber etwas beruhigt, wird eine Menge möglich. Wenn du Fieber hast, muss dir als allererstes über das Fieber weggeholfen werden. Etwas anderes kann zunächst nicht geschehen; jede andere Form von Behandlung oder Eingreifen ist zunächst zwecklos. Wenn also die Leute gerade erst angekommen sind, sage ich zu ihnen: „Ruhe dich erst mal ein paar Tage aus, lass dich nieder, mach es dir bequem", und dann, erst dann, kann ich in die Hände klatschen.

Was tat der Sufi? Plötzlich klatschte er in die Hände – erschreckt, schockiert, aufgescheucht, flog der Vogel aus dem Fenster.

> Aufgeschreckt flog der Vogel durch die Fensteröffnung
> direkt in die Freiheit. Daraufhin sagte Bahaudin:
> „Dieses Klatschen muss wohl ein Schock für ihn gewesen sein,
> ja geradezu eine Beleidigung, findest du nicht?"

Der Sufi fragte also den freundlichen Mann: „Was, glaubst du, hat der Vogel dabei gefühlt? Mein Händeklatschen muss ihm einen Schock versetzt haben. Aber nur so konnte ich ihm helfen. Das war brutal, er muss sich sogar beleidigt gefühlt haben, aber nur so hat der Vogel seine Freiheit gefunden. Jetzt fliegt er hoch oben im Himmel. Jetzt ist er mir dankbar. Aber als ich in die Hände klatschte, war er sicherlich sehr böse auf mich, er hat mich bestimmt für einen sehr hartherzigen Menschen gehalten, für einen Feind.

Es war ein Schreck – aber jetzt, wo er wieder seine Flügel ausgebreitet hat und sich am Himmel tummelt, in völliger Freiheit, jetzt kann er mir dankbar sein, jetzt denkt er voll Liebe an mich zurück."

Ich werde euch oft auf die Füße treten. Und oft habe ich es schon getan. Oft werdet ihr in mir nur den Feind erkennen, nicht den Freund. Aber so ist es nun einmal, das ist natürlich. Ich kann fürs erste nichts anderes erwarten. Ihr habt keine andere Wahl.

Aber wenn ihr erst einmal eure Flügel ausgebreitet habt und durch den unendlichen Himmel schwebt, dann werdet ihr diese Schmerzen verstehen, werdet ihr verstehen, dass ich euch verletzen musste. Es war nicht aus Härte, sondern es war die einzige Chance, euch zu helfen. Erst dann werdet ihr mir dankbar sein.

In einem chinesischen Zen-Kloster geschah es einmal, dass ein Meister den Erleuchtungstag seines eigenen Meisters feierte, der bereits tot war. In China darf ein Jünger den Erleuchtungstag seines Meisters nur dann feiern, wenn der Meister ihn tatsächlich eingeweiht hatte. Die Leute fragten diesen Meister, der die Erleuchtung seines verstorbenen Meisters feierte: „Warum feierst du? Denn soviel wir wissen, hat dich der Meister nie akzeptiert. Es heißt, dass dich der Meister abgewiesen hätte, als du sein Jünger werden wolltest. Wieso feierst du also?"

Der Meister lachte und antwortete: „Weil er mich rausgeworfen hat, deswegen. Der Rausschmiss war meine Einweihung. Aber das habe ich damals nicht verstanden. Hätte er mich akzeptiert, wäre ich nicht so bald erleuchtet worden. Er stieß mich aus tiefer Liebe zurück. Und genau das war meine Einweihung. Indem er mich zurückstieß, akzeptierte er mich. Er sagte damit: „Du brauchst es nicht." Er sagte damit: „Geh weg, geh so weit weg von mir wie möglich, sonst machst du dir nur ein Gefängnis aus mir." Und dass er mich zurückstieß, verletzte mich tief. Jahrelang lief ich mit dieser Wunde herum. Und der Schmerz ging so tief, dass ich es gar nicht mehr bei einem anderen Meister versucht habe. Ich hatte solche Angst bekommen! Ich ging einfach in den Wald und fing an, für mich selbst zu meditieren. Denn wenn ein so liebevoller Mann wie dieser mich zurückstieß, wer würde mich dann akzeptieren? Er war meine letzte Zuflucht gewesen, und die Tür hatte sich mir verschlossen. Jetzt war ich obdachlos. Mit dem Gefühl, unwürdig zu sein, verletzt und meine Wunden leckend, zog ich weiter und versuchte nie wieder einen anderen Meister zu finden. Ich lebte in Angst. Aber dann fing ich an, still für mich zu sitzen und nichts zu tun. Denn ich wusste nicht mehr, was ich tun sollte: Der Meister hatte mich abgewiesen, ohne mir irgendeine Technik, irgendeine Methode in die Hand zu geben, nichts dergleichen – und so fühlte ich mich allein, und ich blieb allein, und das war anfangs sehr traurig, das war am Anfang sehr negativ. Am Anfang konnte ich an nichts anderes denken, als an diese Zurückweisung.

Aber nach und nach, indem ich still in der Wildnis saß, verschwand die Abweisung, verschwand die Trauer – denn wie lange kann man schon traurig bleiben? Die Trauer kommt, die Trauer geht. Nach und nach verschwand die Einsamkeit, sie wurde zum Alleinsein. Und nach und nach wurde mir klar, dass mich der Meister vielleicht nur deshalb zurückgewiesen hatte, um mich in dieses Alleinsein hier draußen im Wald hineinzustoßen.

Vielleicht sollte das nur heißen, dass ich keine Technik brauchte, dass ich nur still sitzen sollte. Vielleicht hatte er mich nur deshalb zurückgestoßen, damit ich mich nicht an ihn binden würde. Und so verschwand die Wunde allmählich. Sie heilte. Und mich überkam eine tiefe Liebe zu diesem Meister. Und aus dieser Liebe wurde allmählich Vertrauen. Und eines Tages, plötzlich, da sah ich es – und musste laut auflachen. Ein so gigantisches Lachen, dass mir der Bauch wehtat.

Was für einen verrückten Meister ich hatte: indem er mich abwies, hatte er mich eingeweiht! Und darum feiere ich jetzt seinen Erleuchtungstag. Ich bin sein Jünger, er hat mich durch seine Abweisung eingeweiht. Und es war eine Einweihung. Ich bin sein Jünger – mit seiner Hilfe wurde ich erleuchtet. Und er hätte mir nur Schaden zugefügt, wenn er mich angenommen hätte." Es gibt sehr feine Methoden. Und mit euren groben Maßstäben könnt ihr sie nicht beurteilen. Eure Kriterien orientieren sich an der Oberfläche.

Aufgeschreckt flog der Vogel durch die Fensteröffnung
direkt in die Freiheit.
Daraufhin sagte Bahaudin:
„Dieses Klatschen muss wohl ein Schock für ihn gewesen sein,
ja geradezu eine Beleidigung, findest du nicht?"

Und das frage ich euch auch: findet ihr nicht? Wenn ihr mir nur ungern zustimmen wollt, dann heißt das nur, dass ein starkes Ego dahinter steckt. Aber wenn ihr fühlt, wie sich die Zustimmung regt und euer ganzes Wesen erfasst, dann ist das Ego nicht mehr so stark.

Ihr könnt nichts von mir bekommen, bevor ihr nicht sterbt.

Findet ihr nicht?

5 | WAHRHEIT IST NIE VERSCHLEIERT

Es kam einmal ein Mann zu Bayazid
und erzählte ihm, dass er nun schon seit dreißig Jahren
gefastet und gebetet habe,
aber Gott noch immer nicht näher gekommen sei.
Bayazid sagte ihm, dass selbst hundert Jahre
nicht ausreichen würden.
Der Mann fragte warum.
„Weil deine Selbstsucht die Schranke zwischen
dir und der Wahrheit ist", antwortete Bayazid.

DIE WAHRHEIT IST NICHT VERSCHLEIERT. SIE IST NICHT VERBORGEN. Sie steht dir immer direkt vor Augen. Wenn du sie nicht sehen kannst, dann liegt es nicht an der Wahrheit, sondern daran, dass du die Augen geschlossen hast. Der Schleier hängt nicht der Wahrheit vorm Gesicht, sondern dir. Und nicht nur einer – viele Schleier, Tausende von Schleiern.

Wenn die Wahrheit verborgen wäre, dann hätte ein Buddha, ein Mohammed, ein Zarathustra genügt, sie zu enthüllen. Dann wäre sie – einmal offenbart – allen bekannt geworden. Dann wäre es wie bei einer wissenschaftlichen Entdeckung, die ja auch nicht jedes Mal von neuem gemacht werden muss. Wenn Albert Einstein etwas entdeckt, dann wird es Allgemeingut. Dann weiß es bald jedes Schulkind. Es muss nicht noch einmal entdeckt werden. Entdeckt ist entdeckt.

Aber wie verhält es sich mit der Wahrheit? Ein Buddha entdeckt sie, dann entdeckt sie später ein Mohammed wieder. Und auch du musst sie wieder entdecken. Woran liegt das? Daran, dass der Schleier nicht vor der Wahrheit hängt – sonst hätte ihn nämlich ein einziger Mensch wegziehen können, und die Wahrheit wäre jedem zugänglich geworden. Der Schleier hängt vor deinem eigenen Gesicht. Also muss jeder für sich den Schleier abnehmen, und die Wahrheit muss wieder und wieder von neuem entdeckt werden, von jedem einzelnen von euch. Sie kann niemals Allgemeingut werden. Sie kann niemals zur kollektiven Wahrheit werden. Sie bleibt immer individuell.

Aber warum sind eure Augen geschlossen? Ihr müsst viel in eure verschlossenen Augen investiert haben. Das ist der springende Punkt.

Und der muss genau verstanden werden. Wenn es nur darum geht, die Augen aufzumachen, warum macht ihr sie dann nicht auf? Was hält euch ab? Wer kann euch daran hindern? Die Wahrheit ist nackt, absolut entblößt.

Das ist die Natur der Wahrheit – nennt sie ‚Gott', wenn ihr wollt – sie steht direkt vor euch, und zwar schon seit eh und je. Aber warum öffnet ihr nicht die Augen? Ihr habt offenbar ein großes Interesse daran, es nicht zu tun.

Es wurde einmal eine Frau zu mir gebracht – eine wunderbare Frau. Ihr Mann war gestorben, und sie waren nur drei Monate lang verheiratet gewesen. Sie hatten sich sehr, sehr geliebt und ihre Liebe gegen die ganze Gesellschaft, gegen die ganze Welt durchgesetzt. Sie hatten alles für ihre Liebe aufgegeben. Und dann plötzlich starb der Mann. Das war zu viel für die Frau, die Arme. Drei Tage lang hielt sie die Augen geschlossen. Sie wollte sie nicht öffnen – weil sie genau wusste: wenn sie die Augen öffnete, dann … Der Mann war tot, die Leiche war im Haus.

Alle versuchten, sie zu überreden, aber niemand konnte sie dazu bewegen, die Augen zu öffnen. Sie behauptete einfach: „Mein Mann ist nicht tot. Wer sagt, dass er tot ist?" Sie konnten nicht länger warten, die Leiche musste verbrannt werden. Am Tag der Verbrennung öffnete die Frau die Augen. Aber inzwischen hatte sie die Sehkraft verloren! – So viel hatte sie investiert. Ihre Augen waren vollkommen in Ordnung, physiologisch fehlte ihnen nichts.

Die Ärzte staunten. Sie sagten: „Wir können nichts finden, alles funktioniert vollkommen normal." Aber sehen konnte sie nicht. Es war so, als ob jemand, der sonst hinter den Augen stand, zurückgewichen war. Jemand, der sonst immer hinter den Augen gestanden und durch sie auf die Welt geschaut hatte. Jetzt stand das Fenster zwar noch offen, aber niemand blickte mehr hindurch.

Vier Wochen lang blieb sie psychisch blind. Und während dieser Zeit der Blindheit sagte sie unentwegt: „Wer behauptet da, dass mein Mann tot ist? Wenn er tot ist, wo ist dann die Leiche? Zeigt mir doch seine Leiche!" Sogar im Traum rief sie plötzlich aus: „Wer sagt, dass mein Mann tot ist?“ Dabei weiß sie es genau. Tief im Innern weiß sie, dass ihr Mann tot ist. Aber ihr Geist will es nicht wahrhaben. Der Geist klammert sich lieber an die Illusion. Selbst eine Illusion ist besser als die Realität – solange der Mann nur lebt. Und eine Realität, in der ihr Mann tot ist, ist unerträglich.

Die Frau wurde zu mir gebracht. Ich hatte sie alle beide vorher gekannt. Bei mir benahm sie sich so, als wäre sie vollkommen blind. Sie konnte nicht allein gehen. Ich sagte zu ihr: „Dein Mann macht sich große Sorgen. Erst heute Morgen war er bei mir; er ist ganz verzweifelt – warum kannst du nicht sehen? Die Ärzte sagen nämlich, dass deinen Augen gar nichts fehlt.“ Ich tat so, als wäre der Mann am Leben – das brachte das Fass zum Überlaufen. Plötzlich brach sie zusammen, fiel zu Boden, rollte hin und her, und wimmerte: „Mein Mann ist tot, warum behauptest du, er wäre heute Morgen hier gewesen? Er ist tot!“ Und sie konnte wieder sehen. Plötzlich hatte sich die Versteinerung ihrer Augen gelöst, und sie konnte wieder sehen. Es blieb ihr nichts anderes übrig.

Was war geschehen? Plötzlich erkannte sie eine Tatsache, die sie nicht wahrnehmen wollte. Die Weigerung hatte eine falsche Blindheit hervorgerufen. Im gleichen Augenblick, als sie die Tatsache annahm, dass ihr Mann tot war, schrie sie. Ich habe nie im Leben einen solchen Schrei gehört. Es muss das gewesen sein, was Janov den Urschrei nennt. Sie schrie unmittelbar aus dem Bauch heraus. Es war kein Schrei, den sie tat, sondern ein Schrei, der von ihrem ganzen Wesen Besitz ergriff, von jeder Faser ihres Wesens. Das ganze Gefüge von Geist und Körper geriet in einen Vulkanausbruch. Ihr ganzes Wesen bebte. Es dauerte über eine halbe Stunde, bis sie wieder normal war. Aber jetzt war der Sturm vorüber. Sie wurde still, sah mich an, und dankte mir.

Jeder hat das gleiche Problem. Es gibt viele Dinge, die du bereits weißt, aber du tust immer noch so, als ob es sie nicht gäbe. Und du hast nicht die geringste Chance, der Wahrheit gegenüber jemals zu gewinnen. Keiner hat je gesiegt. Du kannst dich noch viele Leben lang weiter belügen, so wie du dich schon seit vielen Leben belogen hast, aber gegen die Wahrheit gibt es keinen Sieg. Der Sieg hält immer zur Wahrheit.

Du kannst dir noch so viele Illusionen schaffen, du kannst in einer Scheuklappenwelt aus eigenen Träumen leben, du kannst mit geschlossenen Augen leben, aber das macht keinen Unterschied. Deine eingebildete Welt bleibt Einbildung, und draußen wartet die Wahrheit. Und je tiefer du dich in deine Illusionen vergräbst, desto größer deine Angst, dass sie dir kaputtgemacht werden. Das ist deine Investition.

Zum Beispiel: du glaubst, dass du jemand bist. Jeder hält sich für etwas Besonderes. Dabei weißt du ganz genau, dass es nicht stimmt, dass es so etwas gar nicht geben kann. Tief drinnen weißt du ganz genau: niemand ist jemand. Niemand ist – niemand! Dieses Jemandsein, das Ego, ist eine falsche Größe, eine Erfindung. Aber du klammerst dich daran, obwohl du genau weißt, dass es das gar nicht gibt. Du hoffst gegen alle Hoffnung. Du tust so als ob. Du tust und machst und unterstützt diese Seifenblasse mit allen Mitteln: mit Geld, mit Ansehen, mit Macht, mit Wissen, mit Selbst-Geißelungen. Es geht dir nur um eines: zu beweisen, dass du jemand bist. Mit allem, was du tust, versuchst du zu beweisen, dass du der Nabel der Welt bist. Und weißt doch ganz genau, dass das nicht sein kann. Warum sollst ausgerechnet du der Nabel der Welt sein? Die Welt gab es schon, als du noch gar nicht da warst, und die Welt wird noch da sein, wenn es dich nicht mehr gibt.

Du bist nur eine Welle, und Wellen kommen und gehen. Nur das Meer bleibt. Du hast keinen Mittelpunkt, das geht nicht; denn nur das Ganze hat einen Mittelpunkt. Ein Teil kann keinen eigenen Mittelpunkt besitzen. Kann meine Hand etwa ihren eigenen Mittelpunkt haben? Hätte meine Hand ihren eigenen Mittelpunkt, dann würde sie nicht mehr zu mir gehören, dann würde sie eine getrennte Existenz führen.

Kann mein Bein seine eigene Mitte haben? Dann wäre es nicht mehr ein Teil von mir. Dann kämen wir noch dahin, dass mein Bein sich weigert, wenn ich spazieren gehen will. Wenn es seinen eigenen

Willen hat, kann es sagen: „Nein, ich habe keine Lust, jedenfalls nicht jetzt. Du musst dich ein bisschen gedulden." Oder ich habe Hunger und will essen, und meine Hand sagt: „Ich bin zu müde, ich will schlafen."

Nein, so läuft die Sache nicht. Wenn ich Hunger spüre, dann bewegt sich meine Hand – auch ohne ausdrücklichen Befehl dazu. Und wenn ich spazieren gehen will, bewegen sich meine Beine von allein. Ich gebe ihnen nicht erst den Befehl. Sie folgen einfach meinem Wunsch, denn sie haben keine eigene Existenz. Wir leben in einer organischen Einheit.

Der Mensch lebt als ein Teil der Schöpfung, als ein organischer Teil des Ganzen. Du kannst kein eigenes Zentrum haben. Wenn du das für möglich hältst, dann irrst du dich. Das Zentrum liegt bei Gott. Nur das Zentrum der ganzen Welt kann „Ich" sagen. Wenn du „Ich" sagst, und auch wirklich daran glaubst, dann lebst du im Wahn. Wenn du es nur aus praktischen, linguistischen Gründen tust, dann ist es okay. Aber wenn du glaubst, du hättest tatsächlich ein Ich in dir, dann lebst du in einer Illusion – und weißt es auch.

Denn wie kannst du dir wirklich vormachen, die Wahrheit nicht zu wissen? Es gibt viele Augenblicke, in denen du plötzlich gewahr wirst, dass du nur ein Teil des Ganzen bist – nur eine Welle; aber dann schiebst du diese Entdeckung beiseite, verschiebst die Erkenntnis der vollen Tragweite auf später und tust wieder so, als wäre nichts gewesen. Dieses So-tun-als-ob ist die Schranke. Du weißt sehr wohl, dass du noch keinen Menschen je geliebt hast, weder deinen Vater noch deine Mutter, weder deinen Mann noch deine Frau, weder deine Kinder noch deine Freunde … Nein, du hast noch nie geliebt. Du weißt es genau, aber du willst es nicht wahrhaben. Also machst du dir weiterhin vor, dass du liebst und hältst dich sogar für einen großen Liebhaber. Wenn du wirklich ein großer Liebender wärst, dann wärst du schon erleuchtet. Hättest du auch nur einen Menschen rückhaltlos geliebt, dann hätte Gott sich dir schon ganz ohne Schleier gezeigt, dann hättest du die Wahrheit schon in ihrer ganzen Nacktheit erkannt – denn Liebe ist der Tod aller Masken.

Wenn du einen Menschen liebst, kannst du unmöglich etwas Unwahres vortäuschen. Wenn du einen Menschen liebst, wirst du vollkommen nackt, zeigst du dich unverhüllt. Im Augenblick der Liebe fallen alle Schleier. Und plötzlich erkennst du, dass du alles das nicht bist, wofür du dich gehalten hast.

Stattdessen zeigt sich etwas anderes: deine organische Einheit mit dem Ganzen. Das Selbst verschwindet, und das Nicht-Selbst erscheint. Du bist, aber jetzt nicht mehr getrennt; nicht mehr ein Fremder, sondern ein Teil des Ganzen, bist nicht nur „ein Teil" – das klingt viel zu mechanisch –, sondern bist organisch ins Ganze verwoben. Was meine ich damit?

Wenn du organisch ins Ganze verwoben bist, dann bedeutet das, dass du nicht ohne das Ganze bestehen kannst; aber das Ganze kann auch nicht ohne dich bestehen. Das ist das Schöne daran, wenn du zum Nicht-Selbst geworden bist: denn wenn es dich nicht mehr gibt, erkennst du – zum allerersten Mal – deine absolute Bedeutsamkeit.

Bis zu diesem Augenblick hattest du verzweifelt versucht, deine Bedeutsamkeit zu beweisen. Aber niemand hat sie dir abgenommen, nicht einmal du selbst. Jetzt weißt du, dass du nicht bist. Und plötzlich entsteht in diesem leeren Haus eine nie gehörte Harmonie, eine feine Musik. Plötzlich beginnt das All deine Ankunft im Nicht-Selbst zu feiern. Buddha nannte diesen Zustand Anatta: die Erkenntnis, kein Selbst zu sein, sondern alles. Das ist Freiheit. Das Selbst kann niemals frei sein. Freiheit ist immer nur Freiheit vom Selbst.

Es gibt dich nicht mehr – darum bist du frei. Solange du noch bist, kannst du niemals frei sein, und die Fessel bist du selbst.

Hört diesen Kuckuck ... es ist nicht der Vogel, der ruft. Der Ruf geschieht. Es steckt kein Ego dahinter, der den Ruf manipuliert. Da versucht niemand, etwas zu beweisen. Es geschieht einfach. Wenn du im Zustand des Nicht-Selbst bist, dann singst du ein Lied, ohne dass ein Sänger da ist. Du tanzt einen Tanz ohne Tänzer. Du lebst in Ekstase und bist in allem ekstatisch, aber das Haus wird leer sein; niemand wohnt darin.

Und das ist die Wirklichkeit.

Und du weißt es sogar schon, dass du ein leeres Haus bist, nur machst du dir weiterhin vor, jemand zu sein. Und so fällst du aus einer falschen Pose in die andere. Du hast noch nie geliebt, aber du behauptest, trotzdem zu lieben. Aber wenn du wirklich liebst, warum dann so viel Schmerz? Wie kann es so viel Leid geben, wenn es Liebe ist? Wenn du wirklich liebst, woher dann die Qualen? Da stimmt irgendetwas nicht. Wer nur einmal geliebt hat, lebt in Ekstase. Wo ist deine Ekstase? Du täuschst etwas vor. Du magst im Namen der Liebe schon so manches getan haben, aber mit Liebe hatte das alles nichts zu tun. Denn bevor du nicht stirbst, kannst du nicht lieben. Nur wenn das Ego stirbt, öffnet sich der Blumenkelch der Liebe.

Oder: Wie kannst du beten, wenn du noch nicht geliebt hast? Aber du tust so, als ob. Ihr rennt in eure Moscheen, eure Tempel und Kirchen, und tut so, als würdet ihr beten. Wem macht ihr damit eigentlich etwas vor? Doch höchstens euch selber. Kein Wunder, wenn eure Gebete wie dürre Wüsten sind, aus denen niemals etwas wächst. Selbst in der Wüste wächst noch etwas; eure Gebete aber sind totale Wüsten, wo überhaupt nichts mehr wächst. Trotzdem macht ihr weiter, aber es wird auch in Zukunft nichts dabei herauskommen. Ihr bleibt so, wie ihr seid. Und jeden Augenblick rinnt euch das Leben durch die Finger. Jeden Augenblick seid ihr am Sterben – und trotzdem spielt ihr das Theater weiter. Euer ganzes Leben ist nichts als eine Vorspiegelung falscher Tatsachen. Und diese nichtexistenten Tatsachen sind die Schleier, die ihr vor euren Augen tragt.

Gott ist nicht verborgen. Die Wahrheit ist direkt vor deiner Nase. Sie steht da – in ihrer ganzen unverhüllten Nacktheit. Nur: wer sich versteckt, das bist du. Du hast dich mit lauter Schleiern umhüllt. Und du holst dir ständig neue Schleier dazu– Schleier des Wissens, Schleier der Gelehrsamkeit, Schleier aus diesem und jenem …

Lass die Schleier fallen. Hör auf, etwas vorzumachen. Leicht wird es nicht sein. Das meine ich damit, wenn ich sage, dass ihr viel in eure Blindheit investiert habt. Alles Mögliche hängt daran. Leicht wird es also nicht werden; es wird sehr schmerzhaft sein, alle

Täuschungen abzulegen. Ihr müsst eine Zeit der Leiden durchmachen, aber es geht nicht anders. Das gehört zum Wachstum dazu. Niemand kann es umgehen. Wenn du es versuchst, gehst du deinem eigenen Wachstum aus dem Weg. Wenn du diese Schmerzen umgehen willst, dann kannst du dich auf den Kopf stellen, ohne dass irgendetwas dabei herauskommt.

Du musst die Schmerzen der ‚Ent-Täuschung' durchmachen. Vergesst dieses Wort nicht. Man kann in Täuschungen leben, man kann eigene Täuschungen erfinden, aber falsch sind sie nun einmal, auch wenn sie schön sind. Sie bringen dich nicht weiter. Du kannst noch so schön träumen, du kannst dich im Traum zum Kaiser erklären, aber du bleibst trotzdem Bettler. Der Morgen kommt unweigerlich, und dann musst du die Augen wieder öffnen. Dann ist der Schlaf vorbei, und der Traum auch. Und dann wirst du sehen, dass du ein Bettler bist. Die meisten Bettler träumen davon, ein Kaiser zu sein. Alle deine Vorspiegelungen sind Illusionen. Mit ihnen verfälschst du die Wirklichkeit, täuschst du über die Tatsachen hinweg, über die Wahrheit, die sich trotzdem nicht verscheuchen lässt. Aber wie lange kannst du das Spiel weiterspielen? Und was gewinnst du dabei?

Durch das Leiden der ‚Ent-Täuschung' muss man hindurch. Das ist die einzige Form der Entbehrung, die ich gutheiße. Niemand braucht sich nackt in die heiße Sonne zu stellen und darin zu schmoren. Niemand braucht sich auf ein Nagelbrett zu legen. Du brauchst dich nicht selbst zu foltern. Du brauchst dich nicht zum Masochisten zu machen. Du brauchst nicht deinen Körper zu quälen. Das sind lauter Dummheiten. Die einzige Härte besteht darin, den Dingen, so wie sie sind, ins Auge zu schauen. Zu erkennen, dass deine Illusionen wirklich Illusionen sind. Die einzige Härte besteht darin, sich desillusionieren zu lassen, alle Hoffnung fallen zu lassen. Und in diesen Hoffnungen ist auch die Hoffnung auf Gott eingeschlossen, die Hoffnung auf *Moksha*, auf Befreiung. In diesen Hoffnungen ist auch die Hoffnung mit eingeschlossen, ins ewige Leben einzugehen. Alle eure Himmel und Paradiese sind mit eingeschlossen. Sie sind nichts als Illusionen, Aufbauschungen des alten Egos.

Ent-Täuschung ist das Tor. Wenn du durch dieses Tor gehst, kannst du verwandelt werden. Sieh die Dinge in ihrer Realität, egal was es kostet. Wenn du das Gefühl hast, dass dein Ego zerbricht, indem du die Dinge in ihrer ungeschminkten Wirklichkeit siehst, dann lass es zerbrechen. Je eher, desto besser. Wenn du das Gefühl bekommst, dass du zum Tier wirst, wenn du dich so siehst, wie du wirklich bist, dann sei ein Tier. Dann bist du eben eins. Oder wenn deine gesellschaftliche Position auf dem Spiel steht, dann lass es zu. Denn die Gesellschaft besteht aus lauter Menschen wie du: Verblendete. Von ihnen geachtet zu werden, hat mit Achtung nichts zu tun. Von Schlafenden, von Träumern geachtet zu werden, ist nicht der Mühe wert.

Buddha sprach einmal auf einem Dorfplatz. Viele Leute hatten sich versammelt, aber nur wenige Wahrheitssucher. Die meisten waren Neugierige, Gaffer – es gab einen Buddha zu sehen, also musste man hingehen und ihn hören; es war kein ehrliches Interesse. Kaum hatte Buddha ein paar Worte gesagt, klatschten alle in die Hände. Buddha wurde augenblicklich traurig und schwieg.

Ananda, der Jünger Buddhas, fragte: „Warum schweigst du plötzlich? Und warum bist du so traurig geworden?"

Buddha antwortete: „Ich muss irgendetwas Falsches gesagt haben, wieso klatschen diese Leute sonst?

Irgendetwas Falsches muss ich gesagt haben; denn diese Toren können die Wahrheit nicht erkennen. Ihr Klatschen zeigt, dass sie mich verstanden haben, also muss ich etwas Falsches gesagt haben, denn wie können sie sonst verstehen?" Und Buddha soll auch gesagt haben: „Wer die Anerkennung von Leuten will, die unbewusst und blind sind, der kann genauso gut Steine um Applaus bitten, selbst das wäre besser." Deine gesellschaftliche Identität mag also verloren gehen. Alle hatten dich für einen frommen Menschen gehalten, und wenn du deine Wirklichkeit zeigst, werden die Leute sehen, dass du auch nicht besser bist als sie – sogar schlechter. Steh es durch! Das ist der Preis, den du zahlen musst.

Und denk daran: nur der Verlust deiner Illusionen kann dich für den nächsten Schritt vorbereiten. Ja, wenn du das Leben, das du bisher geführt, und die Maske, die du bisher getragen hast, absolut als Illusion durchschaust, so liegt schon der halbe Weg hinter dir. Wenn ein Mensch das Falsche als falsch erkennt, hat er bereits mit der Einsicht begonnen. Danach ist er auch bereit, das Wahre als wahr zu erkennen. Der erste Schritt ist, das Falsche als falsch zu erkennen. Und dann wird der zweite Schritt, das Wahre als wahr zu erkennen, sofort möglich.

Man kann die Wahrheit nicht unmittelbar erfahren. Erst muss man das Unwahre kennen lernen, denn das ist es, wo du jetzt bist. Und die Reise kann nur da losgehen, wo du jetzt bist. Suche und beobachte deine eigenen Illusionen und lass sie dann fallen. Das ist es, was den aufrichtigen, ehrlichen, authentischen Menschen ausmacht – er ist sich selbst gegenüber wahr. Und was immer es kostet, zahle den Preis. Er muss gezahlt werden. Wenn du nicht geliebt hast, dann gib es zu, dass du noch nie geliebt hast. Und gestehe deinem Partner, dass du ihn oder sie nie geliebt hast, dass deine Liebe nichts als eine versteckte Ausbeutung war, nichts als ein Trick, ein diplomatischer Trick, um Macht über den andern zu haben, dass deine Liebe nichts weiter als eine schöne Fassade für deine sexuellen Bedürfnisse war, dass deine Liebe nur ein ehrgeiziges Spiel deines Egos war. Finde heraus, was sich hinter deiner Liebe versteckt, gestehe es dir ein – und dem andern auch.

So sollte ein Sannyasin sein: einer, der seine Illusionen aufgibt, und seinem Wesen treu bleibt – ganz egal, was es ist. Dann werden plötzlich viele Dinge für dich möglich. Wenn du erst einmal deine Schleier fallen lässt, enthüllt sich dir auch die Wahrheit, denn die Wahrheit war gar nicht verschleiert.

Seht euch jetzt diese kleine Episode genauer an:

Es kam einmal ein Mann zu Bayazid ...

Bayazid von Bistam ist einer der großen Sufimeister.

Es kam einmal ein Mann zu Bayazid und erzählte ihm,

dass er nun schon seit dreißig Jahren gefastet und gebetet habe, aber Gott noch immer nicht näher gekommen sei.

Dieser Mann hatte von vornherein eine falsche Einstellung. Er muss ein sehr berechnender und geschäftstüchtiger Mann gewesen sein. Wer sonst kommt auf den Gedanken, die Augenblicke seiner Liebe und seines Gebetes zusammenzuzählen? Wie kann einer sagen: „Seit dreißig Jahren bete ich schon."? Diese Art von Rechnerei verrät den Geschäftsmann!

Dreißig Jahre – er rechnet nach. Er muss ein Mann von dieser Welt gewesen sein: habgierig und berechnend. Er liebäugelt zwar mit der anderen Welt, aber seine Einstellung bleibt die gleiche: soundso viele Tage habe ich gefastet, soundso viele Tage habe ich gebetet – wo ist der Profit? Für den, der wirklich betet, kommt es nicht auf das Ergebnis an. Das Gebet geschieht um seiner selbst willen. Der Wert des Betens liegt im Beten selbst: du betest, und das genügt. Denn Beten ist Glück, Beten ist Ekstase. Es ist sich selbst genug. Nichts anderes ist nötig. Wartest du auf Ergebnisse, dann ist es kein Beten, dann wird das Beten zum Mittel für irgendeinen Zweck: Gott zu verstehen, Gott näher zu kommen, Gott zu erkennen oder dergleichen. Aber das Beten kann nie einer Absicht dienen. Beten ist Selbstzweck. Und alles, was schön ist – Liebe, Gebet, Meditation – geschieht um seiner selbst willen.

Diese Dinge dienen keinem Zweck. Und wenn du trotzdem Mittel aus ihnen machst, gehst du am Wesentlichen vorbei. Genieße sie! Es ist wie am Morgen, wenn du einen Spaziergang machst: die Sonne geht gerade auf, und ein neuer Tag wird geboren. Überall regt sich wieder das Leben. Aus dem Tod der Nacht erwacht alles Lebendige; die Bäume kommen wieder zu sich, die Vögel zwitschern wieder, und ein frisches Lüftchen weht. Du gehst voller Freude in den Morgen hinein und genießt ihn.

Führst du etwa genau Buch darüber – „Seit dreißig Jahren gehe ich jeden Morgen spazieren – und noch immer kein Ergebnis!"? Ein Morgenspaziergang ist ein Morgenspaziergang. Du machst ihn, einfach so – weil es schön ist. Du genießt es – es gibt dir jedes Mal etwas. Und zwar nicht erst in irgendeiner fernen Zukunft, sondern jetzt, in diesem Moment.

Das Leben ist bare Münze, kein Wertpapier. Du brauchst nicht erst auf die Dividende zu warten. Das Leben zahlt in bar: sofort, hier und jetzt, gibt es dir alles, was es dir zu geben hat.

Wenn du dich wohl fühlst, wenn du singst und tanzt, zählst du das alles zusammen? Führst du Buch darüber? „Dreißig Jahre lang habe ich getanzt und gesungen, und trotzdem bin ich Gott nicht näher gekommen." Wenn das so ist, dann hast du nie getanzt, dann bist du alles andere als ein Tänzer. Dann magst du vielleicht das Tanzen technisch gelernt haben, aber ein Tänzer bist du nicht. Du magst technisch perfekt singen, aber ein Sänger bist du nicht.

Das ist der Unterschied zwischen einem, der technisch perfekt ist, und einem wirklichen Tänzer: ein Tänzer tanzt! Und in dem Augenblick erfüllt sich alles – denn in diesem Augenblick verliert er sich. Das Ego stirbt. Es gibt keinen Tänzer mehr. Der Tanz ist da, aber ihm fehlt das Zentrum. Er ist eine Welle auf dem unendlichen Meer, die sich bewegt, die da ist, die sich auflöst. Und innen ist niemand, der die Schritte des Tanzes lenkt …

Und auf der anderen Seite gibt es den Techniker, den geschulten Tänzer: er setzt jeden Schritt bewusst. Sein Tanz mag noch so perfekt sein – er ist tot. Solange es jemanden gibt, der steuert und der nachrechnet: wie viel …

Da gibt es eine schöne Geschichte, die ich euch erzählen will: sie ist aus dem Leben eines großen indischen Musikers, Tansen. Er lebte am Hof des weisen Kaisers Akbar – ein unvergleichlicher Musiker. Eines Tages fragte ihn Akbar: „Ich kann mir zwar nicht vorstellen, dass jemand besser sein könnte als du – ich kann es mir einfach nicht denken. Du bist für mich der Gipfel deiner Kunst. Aber jedes Mal, wenn ich das denke, kommt mir zugleich der Gedanke, dass du ja von irgendeinem Meister gelernt haben musst. Und wer weiß, vielleicht übertrifft dich dieser Meister noch. Wer war dein Meister? Lebt er noch? Wenn er noch lebt, dann bringe ihn doch zum Hof."

Tansen antwortete: „Er lebt noch, aber er kann nicht zu Hofe geladen werden, er ist wie ein Zugvogel, nicht hoffähig, immer unterwegs. Er ist kein Mann der Gesellschaft. Er ist wie der Wind oder wie die Wolken.

Er hat keine Wurzeln in der Gesellschaft, ein heimatloser Wanderer. Und außerdem kann niemand ihn dazu bringen zu singen oder zu spielen. Er weigert sich absolut. Er singt und spielt nur dann, wenn ihm danach zumute ist. Und wenn ihm danach ist, dann tanzt er. Wir müssen zu ihm gehen und abwarten."

Akbar war fasziniert und so von Tansen begeistert, dass er sich sagte: „Wenn sein Meister noch lebt, dann will ich mir die Mühe gern machen." Er willigte ein, ganz gleich, wohin die Reise auch ging. Der Meister war ein wandernder Fakir. Sein Name war Haridas. Tansen sandte Boten aus, die herausfinden sollten, wo er sich aufhielt. Man fand ihn am Fluss Jamuna, in einer Hütte. Akbar und Tansen begaben sich hin. Von den Dorfbewohnern erfuhren sie: „Oft, gegen drei Uhr morgens, mitten in der Nacht, fängt er plötzlich zu singen und zu tanzen an, aber sonst sitzt er den ganzen Tag still da." Also warteten Akbar und Tansen wie Diebe hinter der Hütte versteckt, denn wenn er davon erfuhr, dann würde er wahrscheinlich nicht singen.

Aber Haridas sang. Und dann tanzte er. Akbar war wie hypnotisiert. Er konnte kein Wort hervorbringen, kein Lob der Welt hätte ausgereicht, und Worte konnten seine Erschütterung nicht beschreiben. Er konnte seine Tränen nicht zurückhalten. Und als der Gesang vorüber war, zog er sich mit Tansen zurück und schwieg. Ihm rannen immer noch die Tränen über die Backen. In den Palast zurückgekehrt, als sie eben die Treppe hinaufgingen, sagte er zu Tansen: „Ich hatte immer geglaubt, dass niemand dich übertreffen könne; ich hatte dich immer für einmalig gehal ten. Aber jetzt, jetzt muss ich zugeben, dass du nichts bist im Vergleich zu deinem Meister. Was ist der Unterschied?"

Tansen antwortete: „Der Unterschied ist einfach, ich singe und spiele, um etwas zu gewinnen: Geld, Ansehen, Macht, Applaus.

Meine Musik dient noch anderen Zwecken. Ich singe, weil ich etwas will. Und mein Meister singt, weil er schon hat. Das ist der Unterschied. Er singt nur, wenn etwas in ihm überfließt. Dann geschieht das Singen wie ein Strom, dann tanzt er. Es passiert einfach nebenher. Wenn er vom Göttlichen erfüllt ist und die Freude überschäumt und er sie nicht zurückhalten kann, dann singt er – und nur dann. Wenn er singt, geht es ihm nur ums Singen. Dann feiert er Gott."

Und das ist der Unterschied zwischen einer wirklichen und einer falschen Liebe. Wirkliche Liebe feiert nur – für sie gibt es keine Zukunft. Wirkliches Beten ist ein Ausdruck der Freude. Es kommt ohne Anstrengung, ist kein Mittel zum Zweck. Es steigt auf und verliert sich in sich selbst.

Ein Augenblick des Betens schließt die ganze Ewigkeit ein. Ein Mann, der betet, rechnet nicht. Das wäre Dummheit. Selbst ein einziger Augenblick ist mehr als genug, in einem einzigen Augenblick erfüllt sich alles – alles, was man je gewollt hat: die Erfüllung ist da. Es ist mehr als genug – wirklich! Ein einziger Augenblick des Betens ist mehr als genug – du bist nicht mehr da. Er füllt dich restlos aus, und du fließt über.

Wenn du auch nur für einen einzigen Augenblick in Gebet, in Liebe oder Meditation bist, so bist du bis in alle Ewigkeit dankbar. Dann kommst du nicht auf den Gedanken, dich zu beschweren. Dieser Mann gehörte nicht zu denen, die beten können. Dieser Mann war habgierig; früher, in der Geschäftswelt, muss er sehr weltlich gewesen sein, sehr habgierig. Jetzt hat er zwar der Geschäftswelt den Rücken gekehrt, aber nicht dem Geschäftsgeist. Die Reichtümer dieser Welt hat er zwar hinter sich gelassen, aber nicht die Raffgier. Er zählt jetzt seine Gebete wie früher seine Münzen. Seit dreißig Jahren hat er gefastet und gebetet und ist Gott noch immer keinen Schritt näher gekommen.

So wird er Gott niemals nahe kommen, denn er hat sich kein bisschen verändert. Er glaubt, seine weltlichen Gewohnheiten in jene Welt mitnehmen zu können. Und merkt euch das eine: deine Haltung ist deine Welt. Du kannst sie nicht in jene Welt mitnehmen, sonst würdest du die andere Welt genauso einrichten wie die Welt, die du hinter dir gelassen hast.

Einmal kam ein reicher Mann zu mir, einer, der schon an alle möglichen Institutionen und für alle möglichen guten Zwecke große Summen gespendet hatte. Er kam zu mir und redete von nichts als seinen Spenden. Er führte sich bei mir ein, indem er mir aufzählte, welche Summen er gespendet hätte. Und seine Frau half mit der Information nach, auf die es eigentlich ankam: „Insgesamt hat er fast hundertausend Rupien gestiftet."

Der Mann sah sie böse an und korrigierte: „Nicht hunderttausend Rupien – hundertzehntausend!" Sie haben genau Buch geführt, genau mitgezählt, wie viel sie gespendet haben. Wer zählt, was er gibt, der gibt überhaupt nicht. Schenken ist etwas anderes. Wenn du zählst, dann ist es ein Kuhhandel, bei dem du dir das Paradies erkaufen willst. Und ein Mann wie dieser wird sich unweigerlich eines Tages beklagen und vorrechnen: „So-und-so-viel habe ich gegeben, und ich bin Gott keinen Schritt näher gekommen.

Bayazid sagte ihm,
dass selbst hundert Jahre nicht ausreichen würden.

Selbst hundert Leben würden nicht ausreichen. Es ist keine Frage der Zeit. Etwas Falsches kann man bis in alle Ewigkeit fortsetzen; es hat mit Zeit nichts zu tun. Etwas Falsches kann man ewig weiter falsch machen. Aber selbst wenn man es Millionen Mal wiederholt, wird es dadurch nicht richtig. Aber wenn du auch nur einmal das Richtige tust, stimmt plötzlich alles.

Du kannst also deine Gebete Millionen von Leben wiederholen – und nichts kommt dabei heraus. Und ich sage euch: wenn du nur einen einzigen Moment betest, dann ist bereits alles geschehen, was geschehen musste. Mit Zeit und Quantität hat das nichts zu tun: es ist einzig und allein eine Frage der Qualität. Wie viel du betest, ist unwichtig. Auf die Tiefe kommt es an. Wie oft am Tag du betest, ist egal. Die Muslime beten fünfmal am Tag, und dieser Mann muss dreißig Jahre lang fünfmal täglich gebetet haben. Aber es kommt nicht darauf an, wie oft es war – fünf oder fünfzig Mal. Es kommt einzig und allein auf die Qualität an, die du mitbringst – auf deine Bewusstheit, deine Offenheit, deine Liebe. Darauf, wie du betest.

Es gibt eine Geschichte aus Bengalen: dort lebte vor fünfhundert Jahren einmal ein sehr logisch denkender Mann, ein Grammatiker. Sein Name war Bhattoji, und er war ein berühmter Sanskrit-Gelehrter. Er ging nie in den Tempel zum Beten. Er wurde alt. Als er sechzig Jahre alt war, rief ihn sein Vater zu sich und redete ihm ins Gewissen: „Jetzt reicht es aber wirklich" – sein Vater muss an die neunzig gewesen sein; er sagte: „Ich bin mein ganzes Leben lang in den Tempel gegangen und habe dort gebetet. Ich habe dir nie Vorwürfe gemacht, weil ich bis heute gehofft hatte, dass du eines Tages selbst auf die Idee kommst. Aber die Zeit wird knapp: inzwischen bist du auch schon alt, jetzt bist du sechzig. Es wird Zeit, dass du in den Tempel gehst und dich auf das Jenseits vorbereitest. Sag mir also, wann endlich willst du in den Tempel gehen und beten?"

Bhattoji antwortete: „Ich habe mein ganzes Leben lang zugesehen, wie du in den Tempel gegangen bist, und jedes Mal bist du unverändert zurückgekommen. Und seit langem frage ich mich, ob es wohl darauf ankommt, wie oft und wie lange man betet, oder aber darauf, wie man betet. Mir scheint, es ist eine Frage der Qualität. Und dein Beispiel hab ich ja mein ganzes Leben vor Augen gehabt: zweimal täglich sehe ich dich zum Tempel gehen, und du kommst als der gleiche Mann zurück. Dein Gebet scheint nicht viel zu helfen. Wie ist das nur möglich? Irgendetwas kann da nicht stimmen …

Gut, ich will also morgen hingehen. Morgen ist mein sechzigster Geburtstag, und da will ich hingehen und alles tun, was in meiner Macht steht. Ich werde aus ganzem Herzen beten – mit allem, was ich habe. Nur dies einzige Mal will ich beten – aber es soll nichts in mir zurückbleiben. Ich werde mich total hingeben, aber nur für dieses eine Mal. Wenn etwas geschieht, dann wird es geschehen. Wenn nichts geschieht, so habe ich zum letzten Mal gebetet. Dann werde ich nie wieder den Tempel betreten. Wozu auch? Das wäre dann sinnlos. Wenn ich mich Gott vollkommen darbringe und nichts zurückhalte, dann könnte ich am nächsten Tag auch nicht mehr tun. Mehr wird dann gar nicht möglich sein – vorausgesetzt, ich habe wirklich alles getan, was meine Seele tun kann. Einmal also will ich beten. Wenn etwas geschieht, dann soll es geschehen. Wenn nicht, habe ich alles hinter mir. Dann werde ich nie wieder beten."

Der Vater lachte. Er sagte: „Du Narr. Man muss unzählige Leben lang beten, nur dann kann etwas geschehen. Aber wir werden ja sehen. Geh nur hin und bete morgen."

Bhattoji ging zum Tempel – und kam nicht mehr zurück. Er starb. Er stellte sich vor die Gottheit des Tempels hin, betete – und starb. Er war wirklich restlos in seiner Andacht aufgegangen. Es blieb nichts zurück.

Deine Andacht, deine Liebe bedarf deiner Totalität. Kein Rest von dir darf zurückbleiben und zuschauen und mitrechnen und steuern. Du musst ganz darin aufgehen. Nicht nur mit einem Teil von dir, sondern in deiner Ganzheit. Das macht die Andacht heilig: dass du heil und ungeteilt hineingehst. „Heil" sein heißt heilig sein – eine andere Heiligkeit gibt es nicht. Bhattoji starb. Das ist die Bedeutung des Wortes: „Ehe du nicht stirbst ..." Er verging, er erhielt das Geschenk. Er wurde erleuchtet. Nur der Körper blieb zurück, die leere Hülle fiel zu Boden.

Als Bhattoji nicht nach Hause zurückkam und es schon spät wurde, schickte der Vater einen Boten, der nachfragen sollte, was geschehen sei; der Bote aber fand nur die Leiche, nicht Bhattoji. Doch auf dem Gesicht stand eine ungeheure Veränderung zu lesen. Es strahlte von göttlicher Schönheit. Selbst den toten Körper umgab noch eine Aura des Unbekannten. Er war verklärt.

Denk daran: alles, was du tust, muss ehrlich sein. Täusche nichts vor. Handle nicht aus Habgier, sondern aus Liebe. Tue nichts aus Berechnung; denn Gebet – oder Liebe; oder Gott – hat nichts mit Kopfrechnen zu tun.

Der Mann fragte warum.

„Weil deine Selbstsucht die Schranke zwischen dir und der Wahrheit ist", antwortete Bayazid.

Das Wort Selbstsucht muss erklärt werden. Normalerweise nennt man jemanden selbstsüchtig, wenn er alles sich selber zuliebe tut, alles zu seinen eigenen Gunsten manipuliert. Das ist oberflächliche Selbstsucht. Auf der gleichen Ebene kann man genauso gut selbstlos werden. Das ist nicht weiter schwierig. Es gibt genug uneigennützige Leute: Leute, die nur für andere da sind, beflissen, hilfsbereit. Solche selbstlosen Leute kennt ihr alle. Aber sie sind genauso gefährlich wie die selbstsüchtigen Leute, oft sogar noch gefährlicher. Vor einem Selbstsüchtigen kannst du wenigstens davonlaufen, aber einem Selbstlosen entkommst du nicht so leicht. Er ist heimtückisch. Er heftet sich an deine Fersen, um dir zu helfen und um sich für dich einzusetzen. Wie ein Mühlstein an deinem Hals … und dabei ist seine Selbstlosigkeit ganz tief drunten reine Selbstsucht. Denn auf die Art will er Gott für sich gewinnen.

Seht euch einmal die christlichen Missionare genauer an. Sie arbeiten wirklich hart im Dienst an den Menschen, sie sind große Helfer der Menschheit, aber unter der Oberfläche ist ihr ganzer Dienst selbstsüchtig. Für sie ist er nur ein Mittel, um zum anderen Ufer zu gelangen. Mit jeder guten Tat schneiden sie sich eine Kerbe ins Holz, und auf diesem Kerbholz wollen sie in den Himmel klettern. Das Paradies ist ihr Endziel, ihre guten Werke sind das Mittel. Sie haben das gleiche Problem wie der Mann, der zu Bayazid kam.

Ich will euch noch eine Geschichte erzählen:

Irgendwo in China fand einmal ein großes Fest statt, bei dem viele Menschen zusammengekommen waren. Es gab dort einen Brunnen ohne Mauer, in den ein Mann hineinfiel. Er schrie laut, aber im Lärm der riesigen Menschenmenge erstickten seine Rufe. Da näherte sich dem Brunnen ein buddhistischer Mönch, ein Bhikkhu, weil er durstig war. Er sah hinunter und erblickte den Mann, wie er zeterte und flehte: „Bitte hilf mir!"

Der Bhikkhu, der Buddhist, antwortete: „Kein Mensch kann einen andern retten – so spricht Buddha. Sei dir dein eigenes Licht. Niemand kann einen anderen retten. Das ist nicht möglich. Warte nicht auf andere ... Und außerdem sagt Buddha, dass jeder sein eigenes Karma erleiden müsse. Du musst in der Vergangenheit eine schwere Sünde begangen haben, und jetzt musst du dafür büßen. Also büße lieber schweigend. Mach nicht solchen Lärm, denn wenn du zeterst und herumschreist, sammelst du nur wieder neues Karma an."

Der Mann im Brunnen flehte: „Rette mich, rette mich, dann will ich auch deiner Predigt zuhören! Im Moment kann ich es wirklich nicht." Aber der Buddhist ging seiner Wege, denn Buddha hatte gesagt: „Misch dich nicht in das Karma anderer Leute ein."

Dann kam ein Anhänger des Konfuzius, auch ein Mönch. Er sah in den Brunnen, und der Mann rief: „Rette mich, ich sterbe, niemand hört mich." Der Mönch antwortete: „Konfuzius hat recht: er hat gesagt, dass jeder Brunnen mit einer Schutzmauer eingefasst werden soll. Mach dir also keine Gedanken. Wir werden eine große Initiative gründen! Wir werden die ganze Gesellschaft mobilisieren und die Regierung zwingen, um jeden Brunnen eine Mauer zu bauen ... Nur keine Angst!"

Der Mann antwortete: „Aber wenn es soweit ist, bin ich längst tot. Wie soll mir das noch helfen, jetzt, wo ich schon reingefallen bin!" Der Konfuzianer sagte: „Darum geht es nicht; auf das Individuum kommt es nicht an. Einzelne kommen und gehen. Worauf es ankommt, ist die Gesellschaft. Aber du kannst mit dem tröstlichen Gedanken sterben, dass es in Zukunft keinem Menschen mehr geschehen wird." Konfuzius war Sozialreformer.

Schließlich kam ein christlicher Missionar. Er schaute in den Brunnen, und noch bevor der Mann den Mund auftun konnte, öffnete der Missionar seine Tasche und holte einen Eimer mit einem Strick heraus. Ein christlicher Missionar hat immer alles bei sich, um ander-n zu helfen. Der Mann brauchte nicht einmal ein Wort zu verlieren. Und außerdem hatte er alle Hoffnung aufgegeben – diese religiösen Leute kannte er jetzt.

Da kam der Eimer an dem Seil herunter, und eine Stimme rief: „Halte dich fest, ich ziehe dich hoch." Der Mann war überaus dankbar. Sobald er draußen war, fiel er dem Missionar zu Füßen und sagte: „Du bist der einzig wirklich religiöse Mensch." Der Missionar antwortete: „Mach dir nichts vor, mein Bruder.

Jesus sagt: Niemand kann ins Himmelreich Gottes eingehen, solange er nicht zum Diener der Letzten und Geringsten unter euch wird. Tu Gutes, das ist der Weg. Nur durch gute Taten kommt man zum Himmel. Ich bitte dich also, bald wieder in den Brunnen zu fallen, denn ich bin nicht der einzige Missionar. Und bringe auch deinen Kindern bei, in alle Brunnen zu fallen, denn wenn ihr nicht hineinfallt, wie können wir euch dann retten? Wie können wir sonst in den Himmel kommen?"

Alle Selbstlosigkeit bleibt im Grunde selbstsüchtig, bleibt eine Form der Habgier – nur noch gefährlicher. Denn einer, der sich für gut hält, maßt sich Macht und Herrschaft an. Und dann versucht er, andere zu ändern. Er nimmt dich in die Hand wie ein Stück Lehm und versucht, dir eine Gestalt zu geben, die seiner Ideologie entspricht.

Missionare sind Mörder. Sozialreformer sind gemeingefährlich. Und Leute, die es darauf abgesehen haben, anderen zu dienen, sind voll von heimlicher Gewalt und Aggression. Daran gibt es nichts zu rütteln. Dem Würgegriff eines guten Menschen zu entkommen, ist praktisch unmöglich. Er hält dich gefangen, er tut nämlich alles dir zuliebe. Und was immer er dir zuliebe tut, das tut er, um sich selber den Weg ins Paradies zu bahnen. Du dienst ihm lediglich als das Mittel dazu. Und das ist wirklich der unmoralischste Akt auf der ganzen Welt: einen anderen als Mittel zu benutzen. Das nenne ich die größte Sünde, die schlimmste Unmoral überhaupt. Jeder Mensch ist um seiner selbst willen da.

Teile mit andern, wenn du das kannst, aber versuche nicht, einen anderen nach deinen Vorstellungen umzumodeln. Wer bist du denn? Wer bist du, andere nach deinem Bild zu formen? Wer hat dir das Recht dazu gegeben? Hilf, wenn du kannst, aber mach aus dieser Hilfe kein Mittel zum Zweck. Sonst bleibst du – sei es auch im Namen der Religion – der alte Rechner, der schlaue, listige Fuchs, der andere ausbeutet. Denn deine Selbstsucht ist geblieben.

Das ist also die eine Bedeutung von Selbstsucht und Selbstlosigkeit – die oberflächliche Bedeutung. Die wahre Selbstsucht kennt kein Selbst. Für dich selbst zu arbeiten, ist „Selbstsucht." Für das Selbst der anderen zu arbeiten, ist „Selbstlosigkeit." Aber beides geht auf das persönliche Selbst zurück, beide sind sie nur Äste am gleichen Stamm, ohne viel Unterschied. Im Grunde sind sie identisch. Wirkliche Selbstsucht dagegen heißt: aus dem Nicht-Selbst heraus zu leben. Dann entsteht alles, was du tust – egal, ob andere es nun selbstsüchtig oder selbstlos nennen – aus dem Zustand des Nicht-Selbst: ohne Motivation. Das ist ein sehr feiner Unterschied.

Selbstsucht ist Handeln aus Motivation – du willst etwas für dich. Selbstlosigkeit ist ebenfalls motiviert: Du tust etwas für den anderen, und indem du den anderen zum Vorwand nimmst, willst du im Grunde etwas für dich selbst; du nimmst den Umweg über den anderen, aber die Motivation bleibt die gleiche. Die Selbstsucht bleibt die gleiche, nur die Form ändert sich.

Für mich ist nur das Nicht-Selbst wahr. Du musst verstehen lernen, dass dein wirkliches Sein ein Nicht-Selbst ist. Wenn dein Gebet von daher kommt, dann ist es wirklich ein Gebet, dann hat es keine Motivation. Dann rechnest du nicht und forderst nicht. Dann genießt du einfach und feierst. Dann kommt die Liebe von sich aus, ohne irgendeinen Grund. Dann fließt sie ohne Absicht und spontan – du kannst gar nicht anders. Sie ist einfach da, sie sprudelt ganz natürlich.

Wenn das Selbst nicht mehr da ist, wird alles zum Nicht-Selbst. Das ist unweigerlich so. Solange es da ist, kannst du immer nur Dinge von dir aus tun: es werden aber immer dieselben Dinge sein, die Qualität wird sich nicht ändern, und du wirst immer das Gefühl haben, dass etwas fehlt. Du kannst jahrelang beten, aber immer das Gefühl behalten, dass etwas fehlt. Du kannst viele Menschen lieben, aber etwas wird immer fehlen.

Du wirst wie eine Hochzeitsgesellschaft sein – die Gäste sind da, das Festessen steht bereit, die Musik spielt schon, alle sind fröhlich am Feiern, aber der Bräutigam fehlt. Du bist wie eine Hochzeit, auf der Braut oder Bräutigam fehlt.

Solange das Selbst da ist, wird immer etwas fehlen; du kannst anstellen, was du willst – das Wesentliche fehlt. Sobald das Selbst verschwunden ist, zeigt sich der Bräutigam. Und nun wird alles, was du tust, zum Fest. Alles, was du tust, wird zur Feier.

Stirb, damit das Göttliche in dir geboren werden kann.

Recht haben die Sufis, wenn sie sagen:

„Du kannst nichts bekommen, ehe du nicht stirbst."

6 | DAS AUSSEN IST NUR EIN VORWAND

El Mahdi Abbassi erklärte, dass es nachweislich
im Menschen etwas gäbe, woran jeder Versuch,
ihm zu helfen, scheitern könne.
Da ihm einige Leute diese Theorie nicht glaubten,
versprach er ihnen, einen konkreten Beweis dafür zu liefern.
Die Sache war längst vergessen, als El Mahdi einen Mann anwies,
einen Sack Gold auf die Mitte einer Brücke zu legen;
einen andern sandte er zu einem bankrotten Schuldner,
der sich an das eine Ende der Brücke stellen
und sie dann überqueren sollte.
Abbassi wartete mit seinen Augenzeugen
am anderen Ende der Brücke.
Als der Mann bei ihnen ankam, fragte ihn Abbassi:
„Was hast du auf der Mitte der Brücke gesehen?"
„Nichts", antwortete der Mann.
„Wie ist das möglich?" fragte Abbassi.
Der Mann erwiderte: „Als ich die Brücke betrat,
dachte ich mir, dass es lustiger wäre,
die Strecke mit geschlossenen Augen zurückzulegen.
Und das tat ich auch ..."

6 |

DER MENSCH TRÄGT DEN KEIM SEINES GLÜCKS ODER UNGLÜCKS, seines Himmels oder seiner Hölle in sich. Was immer dir geschieht – es geschieht deinetwegen. Äußere Ursachen sind zweitrangig, die inneren Ursachen geben den Ausschlag. Und solange du das nicht verstehst, ist keine Veränderung möglich. Dein Verstand will dich nämlich nur hinters Licht führen, wenn er nach außen verweist: „Die Ursache deines Unglücks oder Glücks liegt irgendwo außerhalb!"

Wenn die Ursache außen liegt, besteht keine Möglichkeit zur Freiheit, dann kann es kein Moksha geben – keinen Zustand endgültiger Befreiung. Wenn du vom Außen abhängig bist, musst du für immer Sklave bleiben. Denn wie willst du die äußeren Ursachen beeinflussen? Und selbst, wenn du eine Ursache behebst, kommen tausend nach.

Das ist der Unterschied, der entscheidende Unterschied, zwischen einer religiösen und einer unreligiösen Haltung. Ein Kommunist denkt genau andersherum. Marx würde auf keinen Fall mit dem einverstanden sein, was El Mahdi in dieser Geschichte behauptet. Nach Marx liegen die Ursachen in den Lebensverhältnissen des Menschen. Der Mensch lebt unglücklich aufgrund äußerer Ursachen, die für sein Elend verantwortlich sind. Der Mensch kann erst dann glücklich werden, wenn diese Ursachen behoben sind. Nach Marx brauchen wir eine Revolution, die die äußeren Umstände verändert. Folgt man dagegen Jesus, Mohammed, Mahavir oder Krishna, dann stimmt diese Diagnose nicht.

Die Ursachen liegen innen. Das Außen ist nur ein Vorwand. Ihr könnt die Außenwelt verändern, aber solange innen alles beim Alten bleibt, wird sich gar nichts ändern. Das Innere wird immer wieder die alten Muster herstellen, ganz egal, wie die äußere Situation ist; denn der Mensch lebt von innen heraus.

Hört euch folgende Geschichte an:

Ich kenne einen Mann, der dreimal verheiratet war, und dabei viel gelitten hat. Das erste Mal heiratete er eine sadistische Frau, die es genoss, ihn zu quälen. Er kam mich häufig besuchen und klagte mir sein Leid. Manchmal schlug ihn die Frau, und er zeigte mir seine Wunden. Aber ich hatte das Gefühl, dass er es irgendwie tief im Innern genoss und dass es ihm Spaß machte; denn jedes Mal, wenn er mir von seinen Leiden berichtete, strahlte er übers ganze Gesicht – keine Spur von Traurigkeit. Seine Augen funkelten, er sprühte vor Lebendigkeit. Ich behielt ihn genau im Auge. Manchmal besuchte seine Frau ihre Eltern – dann war er jedes Mal unglücklich. Und wenn die Frau bei ihm war, war er auch unglücklich. Aber es war zweierlei Unglück, deutlich verschieden: wenn die Frau zu Hause war, war er glücklich in seinem Unglück; er genoss es und redete darüber. Und ich hatte immer das Gefühl, dass er übertrieb; seine Schilderungen waren sehr poetisch.

Dann wurde ihm die Quälerei zu viel, und er ließ sich scheiden. Am Tag der Scheidung sagte ich zu ihm: „Jetzt pass gut auf, denn ich fürchte, du wirst dich wieder in den gleichen Typ verlieben. Wenn du derselbe bleibst, suchst du dir auch wieder den gleichen Frauentyp. Pass also gut auf."

Er antwortete: „Nie im Leben werd ich so eine Frau noch einmal heiraten. Das hab ich endgültig hinter mir."

Aber binnen drei Monaten war er dem gleichen Typ von Frau erneut zum Opfer gefallen. Und wieder heiratete er. Und wieder gingen seine traurigen Geschichten los – wie sehr die Frau ihn quälte. Ich sagte ihm: „Ich hab dir ja gesagt, dass es so kommen würde; wer hat sich diese Frau denn ausgesucht? Du natürlich. Du hast dir die erste ausgesucht und du hast dir auch die zweite ausgesucht. Und du bist immer noch der gleiche." Und außerdem sagte ich ihm: „Du wirst dir immer wieder eine sadistische Frau suchen, denn du bist ein Masochist. Du willst gequält werden – willst beherrscht und in den Staub getreten werden. Du verdammst dich selbst, du verneinst dich selbst, du liebst dich nicht. Du brauchst jemanden, der dich hasst und dir auf der Nase herumtanzt."

Mit der zweiten Ehe war es auch bald vorbei. Die Frau verließ ihn. Als ich ihn das letzte Mal sah, war er wieder auf Brautschau, und ich warnte ihn: „Pass wenigstens diesmal auf! Etwas in dir wird sich wieder die gleiche Frau aussuchen."

Er sagte: „Jetzt ist Schluss. Für wen hältst du mich? Bin ich denn ganz verrückt? Ich habe meine Lektion gelernt." Heute ist er wieder verheiratet, und erst kürzlich bekam ich einen Brief von ihm – dieselben alten Leidensgeschichten ... Dieser Mann kann tausend Jahre so weiterleben, er kann gehen, wohin er will auf dieser Welt – er wird sich immer die gleiche Frau aussuchen, weil der, der die Wahl trifft, derselbe bleibt. Sein Unglück liegt nicht an der Frau, die er sich aussucht, sondern steckt schon von vornherein in der Wahl, die er selbst trifft.

Du trägst deinen Himmel in dir. Und deine Hölle auch. Und wenn du unglücklich bist, dann schiebe es nicht auf äußere Ursachen. Damit ist dir nicht geholfen. Rationalisierungen reiten dich nur noch tiefer hinein. Wenn du unglücklich bist, dann forsche in dir nach, woran es liegt. Vergiss das niemals. Andernfalls kann man sich viele Leben lang im selben Gleis bewegen, immer im selben Teufelskreis.

Mulla Nasrudin träumte eines Nachts, er wäre im Himmel. Alles war so herrlich um ihn herum – ein stilles Tal, über dem die Sonne aufging, die Vögel zwitscherten, und er saß allein unter einem Baum. Aber bald verspürte er Hunger, und es war niemand da, weit und breit keine Seele. Trotzdem rief er: „Hallo! Ist hier jemand?" Und ein schlanker schöner Mann erschien und verbeugte sich: „Zu Diensten, mein Herr. Was auch immer du befiehlst, will ich tun." Also bat er um etwas zu essen. Und was er begehrte, wurde ihm sofort erfüllt. Er dachte ‚Essen' und schon stand das köstlichste Mahl vor ihm. Er aß sich satt und legte sich dann aufs Ohr. Und so ging es weiter: was immer er wollte … Wollte er eine schöne Frau, dann war eine da. Was immer er wollte! Brauchte er abends ein Bett, so wurde auch das geliefert.

Und so ging es ein paar Tage. Aber wie lange konnte das so weitergehen …? Er fing an, sich zu langweilen, es satt zu haben. Alles war einfach zu gut, wirklich zu viel. Es war unerträglich. Er sehnte sich nach etwas Unglück, es war alles zu schön.

Er wünschte sich ein paar Probleme herbei, denn bisher hatte er noch nie ohne Konflikte, ohne irgendwelche Ängste leben müssen – über irgendetwas musste er traurig und deprimiert sein können. Aber alles war so selig, so unerträglich glückselig. Also rief er den Diener und sagte: „Es reicht. Ich würde jetzt gern ein bisschen arbeiten. So ganz ohne Beschäftigung langweile ich mich ja zu Tode."

Der Mann antwortete: „Ich will ja gern alles für dich tun – aber diese Bitte kann ich dir nicht erfüllen. Arbeit kann ich dir nicht geben. Das ist hier ausgeschlossen. Alles, was du dir wünschst, kann ich dir erfüllen – warum denn dann arbeiten? Wenn dir die gebratenen Tauben in den Mund fliegen, brauchst du keinen Handschlag mehr zu tun."

Mulla Nasrudin sagte: „Ich halt es aber nicht mehr aus! Wenn ich nicht arbeiten darf, dann ist mir die Hölle weiß Gott lieber!" Da fing der Mann zu lachen an und rief: „Wo meinst du denn, wo du bist?!"

Dieses Höllengelächter weckte ihn auf. Sein Traum war zerbrochen. Er kam sofort zu mir gerannt und sagte: „Dieser Traum ist sehr symbolisch. Was genau bedeutet er?"

Ich sagte zu ihm: „Erstens hättest du nicht so lange mit dem Aufwachen warten sollen. In dem Augenblick, wo du glaubtest, im Himmel zu sein, hättest du schon die Augen aufmachen müssen. Wie kannst denn du im Himmel sein? Du – und im Himmel? Wie konntest du das überhaupt glauben!"

Wo immer du hingehst, nimmst du deine eigene Hölle mit. Himmel und Hölle sind nicht geografisch zu verstehen, es sind keine Orte; Himmel und Hölle existieren nicht räumlich. Es sind Einstellungen. Sie sind psychisch zu verstehen. Sie existieren sehr wohl, aber nicht irgendwo da draußen, sondern im eigenen Innern. Du kannst nicht „in den Himmel kommen." Wohin sollte die Reise wohl gehen? Wo liegt der Himmel? Und genauso wenig kannst du „in die Hölle kommen."

Du trägst Himmel und Hölle immer mit dir herum. Es ist wie mit der Spinne und ihrem Netz. Dieses Bild – eines der tiefsinnigsten Symbole überhaupt – stammt aus den *Upanishaden*; dort heißt es, dass jeder Mensch wie eine Spinne sein eigenes Netz in sich trägt. Wo sich die Spinne auch aufhält, breitet sie ihr Netz aus. Sie produziert es aus ihren eigenen Eingeweiden. Und wenn die Spinne weiterzieht, verschlingt sie es wieder. Ihr tragt Himmel und Hölle in euch, wie die Spinne ihr Netz. Und wo immer ihr euch aufhaltet, schafft ihr um euch her euer altes Muster.

Lasst diese Wahrheit so tief wie nur möglich in euch einsinken; es hängt unendlich viel davon ab. Davon hängt ab, ob du dich veränderst oder nicht. Hast du diesen Punkt nicht verstanden, wirst du immer wieder in die Irre gehen. Seit zehn Jahren kommt ein Mann zu mir und fängt jedes Mal von neuem zu meditieren an. Immer nur für ein paar Tage, höchstens ein, zwei Wochen. Und jedes Mal fühlt er sich großartig, ganz einfach prima. Und während dieser Zeiten, wo er meditiert, kommt er dann zu mir und sagt, wie großartig, wie wohl er sich fühle, und dass es ihm noch nie so gut gegangen sei. Und dann plötzlich hört er mit einem Schlage auf, verschwindet für einige Monate und vergisst mich völlig. Aber bald kommt er total niedergeschlagen, deprimiert und innerlich zerrissen wieder an, und ich empfehle ihm, wieder mit dem Meditieren anzufangen.

Wenn ich ihn frage: „Warum hast du aufgehört? Du hattest dich doch so wohl gefühlt, du warst doch so glücklich?" – dann antwortet er: „Jedes Mal, wenn ich mich großartig und ausgezeichnet fühle, sagt mir eine innere Stimme: ‚Jetzt brauchst du nicht mehr zu meditieren!' Und dann hör ich auf; allmählich rutsche ich wieder ab in die Dunkelheit, und das Elend geht von vorne los. Und dann komm ich wieder zu dir."

Das letzte Mal fragte ich ihn: „Wie oft hast du das eigentlich schon so gemacht? Kannst du nicht aus deiner Erfahrung lernen? In den letzten zehn Jahren muss es ungefähr dreißig Mal gewesen sein."

Und er versprach: „Diesmal halte ich durch." Aber ich weiß, dass es für ihn nicht möglich ist, denn das hat er schon viele Male versprochen. Auf seine Versprechungen ist kein Verlass. Dreißig Mal hat er mir das schon versprochen, und jedes Mal hat er sein Versprechen gebrochen, denn er weiß überhaupt nicht, was er macht. Sobald er sich einer inneren Explosion nähert, geht sein Verstand auf Abstand und sagt: „So, warum jetzt noch weitermachen? Jetzt bist du glücklich und zufrieden. Warum machst du dir noch die Mühe, früh am Morgen aufzustehen? Wozu weiter meditieren? Jetzt ist alles in Butter. Jetzt brauchst du das nicht mehr. Wenn die Krankheit geheilt ist, nimmt man keine Medizin mehr ein. Also mach Schluss."

Und immer wieder ist es dasselbe und nie begreift er, was sich eigentlich abspielt. Im *Mahabharata*, dem größten Epos der Welt, kommt folgende Geschichte vor – eine sehr schöne Geschichte. Die fünf *Pandavas* – die fünf Brüder, um die sich das ganze Epos dreht – sind aus ihrem Königreich verbannt worden und ziehen als Flüchtlinge durch die Wälder. Eines Tages haben sie großen Durst, und einer der Brüder, der jüngste, geht auf die Suche nach Wasser. Er kommt an einen herrlichen See, aber sobald er ins Wasser steigt, um seinen Topf zu füllen, hört er eine unsichtbare Stimme: „Warte. Beantworte mir erst meine Fragen, dann kannst du Wasser aus diesem See schöpfen. Das ist die Bedingung: beantworte mir erst drei Fragen. Wenn du sie nicht beantworten kannst, fällst du auf der Stelle tot um. Die erste Frage ist: Was ist das Wichtigste am Menschen? Das Allerwichtigste?'"

Der junge Mann wusste die Antwort nicht und fiel tot zu Boden. Darauf folgte ihm der nächste Bruder und wieder der nächste, und jedes Mal geschah das gleiche. Schließlich ging der älteste, Yudhisthira, auf die Suche nach seinen Brüdern, die ausgeblieben waren, und auch er kam an den See und wollte Wasser schöpfen.

Seine vier Brüder lagen tot am Ufer, und als er ins Wasser stieg, hörte er die gleiche Stimme: „Antworte erst auf meine Fragen, sonst musst auch du sterben. Und wenn du die Antworten weißt, dann wirst du nicht nur am Leben bleiben, sondern du kannst auch vom Wasser dieses Sees trinken, und das gleiche Wasser wird auch deinen Brüdern das Leben wiedergeben. Du brauchst ihnen damit nur das Gesicht zu benetzen. Erst aber meine Fragen. Die erste lautet: Was ist das Wesentlichste am Menschen?“

Und Yudhisthira sagte: „Der wichtigste Zug am Menschen ist, dass er nie dazulernt.“ Er durfte das Wasser trinken und seine Brüder in das Leben zurückrufen. Und es stimmt: das ist einer der wesentlichsten Züge des Menschen: er lernt nie etwas dazu. Er mag sich noch so viel Wissen in den Kopf stopfen, aber lernen wird er nie. Wissen und Lernen sind zweierlei. Wissen ist geborgt: es ist papageienhaft; du trichterst es dir ein, stopfst dir dein Gedächtnis damit aus. Dein Hirn wird zum Computer. Lernen ist etwas völlig anderes.

Lernen kommt nur aus Erfahrung, Lernen heißt, nie denselben Fehler zu wiederholen, immer wachsamer zu werden, immer aufmerksamer, umsichtiger.

Und das will auch diese Sufi-Geschichte besagen: es steckt etwas in dir, das dich ständig scheitern lässt – und solange du es nicht zu fassen bekommst und mit Stumpf und Stiel ausreißt, wird alles, was du unternimmst, umsonst sein. Denn was du auch anstellst, du bist der Urheber, und darum muss es scheitern. Erst muss der Störfaktor in dir, der dich ständig scheitern lässt, behoben werden; er muss mit der Wurzel ausgerissen und verbrannt werden.

Es ist dir sicher schon aufgefallen – vielleicht nicht sehr klar und scharf und eindringlich, aber bemerkt hast du es sicher schon, vielleicht mehr als Ahnung, neblig, vage und schattenhaft, wie durch einen Rauchschleier –, dass du immer wieder die gleiche Art von Fehlern machst, immer wieder. Wie beschämend! Nicht einmal neue Fehler kannst du erfinden. Was für einen unoriginellen, was für einen mittelmäßigen Geist du hast ... Hmm? Nicht mal neue Fehler könnt ihr euch ausdenken! Immer wieder dieselbe Mühle. Wie eine kaputte Schallplatte, die immer in der gleichen Rille stecken bleibt. Wie bei der Transzendentalen Meditation: *Ram, Ram,*

Ram. Immer und immer wieder. Euer Leben ist wie TM, wie eine kaputte Schallplatte. Oder ist es euch noch nicht aufgefallen, dass ihr ständig die gleichen Fehler wiederholt? In euren Beziehungen, in euren Liebesverhältnissen, in euren Freundschaften, in euren Geschäften – immer wieder begeht ihr die gleichen Dummheiten. Und jedes Mal hofft ihr, dass sich diesmal alles anders abspielen wird. Nichts wird sich ändern – denn ihr bleibt die gleichen. Wie kann sich also etwas ändern? Ihr hofft gegen alle Hoffnung. Seht euch den dummen Verstand an: er hofft, obwohl er tief drinnen genau weiß, dass es gar keine Hoffnung geben kann; denn du selbst stehst dir im Wege.

Du verliebst dich in eine Frau, und alles ist so romantisch, so voller Poesie. Aber es geschieht nicht zum ersten Mal. Es war schon oft so. Wie oft bist du schon verliebt gewesen, wie oft war die Welt schon rosarot und romantisch! Die Welt wurde zum Traum, und alles war so wunderschön – und plötzlich wurde das Ganze hässlich. Was eben noch so anziehend war, sieht plötzlich abstoßend aus. Der schöne Traum ist zum Alptraum geworden. Was eben noch der Himmel war, ist jetzt die Hölle. Und so ist's immer wieder gewesen. Und trotzdem verliebst du dich wieder, trotzdem vergisst du das alles – und alles wird wieder genauso kommen!

Du bist eine Wiederholungsmaschine. Und solange du diese Maschine nicht zum Stehen bringst, ist jede Verwandlung ausgeschlossen. Aber wie? Wie diesen Mechanismus anhalten? Erst einmal muss man überhaupt wahrnehmen, dass es ihn gibt. Das ist der allererste Schritt. Man muss wahrnehmen, dass es diese Wiederholungsmaschine gibt, dass du als Automat funktionierst, nicht als Mensch. Einfach nur als Mechanismus, der sich ständig wiederholt. Der Mensch in dir entsteht erst, wenn du aufhörst, eine Maschine zu sein. Der Mensch in dir entsteht erst, wenn du dich auf neue Wege begibst, wenn du neue Pfade betrittst, wenn du dich auf den Weg ins Unbekannte begibst.

Ihr bewegt euch nur auf den Trampelpfaden des Altbekannten: was du früher schon gemacht hast, machst du auch jetzt immer wieder. Und du wirst immer geübter darin. Du wirst zu einem perfekten Könner, indem du ständig die gleichen Fehler wiederholst. Du wirst vorhersagbar. Kein Mensch, der es wert ist, Mensch genannt zu werden, ist vorhersagbar. Astrologie – *jyotish* – gibt es nur deswegen, weil sich euer Leben so mechanisch abspielt. Wenn das nicht so wäre, könnte kein Mensch vorhersagen, was im nächsten Augenblick geschehen wird. Aber man kann es vorhersagen – von tausend Menschen sind neunhundertneunundneunzig vorhersagbar.

Es gibt eine schöne Geschichte über Buddha. Es war kurz nach seiner Erleuchtung, und er zog von einem Dorf zum andern; es war Sommer, und sehr heiß. Er kam an ein Flussufer. Das Ufer war sandig und feucht und Buddha hinterließ Fußspuren auf dem Sand. Durch Zufall kam etwas später auch ein großer Astrologe vorbei, auf dem Heimweg von Kashi, der Hochburg hinduistischer Gelehrsamkeit, wo er eben seine Studien beendet hatte. Er konnte jetzt fehlerlos die Zukunft vorhersagen.

Auf dem Heimweg sah er also die Fußspuren im Sand. Er traute seinen Augen nicht, denn gemäß den Schriften waren das die Fußspuren eines großen Kaisers, eines Kaisers, der die ganze Welt regiert: „Wie kommt ein Kaiser dazu – ein *Chakravartin*, der die ganze Welt regiert – ein so armes Dorf an einem so heißen Tag zu besuchen? Und dazu noch barfuss?"

Aber die Fußspuren waren eindeutig und ließen keinen Zweifel zu. Also dachte er: „Entweder irrt meine ganze Wissenschaft, denn offenbar ist dieser Mann ein Bettler, obwohl den Büchern nach ein Kaiser, ja sogar der größte Kaiser der Welt; entweder stimmt also meine Wissenschaft nicht, oder ich muss diesen Mann ausfindig machen. Vielleicht ist er tatsächlich dieser Kaiser, und irgendein Zufall hat ihn hier vorbeigeführt."

Also folgte er den Fußspuren. Buddha saß unter einem Baum. Als der Astrologe näher kam, wurde er noch verwirrter. Der erste Blick sagte ihm, dass er einen Kaiser vor sich hatte – aber da saß ein Bettler. Buddha hatte ganz und gar das Wesen eines Kaisers. Er war so sehr Kaiser, wie es nie zuvor einer gewesen war – aber in Lumpen!

Also fragte der Sterndeuter: „Bitte erlöse mich aus meiner Verwirrung – du hast mich völlig durcheinander gebracht. Fünfzehn Jahre lang habe ich in Kashi studiert; es scheint, ich habe fünfzehn Jahre damit verschwendet, die Kunst der Zukunftsdeutung zu erlernen. Jetzt bin ich gerade fertig, bin geprüfter und beglaubigter Sterndeuter, und du bringst meine ganze Kunst ins Wanken. Bitte sag mir: Bist du ein Bettler? Oder bist du ein *Chakravartin*, ein großer Kaiser, der die ganze Welt regiert? Meine ganze Existenz hängt von deiner Antwort ab. Wenn du mir sagst, dass du ein Bettler bist, kann ich all die Bücher, die ich hier mit mir trage, wegwerfen, dann sind sie wertlos. In den Fluss mit ihnen, und ich kann mit leeren Händen nach Hause zurückkehren – fünfzehn Jahre umsonst! Oder aber du bist ein *Chakravartin*. Bitte, sag es mir."

Buddha öffnete die Augen und sagte: „Deine Verwirrung ist verständlich. Aber, der Zufall will es – du bist auf einen Mann gestoßen, der die einzige Ausnahme unter zehntausend ist. Auf neuntausendneunhundertneunundneunzig Menschen mögen deine Schriften genau zutreffen. Nur auf einen nicht. Aber auf diesen einen wirst du nicht noch einmal stoßen, also behalte ruhig deine Bücher, wirf sie nicht in den Fluss. Es ist so gut wie unmöglich, dass du noch einmal auf diese einzige Ausnahme stoßen solltest."

Der Astrologe fragte: „Was ist dein Geheimnis – wie kommt es, dass du dich jeder Deutung entziehst?" Buddha antwortete: „Durch Bewusstheit. Ich wiederhole nie den gleichen Fehler, ich wiederhole nie das gleiche Muster. Ich bin zum Menschen geworden. Ich bin keine Maschine mehr. Du kannst nicht vorhersagen, was ich als nächstes tun werde. Der nächste Augenblick ist unbekannt. Nicht nur für dich, sondern auch für mich. Er ist absolut unbekannt. Er wird sich ergeben – niemand kann ihn vorhersehen."

Ein bewusstes Wesen schreitet vom Bekannten zum Unbekannten fort. Ein unbewusstes Wesen geht vom Bekannten zum Bekannten zurück – es bewegt sich im Kreis. Das allererste also, was du erkennen musst, ist die Tatsache, dass du dich ständig wiederholst. Das ist für dein Ego eine niederschmetternde Einsicht, weil du dich bisher immer für sehr originell gehalten hast. Leider bist du es nicht. Der Verstand ist nie originell. Er ist immer durchschnittlich. Denn der Verstand besteht ja aus nichts anderem als aus der Anhäufung des Bekannten.

Der Verstand kann das Unbekannte nicht fassen. Er kann nur das wiederholen, was er schon immer gewusst hat – aber wie sollte der Verstand fähig sein, das Unbekannte zu fassen? Das ist schier unmöglich. Willst du das Unbekannte kennen lernen, musst du den Verstand fallenlassen … plötzlich findest du dich mitten im Unbekannten wieder.

Die Existenz an sich ist unbekannt. Alles ist unbekannt. Und alles ist von unbekannter Schönheit. Bekannt heißt tot. Unbekannt heißt lebendig. Und das absolut Unbekannte ist das, was religiöse Menschen ‚Gott' nennen. Mit „absolut unbekannt" ist gemeint, dass es immer unbekannt bleiben wird, ganz gleich, wie viel du im Einzelnen weißt; du kannst wissen, soviel du willst – es wird unbekannt bleiben. Es ist unerkennbar: die Erfahrung kommt nie an ein Ende.

Es gibt also drei Möglichkeiten geistiger Bewegung – erstens vom Bekannten zum Bekannten: das heißt Verstand. Dann vom Bekannten zum Unbekannten: das heißt Bewusstsein. Und drittens – vom Unbekannten zum Unbekannten: das heißt Überbewusstsein.

Auf dieser Stufe wird der Mensch zum Weisen. Wenn der Mensch vom Unbekannten zum Unbekannten fortschreitet, wird er zum Gott. Er hat den Verstand endgültig hinter sich gelassen; es gibt für ihn keine Vergangenheit mehr – und ohne Vergangenheit auch keine Zukunft. Nur dieser Augenblick, einzig und allein dieser Augenblick zählt. Alles läuft im Hier und Jetzt zusammen. Im Hier und Jetzt existiert das ganze All, unverhüllt, in seiner ganzen Schönheit, in seiner absoluten Heiligkeit und All-Einheit.

Merkt euch: der Verstand wiederholt sich ewig; der Verstand ist unoriginell, er ist eine Maschine, eine Art Computer, ein Bio-Computer. Man muss ihn abstreifen. Wenn du das nicht tust, wird er dich immer wieder von neuem enttäuschen. Er kann dir immer und ewig nur dasselbe Verhaltensmuster vorschreiben, bis zum Überdruss.

Die Hindus drücken diesen Überdruss so aus: „Gott, wann kommt endlich der Augenblick, wo ich diesem Kreislauf von Leben und Tod entrinnen kann?“ Sie nennen es das ‚Große Rad‘. Warum? Weil sich alles wiederholt: das Rad dreht sich und bleibt immer gleich. Dieselbe Speiche kommt immer wieder nach oben, nach unten, nach oben … Nichts wiederholt sich so unausgesetzt wie ein drehendes Rad. Nichts symbolisiert Wiederholung so gut wie ein Rad, und so wird die Welt von den Hindus „das Rad“ genannt.

Sie nennen die Welt *Sansar* – das Rad, das sich immerzu dreht. Ihre einzige Sehnsucht ist, aus diesem Rad endlich auszusteigen! Das ist sehr bezeichnend.

Aber wie soll man aus dem Teufelskreis herauskommen? Wie soll man in den Bereich gelangen, der ewig jung ist? Wie kommt man ins ewig Lebendige? Wie kommt man aus diesem Zyklus von Sterben und Geborenwerden heraus, aus diesem Leben, das doch nichts anderes ist als ein langsames Sterben, ein allmählicher Tod. Jedes Kind fängt im Augenblick der Geburt an zu sterben. Binnen siebzig Jahren, langsam, ganz langsam, stirbt es. Mag es auch siebzig Jahre lang dauern – unser Leben ist nichts als ein langsames Sterben.

Dieses Rad aus Leben und Tod – das ist die Welt des Verstandes. Dies einzusehen, ist der erste Schritt.

Der zweite Schritt ist getan, wenn dir aufgeht, wie der Verstand immer wieder in das gleiche Gleis rutscht. Wenn du das bewusst verfolgen kannst, ist eine neue Dimension in dir erwacht. Du verliebst dich zum Beispiel wieder einmal. Jetzt pass genau auf! Es ist an sich nichts verkehrt daran, sich zu verlieben, es ist wunderbar. Verliebe dich – aber wiederhole dich nicht. Sei hellwach! Und indem du bewusst bleibst, hast du ein neues Element in die Sache hineingetragen, etwas, das vorher noch nicht da war. Sage alles, was du zu deiner Frau oder deinem Mann sagst, mit vollem Bewusstsein.

Mulla Nasrudin passierte einmal folgendes: Er hatte sich in eine Frau verliebt, und ich hatte ihm seit langem eingetrichtert, bewusst zu bleiben.

So sagte er zu seiner Freundin: „Du bist die tollste, die schönste, die fantastischste Frau der Welt." Und dann, weil er sich plötzlich an meine Warnung erinnerte: „Augenblick! Verzeih mir, da fällt mir ein – ich habe das ja schon zu so vielen Frauen gesagt, dass ich nicht sicher bin, ob ich es nicht auch noch zu deinen Nachfolgerinnen sagen werde."

Etwas Neues war hinzugekommen – das Ganze spielt sich in einem andern Licht ab. Plötzlich wird ihm bewusst, wie er allen Frauen immer das gleiche sagt: wie toll, wie schön, wie fantastisch sie sind. Und Frauen sind sehr, sehr leichtgläubig. Voll Vertrauen glauben sie dir jedes Wort. Sie wissen zwar, dass kein Wort wahr ist, aber glauben tun sie dir trotzdem. Genauso wie die Männer ihren Übertreibungsmechanismus wiederholen, wiederholen die Frauen ihr Enttäuschungsmuster. Sonst müsste eine Frau sofort unterbrechen und sagen: „Augenblick! Nimm den Mund nicht zu voll. Liebe ist etwas Schönes, aber ich brauche ja nicht gleich die allerschönste Frau der Welt zu sein. Und wenn deine Liebe nur darauf beruht, dann wird sie nicht lange dauern. Also sachte. Du brauchst nicht zu übertreiben."

Warum nicht eine gewöhnliche Frau lieben? Was ist verkehrt daran, einfach nur gewöhnlich und bieder zu sein? Warum Träume spinnen? Denn Träume müssen früher oder später zerbrechen, Träume werden niemals Wirklichkeit. Sie können dich nur enttäuschen. Und wenn du dann mit deinen zerbrochenen Träumen, falschen Versprechungen und leeren Worten dastehst, belastet dich das alles viel zu sehr. Dann wird aus der gleichen Frau ein Mühlstein, der dir am Hals hängt. Mach es nicht so. Warum nicht natürlich sein, warum nicht einfach nur sagen: „Ich liebe dich"? Warum Superlative ins Spiel bringen, die du früher oder später doch wieder zurücknehmen musst? Und wenn du sie zurücknehmen musst, stürzt alles zusammen; plötzlich liegt der ganze Palast in Trümmern – du hattest auf Sand gebaut.

Und als nächstes merkt euch: Jedes Mal, wenn du kurz davor bist, eine alte Gewohnheit zu wiederholen, gib dir einen Ruck, werde bewusst, und plötzlich stellst du eine Veränderung fest. Du wirst zum Beispiel wieder einmal wütend: gib dir einen Ruck, gib dir eine Ohrfeige; geh zum Wasserhahn; spritz dir kaltes Wasser ins Gesicht und schau noch einmal hin. Mach dir einfach nur das „Wie“ bewusst und erkenne, dass du wieder einmal ins alte Muster rutschen willst. Diese Bewusstheit ist es, die dich allmählich verändert.

Die Physiker haben heute eine sehr überraschende Tatsache festgestellt. Sie sagen, dass sogar die Materie ihr Verhalten ändert, wenn man sie beobachtet – denn in Wirklichkeit ist auch die Materie Geist. Wenn du in der Badewanne sitzt und plötzlich siehst, dass ein Kind dich durch das Schlüsselloch beobachtet – bist du dann noch der gleiche? Oder verändert sich plötzlich etwas? Alles ist plötzlich anders! Jemand ist am Schlüsselloch – und schon bist du ein anderer Mensch. Vor einer Minute hast du noch Grimassen vorm Spiegel geschnitten – jetzt nicht mehr. Eben noch hast du eine Melodie geträllert – jetzt bist du verstummt. Einfach dadurch, dass ein Kind oder sonst irgendwer dich belauscht und beobachtet, wird etwas Neues ausgelöst; du bist nicht mehr allein, ein Beobachter ist dazugekommen: Beobachtung löst Veränderungen aus.

Und das ist nicht nur beim Menschen so, sondern mit allem. Wenn du einen Baum beobachtest, ändert er sofort sein Verhalten. Wenn ein Freund vorbeigeht, heißt ihn der Baum willkommen; er ist froh und tanzt ein wenig. Er ruft dich: ‚Komm näher!‘ Und wenn Feinde kommen – Kinder, Tiere, der Gärtner mit seiner Schere … unsere Mukta! –, plötzlich ein Schreck, der Baum bebt bis in die Wurzeln, er zittert und verschließt sich. Und was ich hier sage, sind wissenschaftliche Befunde! Das sind weder die Visionen eines Poeten, noch die Lehren eines Philosophen – nein, es sind Wissenschaftler, die nachweisen, dass sogar Bäume empfinden können. Wenn du also liebevoll mit ihnen umgehst, zeigen sie dir das eine Gesicht, und wenn du ihnen gegenüber gleichgültig bist, zeigen sie dir ein anderes, und wenn du darauf aus bist, ihnen zu schaden, zeigen sie dir erst recht ein anderes. Ganz einfach schon, indem du ihn beobachtest, veränderst du den Baum, veränderst du sein Verhalten.

Die Physiker sagen, dass Elektronen augenblicklich ihr Verhalten ändern, wenn ein Beobachter auftritt. Elektronen! Wir können es nicht glauben, dass sie Leben haben, dass sie einen Geist haben – aber so ist es. Was religiöse Menschen immer schon gewusst haben, ist in den letzten zwanzig Jahren von der wissenschaftlichen Forschung bestätigt worden: Dass nämlich die ganze Schöpfung lebt – ein grenzenloses Meer von Leben und Bewusstsein. Nichts ist tot! Selbst ein Stein nicht. Wenn sogar ein Elektron seine Bahn, sein Verhalten, sein Benehmen ändert – was beweist das? Es beweist, dass eine ungeheure Energie in der bloßen Beobachtung steckt!

Wenn du dich selbst beobachtest, tritt ein neuer Faktor auf – der wichtigste, den es im Leben überhaupt gibt: Beobachtung. Plötzlich ändern sich die Dinge, weil du nämlich jetzt das alte Muster nicht mehr einfach wiederholen kannst. Eine Gewohnheit lässt sich nur solange wiederholen, wie sie unbewusst bleibt. Sobald Bewusstheit dazukommt, ist die Gewohnheit gebrochen. Es kommen Leute zu mir und sagen: „Wir können einfach nicht mit dem Rauchen aufhören“, oder „Ich komme nicht vom Alkohol los. Was soll ich tun?“

Meine Antwort ist jedes Mal: „Versuch gar nicht erst, mit Gewalt aufzuhören. Trinke bewusst. Rauche mit Bewusstsein. Versuch nicht, damit aufzuhören, das hast du nämlich schon oft genug umsonst versucht. Diese Versuche sind dir auch schon zur Gewohnheit geworden. Jetzt ist auf diesem Weg überhaupt nichts mehr zu machen. Aber rauche mit vollem Bewusstsein, mit meditativem Bewusstsein. Rauche – und sei ganz bei der Sache. Wenn du den Rauch inhalierst, spüre genau, wie der Rauch eindringt. Wenn du ihn wieder ausbläst, beobachte alles genau. Und bald, eines Tages, siehst du erstaunt, wie dir die Zigarette einfach aus den Fingern fällt. Nicht etwa, dass du sie fallen lässt – sie fällt von ganz allein.“

Mit Bewusstsein hören Gewohnheiten auf. Ohne Bewusstsein ist es praktisch unmöglich, eine Gewohnheit zu brechen, man kann anstellen, was man will. Die einzige Möglichkeit, eine Gewohnheit ohne Bewusstsein zu brechen, besteht darin, sie gegen eine andere Gewohnheit auszutauschen. Das geht. Du kannst mit dem Rauchen aufhören und anfangen, Kaugummi zu kauen. Du kannst mit dem

Kaugummikauen aufhören und anfangen, Bonbons zu lutschen. Irgendetwas Stupides musst du jedenfalls tun.

Ob du rauchst oder Kaugummi kaust, macht keinen Unterschied, jeder Unsinn kann den gleichen Zweck erfüllen. Die eigentliche Ursache ist nämlich, dass du deinen Mund nicht entspannen kannst. Eine tief verborgene Spannung sitzt dir im Mund, in den Lippen. Und diese Spannung verursacht die Zwangsgewohnheiten. Du kannst also von einer Gewohnheit zur andern übergehen, aber das Grundmuster bleibt das gleiche. Das Beste wäre, am Daumen zu lutschen, wie die Kinder. Aber das geht natürlich nicht; man käme sich ja albern vor, wenn man plötzlich anfangen würde, am Daumen zu lutschen und zu kauen. Kaugummi oder Zigaretten sind nichts anderes als der Daumen für Erwachsene. Kinder können den Daumen frei genießen, weil sie keine Scheu vor den anderen haben. Erwachsene haben das gleiche Bedürfnis, an etwas zu saugen. Vielleicht hat dir deine Mutter nicht lange genug die Brust gegeben, sie wurde dir entzogen, als du sie noch brauchtest. Oder deine Mutter hat dir die Brust nur widerwillig gegeben; sie hat dich zwar gestillt, aber nur ungern. Das hat sich dir tief eingeprägt. Deine Lippen haben sich seitdem nie wieder entspannt. Das Verlangen bleibt in ihnen zurück, und daraus entstehen später die Zwangsgewohnheiten.

Man kann seine Angewohnheiten wechseln, aber das hilft nicht weiter. Das einzige, was dir bleibt, ist, bewusst zu werden. Wenn du bewusst wirst, stößt du auf diese Spannung in den Lippen. Wenn du bewusst wirst, entdeckst du, dass dein Mund ständig beschäftigt ist; der Mund will etwas zu tun haben. Frauen rauchen weniger als Männer – vor allem hier im Osten, denn im Westen sind die Frauen weniger weiblich; Frauen rauchen hier weniger, weil sie mehr schwätzen, das ist ihr Ersatz. Sie sind immer am Reden. Auch das ist Mundbeschäftigung, sie plappern immerzu. Dadurch wird die Spannung in den Lippen abgebaut.

In China soll es einmal einen großen Wettbewerb gegeben haben, bei dem der erste Preis an den ging, der die absurdeste und unglaublichste Behauptung aufstellen konnte. Viele beteiligten sich. Alle möglichen Lügner – Betrüger, Dichter, Gerüchteköche und Zeitungsreporter – strömten zusammen. Alle möglichen Leute beteiligten sich. Aber der Gewinner sagte etwas ganz Einfaches – nämlich: „Ich ging einmal in einen Park und sah zwei Frauen nebeneinander auf einer Bank sitzen, ohne ein einziges Wort zu wechseln – fünf Minuten lang." Und die Jury entschied, dass das die unglaublichste Behauptung war. Er bekam den ersten Preis.

Irgendetwas musst du jedenfalls mit dem Mund machen – es sei denn, du bist bewusst. Sobald du bewusst wirst, kannst du die Spannung spüren. Aber greif nicht ein. Sei einfach nur bewusst, dass die Spannung im Mund ist, denn schon dadurch lässt sie nach. Ohne jede Entspannungsübung! Sobald du dir bewusst wirst, dass die Spannung existiert, nimmt sie bereits ab – denn Spannung kann nur im unbewussten Dunkel existieren. Im Licht der Bewusstheit kann sie nicht überleben. Das zweite ist also, immer bewusster zu werden, während du deine alten Muster wiederholst. Und das dritte: sobald du dich irgendwie unglücklich fühlst, blick immer nach innen. Die Ursache ist dort zu finden. Aber auch wenn du dich glücklich fühlst: blick nach innen. Die Ursache ist dort zu finden – nirgendwo anders. Wenn du sie draußen suchst, suchst du an der falschen Stelle. Du findest dort nicht die wahre Ursache, sondern eine Projektion.

Es ist wie im Kino. Du sitzt im Zuschauerraum, und auf der Leinwand bewegen sich Bilder. Sie werden projiziert, und zwar von hinten: der Filmprojektor ist hinter dir, und währenddessen sind deine Augen auf die Leinwand fixiert. Die Leinwand ist leer; da gibt es nichts weiter als ein Spiel von Licht und Schatten, bei dem sich Formen bilden. Dein eigener Projektor ist in dir – er projiziert Glück, Unglück, Himmel und Hölle. Teufel und Gott sind in dir. Sobald du irgendwo den Teufel zu sehen glaubst, blick nach innen. Du wirst ihn dort finden. Andere dienen dir lediglich als Leinwand. Sie zeigen dir deine Wirklichkeit im Spiegel. Es liegt nie am „andern."

Und jetzt seht euch diese schöne Anekdote genauer an.

El Mahdi Abbassi erklärte,

dass es nachweislich im Menschen etwas gäbe,
woran jeder Versuch, ihm zu helfen, scheitern könne.
Da ihm einige Leute diese Theorie nicht glaubten,
versprach er ihnen, einen konkreten Beweis dafür zu liefern.

Die Geschichte spielt in einer ganz bestimmten Situation. Ein Mann war vorher zu El Mahdi gekommen – ein sehr armer, bettelarmer Mann, tief verschuldet, und El Mahdi hätte ihm helfen können, denn selbst der König gehörte zu seinen Anhängern. Auf den leisesten Wink von El Mahdi hin hätte der König alles zur Verfügung gestellt, was diesem Mann fehlte. Genau das wollte dieser Mann auch von El Mahdi. Er weinte und bettelte: „Hilf mir, du brauchst ja dem König nur ein Wort zu sagen, und mein Unglück wird behoben sein. Sonst muss ich mein Leben lang ein Sklave bleiben, und selbst wenn ich mich totarbeiten würde, könnte ich niemals meine Schulden zurückzahlen, so groß sind sie. Und ich habe Kinder, eine Frau und Verwandte, und wir leiden alle furchtbar. Wir haben nicht einmal genug für Essen und Kleidung."

Aber El Mahdi hatte gesagt: „Das ist nicht möglich; ich kann dem König nichts davon sagen." So war die Situation.

Da ihm einige Leute diese Theorie nicht glaubten ...

Sie glaubten ihm nicht, weil El Mahdi gesagt hatte: „Selbst wenn ich diesem Mann helfen wollte, würde ihn die Hilfe nicht erreichen. Etwas in ihm selbst würde es vereiteln." Leute wie El Mahdi können tief blicken. Sie achten nicht auf eure Oberfläche; sie schauen tiefer in euch hinein. Und diesen Mann muss er tief durchschaut haben. Er muss gesehen haben, dass etwas in ihm war, was dafür sorgte, dass er immer nur noch ärmer wurde, als er schon war; dass es keine Hoffnung für ihn gab. „Man kann ihm nicht helfen. Jede Hilfe ist sinnlos, weil er etwas in sich trägt, das die Hilfe verhindert." Daher die Behauptung, dass jeder Versuch, einem Menschen zu helfen, an etwas in dem Menschen selbst scheitern könne. Aber einige Leute, gutmütige Menschen, glaubten ihm diese Theorie nicht. Also versprach er ihnen, einen konkreten Beweis dafür zu liefern."

Er sagte: „Ich werde es euch beweisen. Wartet ab!"

> Die Sache war längst vergessen,
> als El Mahdi einen Mann anwies,
> einen Sack Gold auf die Mitte einer Brücke zu legen;
> einen andern sandte er zu einem bankrotten Schuldner,
> der sich an das eine Ende der Brücke stellen
> und sie dann überqueren sollte.
> Abbassi wartete mit seinen Augenzeugen
> am anderen Ende der Brücke.
> Als der Mann bei ihnen ankam, fragte ihn Abbassi:
> „Was hast du auf der Mitte der Brücke gesehen?"

Ein Sack voll Gold war dort hingelegt worden. Es war niemand sonst auf der Brücke, als der Mann sie überquerte, er hätte also diesen Sack voll Gold sehen müssen. Er hätte ihn nehmen können, es gab außer ihm niemanden sonst, der Anspruch darauf erhoben hätte – aber er sah ihn noch nicht einmal.

> Als der Mann bei ihnen ankam, fragte ihn Abbassi:
> „Was hast du auf der Mitte der Brücke gesehen?"
> „Nichts", antwortete der Mann.
> „Wie ist das möglich?" fragte Abbassi.
> Der Mann erwiderte: „Als ich die Brücke betrat,
> dachte ich mir, dass es lustiger wäre,
> die Strecke mit geschlossenen Augen zurückzulegen.
> Und das tat ich auch ..."

Solche Gedanken kommen euch auch. Und so handelt ihr auch. Ich habe schon oft beobachtet, wie den Leuten just im Augenblick, wo ein Durchbruch bevorstand, plötzlich ein Gedanke kam … ein so absurder Gedanke, dass es einfach unfassbar ist, wie er aufkommen konnte. Plötzlich wechseln sie den Kurs, werfen all ihre Pläne über den Haufen, und das, was sich in ihnen anbahnte, wird vereitelt.

Euer Verstand ist ein sehr komplexes Phänomen. Er projiziert ständig. Dieser Mann war arm und verschuldet. Ein Sack Gold hätte alle seine Probleme gelöst. Aber plötzlich – und er hatte diese Brücke schon tausendmal überquert, ohne je auf diesen Gedanken zu kommen – plötzlich kommt ihm der Gedanke, dass es lustig wäre, es diesmal mit geschlossenen Augen zu tun. Wenn euch eines Morgens auch dieser lustige Gedanke kommt, und es ist sonst weit und breit niemand da, dann schaut euch genau um! Vielleicht liegt irgendwo ein Sack Gold herum.

Früher besuchte mich öfters ein Mann – ein sehr, sehr intelligenter Mann, ein Staatsanwalt am obersten Gericht, der mir jedes Mal versprach, dass er von jetzt an, dass er von morgen an mit dem Meditieren anfangen wolle. Aber jedes Mal kam etwas dazwischen: entweder wurde seine Frau krank, oder es gab plötzlich in Neu Delhi einen dringenden Fall für ihn, oder er fühlte sich ganz einfach an dem Morgen, an dem er anfangen wollte, so unpässlich, dass er es auf den nächsten Morgen verschob. Wieder und wieder versprach er: „Ich komme ganz bestimmt zur Meditation, morgen fange ich an" – aber es kam nie dazu. Das geschah so oft, dass ich ihn einmal fragte: „Hast du jemals zurückgeschaut? Jedes Mal, wenn du es dir vornimmst, passiert etwas. Ob da wohl ein innerer Zusammenhang besteht? Dein Kind wird krank, deine Frau fühlt sich nicht wohl, du selbst fühlst dich zu schwach, hast keine Energie – vielleicht gibt es da ja eine innere Verbindung. Es ist nämlich schon so oft vorgekommen, dass es einfach kein Zufall sein kann."

Und der Mann antwortete: „Das ist ausgeschlossen. Schließlich bin ich es ja, der herkommen will, um zu meditieren, und nicht mein Kind, das noch nicht mal weiß, dass ich hier bin. Mein Kind hat doch gar keine Ahnung, dass ich meditieren will ... da gibt es ganz sicher keinen Zusammenhang!"

Aber wenn man heute die Psychologen fragt, dann können sie einem einiges verraten. Sie haben entdeckt, dass der menschliche

Geist nicht etwas Individuelles ist, sondern ein kollektives Phänomen. Deine eigenen geistigen Prozesse und die deines Kindes sind nicht zweierlei; sie hängen zusammen; irgendwo treffen sie sich.

Die Psychologen sagen heute, dass Kinder eine ausgesprochen feinfühlige Wahrnehmung haben, weil sie völlig unvoreingenommen sind. Sie sind so empfänglich, dass sie sogar einen Gedanken auffangen können, den jemand in ihrer Umgebung denkt. Der Vater will ausgehen, und die Frau hat keine Lust mitzukommen, natürlich ohne es offen zuzugeben – vielleicht weiß sie es noch nicht einmal selbst –, und plötzlich wird das Kind krank: es fühlt sich nicht wohl. Und jetzt sind die Psychologen darauf gestoßen, dass das Kind nur das Unbewusste der Mutter zum Ausdruck bringt. Denn wenn das Kind krank ist, braucht die Mutter nicht mitzugehen ...

Je tiefer die Psychoanalyse in die Gesetzmäßigkeiten des menschlichen Denkens und Fühlens eindringt, desto deutlicher stellt sich heraus, dass es keinen Zweck hat, einen einzelnen Menschen heilen zu wollen, solange man nicht seine ganze Familie mitbehandelt. Denn nicht der einzelne ist krank, sondern die ganze Familie.

Das Familienmitglied, das die deutlichsten Symptome zeigt, ist nur das schwächste Glied der Kette – das ist alles. In einer Familie mit vier Kindern wird von den insgesamt sechs Menschen der schwächste neurotisch. Zwar ist die ganze Familie neurotisch, aber die anderen haben größere Abwehrkräfte; krank wird der Schwächste. Man mag ihn nun behandeln; und wenn man ihn aus der Familie entfernt, kann er sogar geheilt werden. Aber kommt er zur Familie zurück, wird er wieder krank. Jetzt wird die Sache schwierig; was soll man tun? Die ganze Familie müsste behandelt werden. Aber dann ist kein Ende mehr abzusehen, denn die Familie lebt in der Gesellschaft, in einer Gemeinschaft. Und die ganze Gemeinschaft ist krank. Diese Familie ist nur das schwächste Glied davon. Die Sache wird völlig unübersehbar: die Gemeinde ist ein Teil der Nation, und die Nation ein Teil der Menschheit.

Das Bewusstsein ist ein grenzenloses Meer. Einen einzelnen Menschen behandeln zu wollen, ist also ziemlich sinnlos, denn viele,

viele andere unterstützen ihn in seiner Krankheit. In Indien hat jedes Dorf einen Idioten. Und dieser Idiot hilft dem ganzen Dorf, geistig gesund zu bleiben.

Ich verbrachte meine Kindheit in verschiedenen Dörfern; mit meinen Großeltern lebte ich in dem einen Dorf, und mit meinen Eltern in einem anderen. Und ich zog von einem Dorf ins andere und sah erstaunt, dass jedes Dorf seinen eigenen Dorftrottel hatte – ja, haben musste. Er sorgt für das geistige Wohl der ganzen Gemeinschaft. Er ist neurotisch, er ist verrückt; er zetert und heult im ganzen Dorf herum. Er rennt hierhin und dorthin, und die Gassenjungen laufen hinterher und werfen ihm Steine nach. Das verhilft dem ganzen Dorf dazu, das geistige Gleichgewicht zu halten. Wenn man den Idioten entfernt, tritt sofort ein anderer an seine Stelle. Im alten Indien wurden die Idioten sogar von den Dorfbewohnern angebetet. Nicht zu Unrecht – sie hatten eine wichtige Funktion zu erfüllen.

Die Idioten wurden wie Heilige verehrt. Man nannte sie *Paramhansas* – große Seelen, die heimgekehrt sind. Sie hatten ihr Gutes, denn sie erwiesen dem ganzen Dorf einen großen Dienst. Wer ein bisschen neurotisch war, konnte hingehen und mit dem Idioten spielen, man konnte alles mit ihm machen, was man wollte; keiner konnte einen daran hindern.

In Indien haben wir ein bestimmtes Fest – das *Holi*-Fest. Es ist allein dazu da, dass das ganze Land sich austoben und allen Unsinn loswerden kann. Das ist gut; das reinigt. Es wären nur noch mehr Tage notwendig, denn Unsinn gibt es mehr als genug. Ein *Holi*-Fest ist zuwenig. Es müsste eigentlich jeden Monat einen Feiertag geben, an dem die Leute sich mit Tomaten und faulen Eiern bombardieren, mit Farbe, Schmutz und Steinen bewerfen, und sich nach Herzenslust beleidigen können. Es ist eine Katharsis.

Vergesst nie, dass das Bewusstsein ein grenzenloses, ein ozeanisches Phänomen ist. Es ist in euch und um euch herum. Und außerdem ist das Bewusstsein telepathisch, es sendet Mitteilungen aus. Wenn ihr scharf beobachtet, werdet ihr feststellen, dass euer Bewusstsein häufig Hindernisse aufbaut. Und wenn nicht du sie aufbaust, dann tut es das Unterbewusstsein eines anderen stellvertretend für dich, wenn du willst und zulässt, dass er es tut. Der Vater möchte meditieren, aber tief drinnen will er es gar nicht. Das Kind bekommt die Botschaft auf telepathischem Wege. Es wird am Morgen, wo der Vater meditieren will, krank. So hat er eine Ausrede.

Als Buddha starb, geschah es, dass ein Mann zu ihm kam. In dreißig Jahren war Buddha mehrmals in dem Dorf dieses Mannes gewesen – wohl achtmal in dreißig Jahren. Und nie war er gekommen, Buddha zu sehen. Er hatte es jedes Mal wieder verschoben, wie es die Leute so tun – ihr kennt das auch. Es gibt viele Menschen, die in Poona leben: wenn ich Poona verlassen habe, wird ihnen plötzlich klar werden, dass ich hier war. Ich wohnte viele Jahre lang in Jabalpur. Als ich wegzog, kamen eine Menge Leute aus Jabalpur nach Bombay, um mich dort zu besuchen. Und oft waren sie tief unglücklich, dass sie die Gelegenheit versäumt hatten, mich in ihrer Stadt zu haben. Und sie sagten, die Leute von Bombay hätten großes Glück, mich unter sich zu haben.

Ich sagte: „Keine Sorge. Wenn ich Bombay verlasse, haben sie das gleiche Problem wie ihr." Und dann verließ ich Bombay; jetzt kommen die Leute aus Bombay zu mir. Unter meinen Zuhörern sind mehr Leute aus Bombay als aus Poona. Erst wenn ich Poona verlassen habe, werde ich in Poona sein. Eher nicht.

In dreißig Jahren war Buddha achtmal durch das gleiche Dorf gekommen. Er hatte sich in dem Dorf sogar länger aufgehalten – einmal sogar vier Monate lang, den ganzen Monsun über. Aber dieser Mann hatte nie Zeit – ein Gschaftlhuber, immer etwas zu tun, ohne je wirklich etwas zu tun zu haben. Er musste sich um einen kleinen Laden kümmern und hatte eine kleine Familie zu versorgen, also gab es immer alle Hände voll zu tun ... Entweder kam ein Gast, oder im letzten Augenblick, als er eben den Laden schließen wollte, kam noch ein Kunde, und da er so arm war, konnte er ihn unmöglich zur Konkurrenz gehen lassen ... und inzwischen hatte Buddha seine Rede beendet.

Das war in dreißig Jahren immer wieder das gleiche gewesen ...

immer kam irgend etwas anderes dazwischen. Und an dem Tag, als er erfuhr, dass Buddha im Sterben lag, kam er angerannt. Er schloss seinen Laden und rannte vor die Stadt, wo sich Buddha aufhielt. Dort fing er zu weinen und zu zetern an, denn Buddha hatte inzwischen Abschied genommen, er hatte seinen Leuten ein letztes Lebwohl gesagt. Er hatte seine Jünger dreimal gefragt: „Habt ihr noch Fragen?" Und alle weinten und schluchzten, und niemand hatte eine Frage. Und das war auch nicht nötig – vierzig Jahre lang hatte er alle ihre Fragen beantwortet. Jetzt waren sie nur noch voller Trauer und Schmerz, dass Buddha sie verließ.

Sie hatten geantwortet: „Nein, wir haben nichts zu fragen. Du hast uns alles gegeben."

Dreimal hatte er gefragt und sich dann hinter einen Baum zurückgezogen. Er schloss die Augen und begann zu sterben.

Denn ein Mann wie Buddha stirbt nicht so wie ihr. Er stirbt nach seinem Willen: er verlässt freiwillig den Körper – ihr dagegen müsst den Körper verlassen. Er fing langsam an zu sterben. Er zog sich aus dem Körper zurück und ging immer weiter nach innen. Er ließ den Geist hinter sich und ging immer weiter nach innen.

In diesem Augenblick kam der Mann angerannt und rief: „Nein! Ihr dürft mich nicht abhalten, lasst mich zu Buddha vor."

Und Ananda sagte: „Ich kenne dich. Wir sind seit dreißig Jahren immer wieder durch dein Dorf gekommen. Achtmal! Buddha hat hier gesprochen, in deinem Dorf – und wo warst du?"

Er sagte: „Was kann ich dafür? Manchmal war ein Kind krank; manchmal war meine Frau schwanger; manchmal hatte ich einen Kunden, und manchmal kamen Gäste. Ich war verhindert. Aber jetzt, wo ich da bin, weist mich bitte nicht ab."

Ananda, Buddhas Jünger, sagte: „Jetzt ist es zu spät. Wir können ihn nicht zurückrufen – er hat sich bereits nach innen zurückgezogen."

Aber Buddha hörte es noch und kam zurück. Er kam in den Körper zurück und sagte: „Ananda, lass ihn vor, sonst bleibt ein blinder Fleck auf meiner Menschenliebe; denn noch bin ich lebendig, und solange ich noch lebendig bin, kann ich einen, der an meine Tür klopft, nicht zurückweisen."

Buddha mit seiner Menschenliebe hat recht, aber El Mahdi hat ebenfalls recht, man kann einem Menschen nicht gegen seinen Willen helfen. Irgendetwas in ihm wird es vereiteln. Buddha fragte ihn: „Was brauchst du? Was ist dein Problem, wonach suchst du?"

Der Mann stellte viele Fragen, und Buddha beantwortete sie ihm. Aber kein Mensch hat je wieder etwas von diesem Mann gehört; keiner weiß, was aus ihm geworden ist. Er wurde nie erleuchtet. Er ging zu seinem Laden zurück, zu den gleichen Kunden. Zu seinem Kind, zu seiner Frau, zu seinem alten Dorf ... Er hatte ein bisschen dazugelernt, das war alles.

Buddhas Menschenliebe half ihm nicht viel weiter. Es war gut, dass Buddha sich seiner erbarmte, aber man kann einem Menschen nicht gegen seinen Willen helfen – etwas in ihm selbst wird es verhindern. Er freute sich sehr, dass Buddha seine Fragen noch beantwortete – aber das war alles. Er hätte sich dasselbe Wissen aus den Schriften oder von den Jüngern holen können.

Selbst dieser große Akt der Nächstenliebe, dieses große Geschenk, war umsonst. Er blieb der alte.

Der Mann erwiderte: „Als ich die Brücke betrat,
dachte ich mir, dass es lustiger wäre,
die Strecke mit geschlossenen Augen zurückzulegen.
Und das tat ich auch ..."

Du kannst einen Buddha verfehlen. Etwas in dir wird dich fernhalten. Vergiss das nicht! Denkt daran und macht es nicht ebenso.

7 | AUCH DAS GEHT VORÜBER

Ein mächtiger König, der über viele Länder herrschte,
konnte sich den Luxus leisten,
weise Menschen zu gewöhnlichen Dienern zu haben.
Und dennoch fühlte er sich eines Tages ratlos
und rief seine Weisen zu sich.
Er sagte: „Ich weiß nicht warum, aber irgendetwas in mir
verlangt nach einem besonderen Ring, einem Ring,
der mir mein inneres Gleichgewicht zurückgibt.
So einen Ring brauche ich -
und er muss folgende Eigenschaften haben:
Wenn ich unglücklich bin, muss mich sein Anblick froh,
und wenn ich froh bin, muss er mich traurig machen können."
Die weisen Männer hielten Rat und
dachten tief darüber nach.
Schließlich entschieden sie,
wie dieser Ring beschaffen sein müsse,
um dem Wunsch ihres Königs zu entsprechen.
Der Ring, den sie anfertigen ließen, trug die Aufschrift.
„Auch das geht vorüber."

7 |

EINE WIRKLICH GROSSARTIGE GESCHICHTE. SO GROSSARTIG, DASS sie schon seit Jahrhunderten von den Sufis benutzt wird. Und diese Geschichte hat viele Menschen auf den Weg zur Erleuchtung gebracht. Sie ist keine gewöhnliche Geschichte; sie ist das, was ich „objektive Kunst" nenne. Sie ist als Instrument gedacht – nicht einfach nur als Lektüre, als Unterhaltung. Sie ist eine Aufforderung, dein Leben zu ändern – dann erst kannst du ihren Sinn erfassen.

Oberflächlich betrachtet ist die Geschichte kinderleicht. Jeder kann sie verstehen. Dazu gehört nicht viel Intelligenz. Aber wenn du dich in sie versenkst, enthüllen sich dir immer tiefere Schichten. Und so wird sie zu einem Schwert in deiner Hand, mit dem du den ganzen Knoten der Unwissenheit auf einmal durchschlagen kannst. Sie ist ein machtvolles Instrument. Hast du sie erst einmal verstanden, wird ein Schlüssel daraus, der dir alle Türen öffnet – bis in den innersten Kern deines Wesens hinein. Sie ist voll verborgener Kraft, voll tiefer Bedeutung.

Aber dazu muss man sich tief in sie hineinversenken, muss man intensiv über sie meditieren. Man muss sein ganzes Bewusstsein auf sie richten, um ihre ganze Tragweite zu erfassen. Und selbst das reicht nicht, selbst das hilft nur anfangs. Denn wenn du diese Geschichte wirklich verstehen willst, musst du sie leben. Du musst sie leben. Erst dann kannst du begreifen, was sie wirklich sagt.

Ein paar Dinge vorweg, ehe wir auf die Geschichte eingehen ...

Religion ist kein Ritual. Sie ist nicht etwas, das man „tut." Sie ist etwas, wozu man wird. Es liegt also auf der Hand, dass die Religionen, die man immer und überall – in jeder Gesellschaft – antreffen kann, Betrug sind. Ich nenne eine Religion dann Betrug, wenn ein äußerliches Ritual an die Stelle der inneren Veränderung getreten ist. Wenn das passiert ist, braucht man nur noch ständig die gleichen Rituale zu befolgen, die einem schon zur zweiten Natur geworden sind, und die vollkommen wirkungslos bleiben.

Die Leute gehen zur Kirche und in den Tempel und wiederholen immerzu die gleichen Gebete. Sie verändern sich nicht im Geringsten. Irgendwo unterwegs haben sie den Weg verfehlt, irgendwo unterwegs die echte Münze verloren – jetzt zahlen sie mit Falschgeld. Vergesst das nie: bei der wahren, der authentischen Religion geht es ums Sein, nicht ums Tun. Sie hat nichts damit zu tun, wie du dein äußeres Leben führst. Sie hat mit deinem Kern zu tun. Natürlich, wenn sich dein Kern ändert, dann wirkt sich das auch auf der Außenseite aus, dann ändert sich auch dein äußeres Leben. Aber die Umkehrung gilt nicht: man kann zwar die Peripherie verändern, aber das wirkt sich nicht auf das Zentrum aus. Du lebst dann höchstens das Leben eines Heuchlers, ein Leben der Heuchelei. Die Außenseite stimmt dann nicht mit dem Kern überein, sie täuscht sogar das Gegenteil davon vor, das genaue Gegenteil. Und dann bist du völlig gespalten.

Religion ist kein Ritual. Vergesst das nicht. Religion ist eine innere Bewusstheit, ein inneres Erwachen. Damit ändern sich auch äußerlich viele Dinge, aber erst muss sich die innere Veränderung ereignet haben.

Stell dir vor, du bist ein Kreis mit einem Mittelpunkt. Der Kreis hat mit den anderen zu tun. Der Kreis rührt an die Grenzen der anderen, der anderen Kreise. Der Kreis, die Peripherie, lebt mit anderen Kreisen zusammen. Ein gewisser Umgangskodex ist notwendig. Ein gewisses Regulierungssystem, eine Moral, eine allgemeine Regelung ist notwendig, damit alle zusammenleben können. Das ist okay. Aber das hat mit Religion nichts zu tun. Wie man mit anderen zusammenleben soll, ist Sache der Moral. Sache der Religion ist es allein, wie man mit sich selber leben soll. Die Moral sagt dir, wie du mit anderen nicht verkehrt umgehen darfst, und Religion zeigt dir, wie du mit dir selbst nicht verkehrt umgehen darfst. Religion ist das, was du in völliger Einsamkeit tust, in deinem innersten Heiligtum.

Ganz sicher verändert sich dabei auch die Peripherie, denn das Licht, das vom Mittelpunkt ausstrahlt, wird nach und nach die gesamte Peripherie durchdringen. Du wirst zu leuchten anfangen. Auch die anderen spüren allmählich deine Leuchtkraft, das Licht, das aus dir kommt. Aber dies Licht wird nicht das Licht deiner Taten, deiner guten Werke sein. Dieses Licht hat nichts mit Gut und Böse zu tun.

Dies Leuchten ist eher wie der Duft einer Blume, der sich ausbreitet – weder gut noch schlecht. Oder, die Sonne geht auf und verbreitet ihr Licht – weder gut noch schlecht. Und die Wolken kommen, und der Regen fällt. Sie kümmern sich nicht darum, wer gut ist und wer böse.

Wenn das Licht von innen kommt, ist es mehr als Moral. Gut, Böse – all das hat sich aufgelöst. Einfach Licht – herrlich in sich selbst, unveräußerlich in seinem Wert. Der Wortsinn von Religion ist wunderbar. Das Wort ist von *religere* abgeleitet. *Re-ligere* heißt, wieder verbinden, wiedervereinigen. Womit? Mit dir selbst. Mit der Quelle deines Daseins. Und warum wiedervereinigen? Weil du mit der Quelle schon vereint bist – es ist also nur eine Wieder-Vereinigung.

Du gehst also nicht zum ersten Mal zur Quelle; wo glaubst du sonst herzukommen? Du bist von der Quelle ausgegangen. Tief in dir bist du immer noch in der Quelle. Nur an der Peripherie hast du das vergessen; so als hätten die Äste des Baumes die Wurzeln vergessen … Nicht, dass ihre Verbindung mit den Wurzeln abgebrochen wäre – wie könnten sie dann überleben? Nein – sie haben einfach nur vergessen. Im Höhenrausch ihres Ichs, droben unterm Himmel, verliebt in den Mond, haben sie völlig vergessen, dass sie unterirdische Wurzeln haben – von denen sie ernährt, von denen sie erhalten werden, ohne die sie keinen Augenblick existieren könnten. Und all ihr prächtiges Grün, all ihre Blüten und Früchte würden sich wie Träume auflösen, wenn sie von den Wurzeln abgeschnitten wären. Genau das geschieht mit dem Menschen. Ihr versteigt euch im Geäst, entfernt euch immer weiter von den Wurzeln. Ihr treibt viele Blüten und seid berauscht. Die ganze Welt liegt euch herrlich zu Füßen. Nur die Wurzeln vergesst ihr ganz. Aber das heißt nicht, dass ihr entwurzelt seid. Vergesslichkeit ist einfach nur – Vergesslichkeit.

Das ist die Bedeutung von Religion: dass du dich wieder vereinst, dich wieder erinnerst. Dies Wort „erinnern" ist ebenfalls schön. Es bedeutet: nach innen gehen – wieder mit dem Innern in Berührung kommen; zurück in die Quelle tauchen, die in dir liegt. Religion ist das Wiederverbinden mit der eigenen Quelle. Religion ist Erinnerung, ein Zurücktauchen in die organische Einheit, die du bist. Sie hat nichts mit den anderen zu tun. Nur das Ego beschäftigt sich immer mit den anderen, egal auf welche Weise. Wenn du dich nur noch mit dir selbst beschäftigst, fällt das Ego ganz von allein. Dann hat es jede Existenzgrundlage verloren.

Allein hast du kein Ego. Versuch es einmal! Wenn du völlig allein dasitzt und nicht einmal an andere denkst, bleibt dann noch ein Ich-Gefühl zurück? Das ist nicht möglich. Das Ego braucht zwei, um zu bestehen. Genauso, wie es keine Brücke geben kann ohne zwei Ufer: sie braucht zwei Punkte, auf denen sie ruhen kann. Das Ich existiert nur als Brücke zwischen dir und dem anderen. Es existiert in Wirklichkeit nicht in dir.

Das muss man sich immer vor Augen halten: das Ego steckt nicht in dir. Dort kann es nicht sein. Es existiert immer nur zwischen dir und dem anderen – deinem Mann, deiner Frau, deinem Freund, deinem Feind – immer mit anderen. Wenn du tief in dir nachforschst, gibt es kein Ego. In deinem völligen Alleinsein fällt das Ego einfach fort. Das ist der Grund, warum dir das Ego andauernd auf der Nase herumtanzt. Du brauchst nur anzufangen, nach der Wahrheit zu forschen, und schon schaltet sich dein Ego ein: „Hilf lieber anderen; hilf ihnen, sich zu ändern." Und schon hast du die Religion verfehlt. Und wirst stattdessen Missionar.

Religion ist keine Mission. Wer Missionar wird, der ist genauso auf dem Holzweg. Er kümmert sich erneut um den anderen, jetzt im Namen der Religion, im Namen des Dienstes am Menschen;

aber sobald du dich auf den anderen einlässt, hast du den Pfad zur Quelle verlassen. Ein religiöser Mensch hilft zwar auch den anderen, aber das ist nicht seine Absicht. Das ergibt sich von selbst, es ist keine ‚Mission'. Er hat das nicht bezweckt. Er betrachtet es nicht als seinen Auftrag und seine Pflicht, anderen helfen zu müssen. Es ergibt sich so nebenbei. Er teilt seine inneren Schätze aus. Und er maßt sich nicht an, irgendwen zu ändern. Er jagt nicht hinter euch her, um euch irgendeinen Stempel aufzudrücken.

Denn das ist die versteckteste Form von Gewalt, die es überhaupt gibt – den anderen verändern zu wollen, den anderen prägen zu wollen. Das bedeutet nämlich, dass du an ihm herumschnippeln und ihn aggressiv behandeln musst. Und vor allem: dass du den anderen nicht so akzeptierst, wie Gott ihn geschaffen hat. Du hast bessere Vorstellungen und Ziele im Kopf als der göttliche Plan selbst. Du möchtest am Ganzen herumverbessern. Das zeigt nur, wie dumm du bist. So mischt sich das Ego ein.

Ich habe einmal eine Anekdote über eine kleine Sonntags schule gehört. Der Priester, der Missionar, unterrichtete kleine Jungen, die man dazu gezwungen hatte, an der Bibelstunde teilzunehmen, um alles über Gott und Jesus Christus zu lernen. Es ist einfach grausam, Kinder so zu zwingen, aber möglich ist das eben. Das ist auch genau der Grund, warum viele von ihnen hinterher so anti-religiös, so gleichgültig gegen alles Religiöse überhaupt werden. Sie nehmen Rache. Erst zwingt man ihnen eine Religion auf; dann rächen sie sich, schmeißen alles hin und gehen ins andere Extrem.

Weihnachten kam näher, also sagte der Priester, der Missionar zu seinen Zöglingen: „Und das ist eure Weihnachtspflicht: ihr müsst noch mehr Jungen in die Bibelstunde bringen; jeder von euch muss versuchen, wenigstens zwei Neue zu gewinnen. So könnt ihr Jesus bei seiner Arbeit auf Erden mithelfen."

Die Jungen waren nicht sehr begeistert. Sie waren ja selbst gezwungen worden und saßen jetzt in der Falle. Sie sahen sich gegenseitig an – keiner zeigte Interesse. Dann plötzlich meldete sich ein Neuer – und Neulinge sind immer gefährlich, denn sie gehen in ihrem Enthusiasmus manchmal etwas zu weit. Der Neue also hob den Finger. Der Missionar freute sich: „Du bist also bereit, zwei Neue für uns zu gewinnen?"

Der Junge antwortete: „Nicht ganz. Zwei sind zu viel. Zwei, das ist zu schwer. Aber mit einem kann ich's versuchen. Bei mir in der Nachbarschaft wohnt einer, der sich immer reinlegen lässt. Und das kann ich ihnen versprechen, Herr Pfarrer, den werd ich anschmieren wie noch nie!"

Genau das haben die Missionare aller Religionen gemacht: die Leute angeschmiert wie noch nie. Sie haben ihnen ihre Religion auf die Nase gebunden. Religion ist keine Mission. Man braucht niemanden zur Religion zu zwingen. Wenn sich das Bedürfnis meldet, dann meldet es sich von allein. Es lässt sich nicht künstlich entfachen. Niemand kann künstlich einen religiösen Drang wecken. Das ist unmöglich. Das wäre so, als wollte man in einem kleinen Kind künstlich den Geschlechtstrieb wecken.

Selbst wenn ein kleines Kind Fragen über den Sex stellt, ist es nicht wirklich an Sex interessiert. Wenn es wissen will, woher die Babys kommen, und du das für sexuelles Interesse hältst, dann irrst du dich. Es ist nur an den Babys interessiert und will wissen, wo sie herkommen. Sex ist ihm völlig gleichgültig! Fang also nicht an, ihm Vorträge über Sex zu halten, denn damit langweilst du es zu Tode. Für das Kind ist das alles Quatsch, denn solange es nicht den Trieb kennt, solange es noch keine geschlechtliche Reife hat, geht alles über seinen Horizont, was du ihm über Sex erzählst. Und dasselbe gilt vom religiösen Drang. Er ist dem sexuellen Trieb sehr ähnlich.

Wenn man eine gewisse Reife erlangt hat, eine spirituelle Reife, wenn etwas in dir herangewachsen ist, meldet sich plötzlich der Wunsch, nachzuforschen. Niemand kann ihn herbeizwingen. Aber alle Religionen haben versucht, ihn unter Druck zu erzeugen, und damit jede Möglichkeit im Keim erstickt, dass sich der Durst von selbst meldet. Die Welt ist nur wegen der Missionare und Priester so irreligiös. Die Welt ist so irreligiös, weil zu viel Religionsunterricht erteilt worden ist, ohne dass je gefragt wurde, ob überhaupt der Wunsch danach vorhanden war.

Den Leuten hängen die Predigten eurer Priester zum Hals heraus. Kirchen öden an. Und so schöne Wörter wie Gott, Andacht, Liebe, Meditation, sind völlig entstellt worden. Aus den herrlichsten Wörtern sind die schmutzigsten geworden ... dank den Missionaren. Sie haben euch diese Wörter in den Rachen gestopft. Und wenn etwas Schönes gewaltsam aufgezwungen wird, verliert es seine ganze Schönheit. Schönheit kann man nur mit innerer Offenheit empfangen, niemals unter Zwang, sonst wird daraus Vergewaltigung.

Religion hat nichts mit dem anderen zu tun. Religion hat einzig und allein mit dir zu tun – absolut mit dir. Religion ist persönlich. Sie ist kein gesellschaftliches Phänomen. Es kann also auch keine Soziologie der Religion geben, sondern nur eine Psychologie.

Gesellschaft ist ein ganz und gar anderes Phänomen; die Masse ist eine Sache für sich. Das ist der Bereich, wo sich Peripherien aneinander reiben. In der Religion bist du so einsam, dass es niemanden mehr gibt, mit dem du zusammentreffen kannst. Aus dieser völligen, jungfräulichen Alleinheit wird die höchste Ekstase geboren, die es gibt. Aber dazu gehört eine bestimmte Reife. Vergesst nicht: „Reif sein ist alles."

Vorher kann nichts geschehen. Und es ist leicht, sich einzubilden reif zu sein – jeder kann sich das einbilden – eine starke Neugierde genügt schon, zu glauben, man sei reif. Aber Reife heißt einzig und allein, dass man bereit ist, das eigene Leben aufs Spiel zu setzen. Alles andere ist Unreife.

Religion ist mehr als das Leben, denn Leben heißt: mit anderen leben. Leben heißt Beziehungen, und Religion ist Nicht-Beziehung. Sie steht höher als das Leben. Sie ist die Fähigkeit, allein zu sein. Religion ist die totale Unabhängigkeit vom anderen. Und solange du nicht bereit bist, ganz und gar als der zu sterben, der du bisher warst, solange bist du nicht reif. Im Zustand der Reife kann der leiseste Wink so stark wirken, dass er dich total verändert. Bei Religion geht es nicht um andere. Und schließlich: Religion hat nichts mit heiligen

Schriften und Wörtern zu tun. Gewiss, es werden Weisheiten gesagt, aber du bist nie ihr Adressat, sie sind nie an dich gerichtet.

Krishna spricht zu Arjuna – es ist ein persönliches Zwiegespräch. Jesus spricht zu seinen Jüngern, zu einer kleinen Schar von Jüngern – eine intime Gesprächssituation. Er kennt jeden einzelnen von ihnen; er weiß, zu wem er was sagt. Aber als Evangelium, als *Gita* verlieren solche Gespräche ihre Lebendigkeit.

Die religiöse Situation ist keine Radio-Sendung, bei der der Sprecher nicht weiß, zu wem er eigentlich spricht. Der Radiosprecher redet in die Luft. Das Gesicht des Zuhörers sieht er nicht. Den Mittelpunkt des Hörers spürt er nicht. Es ist niemand da. Es kann sein – es ist durchaus möglich –, dass kein Mensch der Sendung zuhört und man im Vakuum spricht.

Religion ist eher wie ein persönlicher Brief, den du an einen bestimmten Menschen schreibst, und nur an ihn. Was du sagst, ist für diesen bestimmt. Deshalb habe ich, außer Briefen, auch nie etwas geschrieben. Wenn ihr nicht hier vor mir sitzen würdet – lebende Wesen, jeder mit einer eigenen Mitte, empfänglich, hellhörig –, ich könnte kein Wort sagen.

Es wäre unmöglich. An wen sollte ich mich denn wenden? Was ich zu sagen habe, ist nicht totes Wort. Sobald ein Zuhörer da ist, wird es zum lebendigen Zwiegespräch. Dann hat es eine Bedeutsamkeit, die keine heilige Schrift je haben kann.

Jeder muss sich also einen lebendigen Meister suchen. Man kann die *Gita* lesen – sie ist ein wunderbares Buch. Man kann die Bibel lesen – sie ist herrlich; aber das sind literarische Werke – schön als Literatur, als Dichtungen, als Prosa, aber nicht als Religion. Religion kann nur zwischen zwei Menschen geschehen. Zwischen dem, der weiß, und dem, der nicht weiß, aber bereit ist zu wissen: plötzlich springt der Funke der Religion über. Das ist also das dritte. Diese drei Dinge dürft ihr nicht vergessen.

Und jetzt zu unserer Geschichte:

Ein mächtiger König, der über viele Länder herrschte,

konnte sich den Luxus leisten,
weise Menschen zu gewöhnlichen Dienern zu haben.

Möglich ist das: Man kann weise Männer als Diener haben. Wer genug Geld hat, kann sich Weise als einfache Diener leisten … aber lernen wird er nichts von ihnen. Der König hatte also viele Weise. Das war in alten Zeiten immer so: jeder Kaiser, jeder große König legte Wert darauf, viele weise Männer um sich zu scharen. Aber ich habe noch nie gehört, dass so ein Herrscher je etwas von seinen Weisen gelernt hätte.

Von Akbar, dem großen Mogul, heißt es, dass er sich neun weise Männer an seinem Hof hielt. Das konnte er sich leisten. Sie wurden seine „Neun Juwelen" genannt, aber soweit ich sehen kann, hat er nie etwas von ihnen gelernt. Denn dazu gehört eine andere Art von Beziehung. Zum Lernen gehört, dass der Lernende sich beugen kann, dass er sich hingeben kann. Und wie soll man sich seinen eigenen Dienern hingeben? Das ist nicht so leicht: man kann ihnen zwar Befehle geben, aber hingeben …?

Von Akbar wird erzählt, dass er eines Tages seine neun Weisen zusammenrief. Er war sehr zornig und sagte: „Da sitzt ihr nun alle, und die Leute sagen, dass ihr die größten Weisen der Welt seid. Aber ich habe bis heute nichts von euch gelernt. Was ist los? Hier seid ihr alle, und ich lerne nichts dazu. Was macht ihr eigentlich hier?"

Ein Junge, den einer der weisen Männer mitgebracht hatte, um ihm den kaiserlichen Hof zu zeigen, fing zu lachen an. Die Weisen schwiegen, aber das Kind lachte. Akbar fuhr ihn an: „Was gibt es da zu lachen? Das ist eine Beleidigung des Hofes. Hat dir dein Vater nicht beigebracht, wie man sich bei Hofe benimmt?"

Der Junge sagte: „Ich lache, weil diese neun Weisen still schweigen, und weil ich weiß, warum sie schweigen. Und ich weiß auch, warum sie dir nichts genutzt haben."

Akbar sah dem Jungen ins Gesicht – unschuldig, und dennoch uralt. Solange das Gesicht eines Kindes unschuldig ist, findet ihr in seinen Augen den Ausdruck uralten Wissens – denn kein Kind ist

Kind. Es hat viele Leben hinter sich und viel erfahren, und bringt das ganze Wissen seiner alten Erfahrungen mit. Akbar sagte zu ihm: „So – kannst du mir vielleicht etwas beibringen?"

Der Junge sagte: „Ja."

Akbar darauf: „Dann tu's!"

Der Knabe antwortete: „Aber dann musst du mir folgen. Dann komm herunter, setz dich hier auf meinen Platz, und ich setz mich auf deinen Thron. Und dann frag mich wie ein Schüler, nicht wie ein Herr."

Und Akbar soll verstanden haben, warum seine neun Weisen absolut unnütz für ihn waren. Er konnte nichts von ihnen lernen; nicht etwa, weil sie ihm nichts beizubringen hatten – das hatten sie sehr wohl; aber er war nicht dazu bereit, war nicht empfänglich, nicht demütig genug.

Akbar soll also mit dem Jungen die Plätze vertauscht haben, und als der Kleine auf dem Thron saß, sagte er: „Nun frag als Schüler, nicht als Kaiser."

Akbar blieb stumm. Er dankte dem Knaben, indem er seinen Fuß berührte und sagte: „Ich brauche nicht zu fragen. Einfach nur dadurch, dass ich mich dir demütig zu Füßen gesetzt habe, ist mir vieles klar geworden."

Demut ist die allererste Voraussetzung. Dazu brauchst du nicht erst einen Weisen – wenn du einfach demütig sein kannst, wird dir vieles klar. Du kannst von den Bäumen lernen und den Quellen und den Wolken und dem Wind. Bist du demütig, wird die ganze Schöpfung dein Lehrer. Aber wenn du nicht demütig bist, kann selbst ein Buddha vor dir sitzen, und kein innerer Austausch findet statt. Du wirst von der Präsenz eines Buddhas eingehüllt, aber es kommt keine Intimität zustande. Dir fehlt alle Demut. Du möchtest zwar lernen, aber ohne dich zu beugen, ohne vom Thron deines Egos zu steigen.

Ein mächtiger König, der über viele Länder herrschte,

konnte sich den Luxus leisten,
weise Menschen zu gewöhnlichen Dienern zu haben.

Ein Kinderspiel! Man kann sich mit Weisen eindecken – aber darauf kommt es nicht an. Es bringt nichts, sich einen Weisen ins Haus zu holen, sondern es kommt darauf an, selbst zu einem Weisen zu gehen – denn schon dieser Gang wird dich etwas lehren. Und was diese Weisen betrifft – sie scheinen mir auch nicht ganz echt zu sein, denn ein Weiser vertut sein Leben nicht an Königshöfen.

Sie mögen Intellektuelle gewesen sein, sehr gebildete Leute, große Gelehrte – aber keine Weisen. Wissen und Weisheit sind grundverschiedene Dinge.

Erst gestern sprachen wir davon, wie heikel Wissen ist. Hätte der Arzt zu der Frau gesagt: „Fasten sie vierzig Tage", dann wäre es Wissen gewesen. Stattdessen sagte er: „Heilung ist jetzt nicht mehr möglich – gib jeden Gedanken an Kinder auf, und an alles Übrige auch: du musst in vierzig Tagen sterben."

Das ist Weisheit. Das ist der Unterschied zwischen Wissen und Weisheit. Wissen ist tote Reaktion. Man hat etwas gelernt und wendet das Gelernte nun auf alles an. Weisheit ist eine lebendige Erwiderung. Du siehst die Situation und gehst voll auf sie ein. Das ist keine bloße Reaktion, sondern eine Erwiderung. Bei einer Reaktion reagierst du aus der Vergangenheit heraus. Indem du aber eine Situation erwiderst, gehst du spontan auf das Hier und Jetzt ein. Der Arzt sah sich die Frau an, sah ihren Körper – zu dick! Er fühlte ihren Puls, den Herzschlag. Er war ein Weiser: er schuf eine Situation. Er log die Frau an: „Du musst sterben." Und die Frau änderte sich.

Leute, die sich an Höfen und in Hauptstädten aufhalten, Leute, die sich kaufen lassen, können nicht zu den Weisesten gehören …

Aus Japan stammt folgende Geschichte: Ein Kaiser wollte einmal unbedingt erfahren, was es mit dem Tod und dem Leben nach dem Tode auf sich hatte. Alle Weisen waren an seinem Hof. Er befragte sie. Sie antworteten: „Wenn wir das wüssten, wären wir nicht hier. Wir sind in diesem Punkt so unwissend wie du. Du bist reich, und wir sind arm – das ist der ganze Unterschied. Wir wissen es nicht. Wenn du das wirklich wissen willst, musst du den Hof verlassen. Du musst herumziehen und dir einen Meister suchen. Ein wirklicher Meister kann nicht zu dir kommen. Du musst selbst zum Meister gehn.“

Der Kaiser machte den Versuch. Er ging von einer Berühmtheit zur anderen … natürlich! Was bleibt einem anderes übrig, wenn man zu suchen anfängt? Er ging zu allen berühmten Heiligen, aber fand keine befriedigende Antwort. Schließlich kam er zum Hof zurück und berichtete seinen Weisen, dass er das ganze Land abgesucht hätte.

Darauf sagten sie ihm: „Du hast es wieder falsch gemacht. Du bist zu den bekannten Leuten gegangen – unter denen findest du den Meister kaum. Denn erstens ist es höchst unwahrscheinlich, dass ein echter Meister bekannt wird – das kommt kaum vor. Und zweitens versucht ein wirklicher Meister, sich so gut wie möglich zu verstecken, so dass ihn nur wirkliche Sucher ausfindig machen können und keine Neugierigen, die nur mal reinschauen, um irgendeine Frage zu stellen. Du hast dich bei den falschen Leuten umgesehen.“ Und dann sagten sie noch: „Wir kennen einen Mann, der hier in dieser Stadt, deiner Hauptstadt, wohnt, aber du musst dich schon selber hinbegeben.“

Es war ein Bettler, der mit anderen Bettlern zusammen unter einer Brücke lebte. Der Kaiser traute seinen Augen nicht; aber der Mann hatte eine gewisse Aura, eine Ausstrahlung, die nicht von dieser Welt war – der Kaiser fühlte sich im Herzen getroffen, sein Herz schlug schneller … eine magnetische Kraft! Ohne zu wissen warum, und bevor er wusste, was er tat, berührte er die Füße dieses Mannes – es war das erste Mal, dass er sich vor einem anderen Menschen verbeugt hatte! Und dann plötzlich erschrak er darüber, was er eben getan hatte. Er hatte die Füße eines Bettlers berührt!

Aber der Bettler sagte: „Du bist angenommen.“

Das ist der einzige Weg, wie man anfangen kann zu lernen.

Der König unserer Geschichte war reich, sehr reich …

Ein mächtiger König konnte sich den Luxus leisten, weise Menschen zu gewöhnlichen Dienern zu haben.

Reiche Leute können sich weise Leute leisten ... aber diese Art von Weisen sind keine wahren Weisen. Weisheit kann man nicht kaufen. Man kann alles Mögliche auf dieser Welt kaufen, aber Weisheit nicht.

Mahavir soll einmal von einem König aufgesucht worden sein, einem sehr berühmten König namens Prasenjit. Als dieser zu Mahavir kam, sagte er: „Ich habe alles, was diese Welt zu bieten hat. Ich bin vollauf zufrieden. Es gibt für mich nichts mehr zu erreichen. Alle meine ehrgeizigen Ziele sind in Erfüllung gegangen. Nur eines geht mir immerzu im Kopf herum – was hat es mit dieser Meditation auf sich? Was ist dies *Dhyan*? Ich bin gekommen, es dir abzukaufen. Der Preis spielt keine Rolle – nenne eine Summe, und du sollst den Preis dafür haben. Dieser Gedanke verfolgt mich wie ein Gespenst – was ist das, Meditation? Was ist dies *Dhyan*, dies *Samadhi*? Es ist das einzige, was mir noch fehlt. Das ist der einzige Schatz, der in meiner Schatzkammer fehlt: *Samadhi*, *Dhyan*. Gib ihn mir. Ich habe gehört, dass du diesen Schatz gefunden hast, also bist du der Einzige, der ihn mir geben kann. Und es kann kosten, was es will, mach dir keine Gedanken über den Preis."

Mahavir sagte: „Aber deswegen hättest du doch nicht zu mir zu kommen brauchen. Eine so weite Reise! In deiner eigenen Residenzstadt gibt es einen sehr armen Mann, der es dir vielleicht verkauft. Er hat den gleichen Schatz gefunden. Wende dich besser an ihn."

Mahavir hielt ihn zum Narren. Er fügte noch hinzu: „Ich brauche kein Geld. Wende dich besser an diesen Armen, diesen Bettler in deiner Hauptstadt; er wird sich bestimmt freuen."

Prasenjit kehrte auf der Stelle heim und suchte den Mann auf; er kam mit einer Karawane von Ochsenkarren, beladen mit goldenen Münzen, Diamanten, Smaragden und vielen anderen Schätzen. Er ließ die Karren vor der Haustür des armen Mannes abladen. Zu dem Mann selber sagte er: „Nimm all diese Schätze, und wenn du mehr willst, kann ich dir auch noch mehr geben – aber dafür musst du mir dein *Dhyan* geben. Wo ist es?"

Dem armen Mann kamen die Tränen und er sagte: „Ich mag arm sein, aber du fragst mich nach etwas Unmöglichem. Ich würde dir dankbar all deine Schätze abnehmen, aber der Tausch ist leider nicht möglich. Meditation – das ist man; das ist nicht etwas, das ich dir geben könnte. Ich will dir gern mein Leben geben, wenn du es brauchen kannst. Ich liebe dich, ich achte dich; ich geb dir gern mein Leben. Du kannst es jetzt sofort haben, du kannst mir den Kopf abschlagen. Aber Meditation, *Samadhi* – wie kann ich dir das geben?"

Hört ihr? Sogar das Leben kann weggegeben werden, aber nicht die Meditation. *Dhyan*, Meditation steht über dem Leben. Du kannst dein Leben lassen, aber nicht dein *Samadhi*. Das ist überhaupt nicht möglich. Und dein Leben kann man dir nehmen; jeder kann dich töten – aber dein *Samadhi* kann dir niemand nehmen. Niemand kann es wegnehmen, rauben, kaufen oder umbringen. Aber solange du noch nicht das *Samadhi* erlangt hast, bist du an den wahren Schatz noch nicht herangekommen. Selbst der Tod kann ihn dir nicht nehmen. Das ist das letzte Kriterium.

Was immer du hast – der eigentliche Test ist: kann der Tod es dir wieder nehmen oder nicht? Lass das deine ständige Meditation sein. Hast du Geld, dann frag dich: kann der Tod dich von deinem Geld trennen? Oder du hast Ansehen, politische Macht, Ruhm, Schönheit, körperliche Kraft, eine gute Figur – was es auch sein mag: frag dich, ob der Tod es dir wieder nehmen kann, ob du davon getrennt werden kannst oder nicht … und du wirst erkennen: es gibt nichts, was dir der Tod nicht nehmen wird – außer dem *Samadhi*.

Daher fordern die Sufis, dass du besser all diesen Dingen stirbst, bevor der Tod sie dir am Ende doch wieder raubt. Früher oder später werden sie dir genommen. Stirb ihnen und werde im *Samadhi* neu geschaffen – denn es ist das einzige, was sich dem Tod entzieht.

Unser König hatte also alles. Er hatte weise Männer als Diener. Aber er hatte natürlich nichts von ihnen gelernt. Erstens also können die Weisen nicht sonderlich weise gewesen sein, und zweitens kann man kaum etwas von weisen Männern lernen, die man in seine Dienste stellt. Man muss selber zum Diener eines weisen Mannes werden, man muss ihm zu Füßen fallen und sich ihm ergeben, nur dann kann man von ihm lernen. Unmöglich ist es nicht. Weisheit ist wie Wasser; sie fließt abwärts. Wasser strebt immer nach unten, sucht sich Löcher und Senkungen und Täler und Seen und füllt sie aus. Werde wie ein See. Wenn du einem Weisen nahe bist, werde zum Tal. Versuche nicht, ein Gipfel zu sein, sondern werde zum Tal, und plötzlich wirst du gefüllt werden.

Und dennoch fühlte er sich eines Tages ratlos
und rief seine Weisen zu sich.

So muss es kommen. Wenn du zu viel Reichtum genossen hast, kommt unweigerlich der Augenblick, in dem du dich hohl und leer fühlst, und all dein Reichtum dich unbefriedigt lässt. Wer in Palästen lebt, kommt an einen Punkt, wo er erkennt, dass das nicht das Leben ist. Der Tod klopft an. Unglück und Sorgen melden sich. Nichts schützt dich vor deiner Traurigkeit. Und außerdem steckte der König gerade in Schwierigkeiten: ein Nachbarland plante einen Überfall; ein sehr mächtiges Land, mächtiger als er. Er hatte Angst. Tod, Niederlage, Angst vor dem Alter – und die Suche hatte begonnen. Er rief seine Weisen zusammen und sagte zu ihnen:

„Ich weiß nicht warum, aber irgendetwas in mir
verlangt nach einem besonderen Ring, einem Ring,
der mir mein inneres Gleichgewicht zurückgibt.
So einen Ring brauche ich –
und er muss folgende Eigenschaften haben:
Wenn ich unglücklich bin, muss mich sein Anblick froh,
und wenn ich froh bin, muss er mich traurig machen können."

Er bittet um einen Schlüssel, einen Schlüssel, der ihm zwei Türen öffnen kann: die Tür zum Glück und die Tür zum Unglück. Aber er will einen einzigen Schlüssel, der beide Türen öffnet. Er musste ein gewisses Niveau an Einsicht erreicht haben. Wenn man ein Leben gelebt hat, das reich an Erfahrungen war, an guten wie an schlechten, dann gewinnt man ein gewisses Maß an Einsicht. Ich habe immer das Gefühl, dass ein Mensch, der das Leben nicht in seiner ganzen Spannbreite ausgelebt hat, der weder etwas falsch noch etwas richtig gemacht hat, der weder Sittlichkeit noch Unsittlichkeit kennen gelernt hat, weder Reichtum noch Armut, weder Güte noch Bosheit, kurz, der nicht alle Gegensätze kennt–, dass so einer nie zu einem tieferen Verständnis des Lebens gelangen kann.

Er mag als Heiliger verehrt werden, aber seine Heiligkeit ist blutarm. Wenn dagegen ein Buddha zum Heiligen wird, dann hat das etwas Unvergleichliches, etwas Einmaliges. Woher kommt die Einmaligkeit eines Buddhas? Sie kommt daher, dass er ein vieldimensionales Leben hinter sich hat. Er hat alles durchlebt, und wer alles durchlebt hat, der erhebt sich allmählich über alles. Wer alles durchmacht, der erkennt, wie sinnlos letzten Endes alles ist. Es lohnt sich immer wieder, sich Buddhas Leben zu betrachten.

Als er geboren wurde, prophezeiten die Sterndeuter: „Entweder wird aus diesem Kind ein *Chakravartin* – ein Kaiser, der die ganze Welt regiert – oder er wird ein Sannyasin. Das sind die beiden Möglichkeiten." Extremere Gegensätze gibt es nicht! Entweder Kaiser der Welt, oder einer, der der Welt den Rücken kehrt und als Bettler auf der Straße lebt – heimat- und wurzellos, ein Vagabund, ein Sannyasin. Zwei unvereinbare Gegensätze.

Der Vater fragte: „Wie kann das sein? Ihr redet von Dingen, die sich nicht vereinbaren lassen! Was soll das heißen?" Die Astrologen sagten: „So ist es immer. Wenn einer zum *Chakravartin* geboren wird, zum Kaiser über die ganze Welt, dann steckt in dieser Möglichkeit auch ihr Gegensatz."

Der Vater begriff noch immer nicht.

Er sagte: „Das müsst ihr mir genauer erklären."

Also erklärten sie: „Wir wissen nicht genau, was ein Sannyasin ist, aber die Schriften sagen folgendes: ‚Wenn ein Mann alles hat, dann dämmert ihm plötzlich die Erkenntnis, dass alles sinnlos ist'." Nur der Bettler sehnt sich nach dem Palast. Der Mann im Palast hat den Palast schon satt. Ein Mann, der nie mit schönen Frauen zusammen war, sehnt sich nach ihnen. Ein Mann, der sie kennt, hat genug davon. Nur das Wissen, das aus der Erfahrung kommt, verändert dich. Wenn dieser Neugeborene also die ganze Welt beherrschen soll – wie lange wird ihn das befriedigen? Früher oder später wird er der Welt den Rücken kehren. Alle Buddhas wurden als Könige geboren, alle *Avatare* der Hindus waren Könige, alle *Teerthankaras* der Jainas waren Könige.

Das ist nicht zufällig so. Das hat seinen Grund. Sie haben gelebt, sie haben genossen – so schrankenlos genossen, dass ihnen nichts vorenthalten blieb. Und früher oder später kamen sie der ganzen Sache auf den Grund: dass nämlich nichts dran ist. Das ist so, wie wenn man eine Zwiebel schält. Was geschieht? Man zieht eine Schale nach der anderen ab und kommt jedes Mal auf eine zartere Schicht. Schicht für Schicht wird sie zarter, jünger, frischer. Also machst du immer weiter. Und solange du die Zwiebel noch nicht bis zu Ende geschält hast, musst du glauben, dass die nächste Schicht noch besser schmeckt. Aber wenn du sie ganz zu Ende geschält hast, wenn du auch die letzte Schicht entfernt hast, siehst du: es ist nichts da. Nichts als Leere.

Das geht jedem Kaiser so. Er schält die Zwiebel des Lebens bis zu Ende. Er kann sich das leisten. Ein Bettler kann sich nicht die ganze Zwiebel leisten – Hmm? – ihm bleibt nur die äußerste, die härteste Schicht. Wenn er die abschälen kann, ist er fassungslos: Was? – es gibt noch andere Schichten?! Und so hofft er heimlich immer weiter: „Die Welt hat mich bisher noch nicht glücklich gemacht, weil ich sie nicht ganz in der Hand halte. Hätte ich die ganze Welt ... wer weiß, ich wäre bestimmt der glücklichste Mensch. Dann wäre ich endgültig zufrieden." Diese Vorstellung treibt ihn weiter. Ein Kaiser dagegen hält die ganze Zwiebel in den Händen.

Die Astrologen erklärten Buddhas Vater also: „Das ist immer so. Ein *Chakravartin* hat immer die Alternative, Sannyasin zu werden."

Und andersherum ist es genauso. Es steht zwar nicht in dieser Geschichte, aber ich möchte es hinzufügen: ein Sannyasin ist immer auch ein *Chakravartin.* Wann immer Sannyas eintritt, dann bedeutet das: Dieser Mensch hat in vielen Leben alles erfahren, was es zu erfahren gibt. Er ist fertig mit der Welt. Das ist seine Reife. Ein *Chakravartin* hat die Alternative, Sannyasin zu sein. Und wenn du wirklich Sannyasin wirst, dann zeigt es nur das eine: dass du schon ein *Chakravartin* warst. Du hast alles erlebt – zwar nicht in einem einzigen Leben, sondern über viele Leben verteilt.

Buddhas Vater war sehr betrübt und fragte um Rat. „Was soll ich tun? Ich habe nur diesen einen Sohn, und ich bin schon sehr alt. Ich bin kein junger Mann mehr. Und meine Frau starb bei der Geburt des Jungen. Ich habe keine Hoffnung, noch mehr Söhne zu bekommen – mein ganzes Reich ist also zum Untergang verurteilt. Was soll ich nur tun? Sagt etwas!"

Und so sagten sie etwas; sagten etwas sehr Listiges. Ein gutes Beispiel dafür, wie dumm Schlauheit ist. Sie waren keine Weisen. Sie waren große Astrologen, kannten sich in ihren Büchern aus, kannten jedes Wort darin, aber von Geist verstanden sie nichts. Ihre List war gewöhnlich, sie schlugen etwas vor, was jeder vorschlagen konnte, nur kein Weiser. Ihr Rat war: „Sorge dafür, dass dieser Knabe niemals irgendwelches Leid und Unglück zu sehen bekommt. Lass ihn nie wissen, dass der Mensch altert. Verheimliche ihm, dass Menschen sterben. Und lass ihn von lauter schönen Frauen umringt sein. Lass ihn ein Leben voller Genuss führen, und erspare ihm jegliche Enttäuschung. Wer nie enttäuscht wird, wird auch kein Sannyasin." Das war pure Logik. Und so geschah es, ohne Probleme. Der Vater hatte schließlich alles, um es so einzurichten. Drei Paläste wurden für Buddha gebaut, jeder für eine bestimmte Jahreszeit, in verschiedenen Gegenden des Landes, hmm? Im Sommer zog er sich in die kühle Gegend zurück, und dann zog er weiter, wenn die nächste Jahreszeit kam. Alle vier Monate in ein anderes Haus, große Paläste … Alle schönen Mädchen des Königreichs wurden zusammengesucht, nie zuvor und nie danach hat ein Mensch mit so vielen schönen Frauen zusammengelebt. Buddha lebte in Saus und Braus. Es heißt, dass in Buddhas Gärten nicht einmal eine verwelkte Blume zu finden war. Bevor sie welkten, mussten die Blüten entfernt werden. Nie sah Buddha ein herbstliches Blatt. Nachts mussten die gefallenen Blätter entfernt werden, damit Buddha unter keinen Umständen vom Tod erfuhr und auf den Gedanken kam, dass das Leben eines Tages ein Ende haben muss. Denn dieser Gedanke musste notwendig zu dem anderen Gedanken führen, dass es nämlich besser war, einem Leben zu entsagen, das enden musste.

Buddha wusste nur von den schönen Dingen, er kannte nur die Träume, und in diesen Träumen lebte er. Aber gegen die Realität ist kein Kraut gewachsen. Sie bahnt sich ihren Weg in jeden Traum. Der Wirklichkeit entrinnt keiner. Du kannst anstellen, was du willst – du magst selbst einen Kaiser zum Vater haben, der dich vor ihr behüten will – der Wirklichkeit entgehst du nicht. Überall rennst du mit dem Kopf gegen sie an, überall stolperst du über sie. Wer schafft es schon, vierundzwanzig Stunden lang zu träumen?

Eines Nachts feierte Buddha ein Fest; die schönsten Mädchen tanzten zu der erlesensten Musik die schönsten Tänze. Buddha genoss es. Und dann schlief er ein. Mitternacht kam, und auch die Mädchen schliefen alle ein. Plötzlich, irgendwann in der Nacht, wachte Buddha auf. Er sah die Mädchen schlafen – wo war ihre Schönheit? Spucke floss ihnen aus dem Mundwinkel; eine schlief mit offenem Mund, die andere schnarchte – Buddha ekelte sich. Eine hatte einen Alptraum, sie weinte und wimmerte. Der Gedanke durchfuhr ihn: „Und diese Mädchen habe ich für schön gehalten? Wie hässlich sie plötzlich alle sind!"

In dieser Nacht dämmerte ihm die Wirklichkeit zum ersten Mal. Er behielt es für sich. Kurz darauf sollte er an einem öffentlichen Fest teilnehmen. Auf der Fahrt dorthin sieht er einen alten Mann. Er hatte nie zuvor einen gesehen. Dann sieht er einen Toten, den man zur Verbrennungsstätte trägt. Er hatte nie zuvor einen gesehen. Er fragte seinen Wagenlenker: „Was ist das? Was ist mit diesem Mann los? Warum ist sein Gesicht so runzelig? Und warum geht er mit gebeugtem Rücken? Was für ein Unglück ist ihm zugestoßen?"

Sein Wagenlenker sagte: „Kein Unglück, Herr. Das geht jedem so. Das ist natürlich. Jeder von uns wird alt und runzelig." Die Wirklichkeit drang durch. Und dann fragte er: „Und was ist mit dem anderen Mann? Warum tragen ihn die Leute auf den Schultern?" Der Lenker antwortete: „Dieser Mann ist gestorben, Herr. Das ist der letzte Schritt nach dem Alter."

Da sagte Buddha plötzlich: „Halt den Wagen an! Werde auch ich sterben?" Der Wagenlenker zögerte. Er wusste, was der Vater vorhatte, aber er war ein aufrichtiger Mensch, schlicht und wahrhaftig. Er sagte: „Ich darf es zwar nicht sagen, aber da du selbst darauf gekommen bist, kann ich dir die Wahrheit nicht verschweigen. Dieser Mann ist tot, und so wie dieser Mann wirst du auch eines Tages tot sein. Alles Geborene muss sterben."

Und dann plötzlich sah Buddha einen Sannyasin, der hinter dem Toten herging. Er fragte: „Und was ist mit diesem? Warum trägt er Orange?" Er hatte noch nie einen Sannyasin gesehen. Denn wirklich, wie kann einer, der noch keinen Toten gesehen hat, schon einen Sannyasin gesehen haben? Das ist eine logische Reihe: Alter, Tod, Sannyas.

Eine schöne Geschichte! – Ob wahr oder nicht, darauf kommt es nicht an. Die Geschichte ist jedenfalls schön und wahr. Ob sie nun geschehen ist oder nicht – sie ist wahr. Denn was bleibt einem noch anderes übrig als Sannyas, wenn man dem Tod begegnet ist?

Der Wagenlenker sagte: „Dieser Mann in Orange hat das Leben begriffen; er hat verstanden, dass das Leben mit dem Tod endet, und er hat dem Leben entsagt."

Buddha sagte: „Fahr zum Palast zurück. Ich habe auch entsagt." Selbst der Wagenlenker verstand nicht, was Buddha damit meinte. Noch in derselben Nacht hat Buddha den Palast verlassen.

Wer das Leben in seiner ganzen Fülle gelebt hat, muss ihm entsagen. Nur diejenigen, die noch nicht voll gelebt haben, die überhaupt noch nicht gelebt haben, die ein lauwarmes und flaues Leben gehabt haben, klammern sich daran. Wer sich anklammert, zeigt, wie unerfahren und verständnislos er ist. Sannyas ist einfach, es ergibt sich von ganz allein, es ist eine Frage der Reife.

Diese Sterndeuter waren gelehrte Leute. Sie waren es, die Buddha ahnungslos dazu verhalfen, der Welt den Rücken zu kehren. Wenn man mich gefragt hätte, wenn Suddhodan, Buddhas Vater, mich gefragt hätte, dann hätte ich ihm nicht dasselbe geraten. Denn das ist genau der Weg, der zur Entsagung führt. Ich hätte ihm vorgeschlagen: „Lass ihn aushungern. Gib ihm nicht genug zu essen; gib ihm so wenig, dass er immer ans Essen denken muss. Lass ihn keine Frau anrühren oder auch nur sehen. Halt alle schönen Frauen fern, damit er sich krank sehnt. Lass ihn auch sexuell aushungern. Und bau ihm keine Paläste, sondern lass ihn ein Bettlerleben führen, dann kommt er nie auf den Gedanken, dem Leben zu entsagen."

Das ist genau das, was mit euch passiert ist. Ihr könnt dem Leben nicht entsagen, weil ihr wie die Bettler gelebt habt. Nur Bettler klammern sich ans Leben. Kaiser können jederzeit entsagen. Nur Kaiser können Sannyasins werden, keine Bettler. Wie kann ein Bettler daran denken, dem Leben zu entsagen? Er hat nichts, was er zurücklassen kann. Man kann nur dem entsagen, was man hat. Wenn du nichts hast, kannst du auch nicht entsagen. Das geht schlecht.

Dieser König also verstand in seiner tiefen Krise, dass Glück und Unglück nicht zweierlei sind. Er war weiser als alle seine Weisen, denn er bittet um einen Schlüssel, der beide Türen öffnen kann. Denn in der Tat: Glück und Unglück sind nicht zweierlei. Sie gehören zusammen wie die zwei Seiten einer Medaille, wie zwei Aspekte derselben Sache. Also passt auch ein Schlüssel für beides.

Schaut genau hin, wenn ihr glücklich seid. Könnt ihr mit absoluter Sicherheit sagen, dass kein Unglück damit einhergeht? Im Mittelpunkt mag Glück herrschen, aber wartet nicht schon gleich um die Ecke das Unglück? Und wenn du unglücklich bist– bist du sicher, dass du nur unglücklich bist? Oder sammelt sich nicht etwa schon eine Kraft, durch die dein Unglück in Glück verwandelt wird?

Es ist wie … du kannst beim Sonnenaufgang nicht den kommenden Abend erkennen, aber im Morgen ist der Abend schon verborgen. Er hat bereits begonnen. Er kommt mit dem Morgen mit. Und wenn der Mittag alles mit Licht überflutet und die Sonne im Zenit steht, an ihrem höchsten Punkt, wer denkt dann an Nacht und Dunkelheit? Aber im Gipfel des Tages ist der Keim der Nacht enthalten, er wächst bereits und wartet auf seine Stunde. Und im Scheitelpunkt des Himmels schickt sich die Sonne schon an unterzugehen, geht sie bereits auf Westen zu. Und im Tiefpunkt der Nacht schlummert schon der Morgen, so wie ein Ungeborenes im Mutterleib.

Das gleiche gilt von allen Gegensätzen. Wenn du liebst, ist auch Hass da – als Keim. Wenn du hasst, ist auch die Liebe dabei – als Keim. Bist du glücklich, gehst du schon auf das Unglück zu. Bist du unglücklich, brauchst du nur ein wenig zu warten – das Glück hat schon an deine Tür geklopft oder ist sogar schon eingetreten. Gegen-sätze gehören zusammen. Das ist eine große Einsicht. Und wer zu dieser Einsicht gekommen ist, der hat den Schlüssel schon fast in der Hand.

„Ich weiß nicht warum …", sagte der König. Niemand weiß warum. Ihr seid zu mir gekommen – wisst ihr warum? Warum ihr zu mir kommt?

Niemand weiß es zu sagen. Aber ein tief verborgenes Verlangen hat euch zu mir gebracht. Und ihr werdet nie wieder die alten sein; das ist unmöglich. Ich bin ein Teil von euch geworden, ein Stück von euch. Selbst wenn ihr mich wieder ganz vergesst, werdet ihr nie wieder dieselben sein. Ich werde da sein, auch noch in eurer Selbstvergessenheit. Wisst ihr den Grund, warum ihr gekommen seid? Aus so vielen Ländern, aus so vielen Ecken der Welt seid ihr zu einem Mann gekommen, der euch nichts zu geben hat, oder der euch nur das Nichts zu geben hat. Was ist der Grund? Warum seid ihr hergekommen? Das mag euch im Augenblick nicht bewusst sein, denn das Motiv ist euch tief unbewusst. Aber je tiefer ihr in die Meditation geht, desto klarer wird es euch allmählich werden, dass es das Leben selber war, das euch zu mir getrieben hat – das Leben mit seinem Unglück, das Leben mit seinen Enttäuschungen.

Sicher, es gibt Augenblicke des Glücks, aber das Unglück überwiegt so sehr, dass selbst diese Momente des Glücks davon vergiftet werden. Ihr habt geliebt, ihr habt wenige Augenblicke höchsten Glücks genossen, Gipfelmomente ekstatischen Glücks – aber dann seid ihr wieder in den Abgrund zurückgefallen.

Ihr seid zu mir gekommen, weil euch unbewusst das Gefühl hergeführt hat, dass Glück und Unglück ein und dasselbe sind; und dass ihr, wenn ihr weiter dem Glück nachrennt, nur noch unglücklicher werdet.

> „Ich weiß nicht warum,
> aber irgendetwas in mir verlangt nach einem besonderen Ring ..."

Diese Geschichte geht auf eine andere Geschichte zurück. Es heißt, dass die Sufis einen Ring besitzen – eine sehr okkulte Art, sich auszudrücken –, dass die Sufis also einen Ring haben, und wenn du diesen Ring bekommen kannst, wirst du über Leben und Tod hinausgehen, wirst du über Licht und Dunkelheit hinausgehen, wirst du über Tag und Nacht hinausgehen, wirst du über Glück und Unglück hinausgehen – wirst du über alle Dualitäten hinausgehen.

Die Sufis haben einen Ring, und wer diesen Ring bekommen kann ... Der König muss davon gehört haben, und so sagt er:

> „Ich weiß nicht warum, aber irgendetwas in mir
> verlangt nach einem besonderen Ring, einem Ring,
> der mir mein inneres Gleichgewicht zurückgibt.
> So einen Ring brauche ich –
> und er muss folgende Eigenschaften haben:
> Wenn ich unglücklich bin, muss mich sein Anblick froh ..."

Er fragt also nach einem alchimistischen Geheimnis: „Wenn ich froh bin, soll er mich unglücklich und traurig machen; wenn ich traurig bin, soll er mich froh und glücklich machen."

Wonach fragt er wirklich? Er will Herr seiner Gefühle werden.

Wirklich, die einzige Herrschaft, die sich lohnt. Wenn ihr unglücklich seid, seid ihr unglücklich: ihr könnt nichts machen, ihr seid einfach nur Opfer. Ihr sagt: „Ich bin unglücklich, ich weiß nicht, was ich machen soll." Wenn es dich überkommt, dann überkommt es dich. Dann bist du eben unglücklich.

Und manchmal bist du glücklich, und auch daran ist nichts zu ändern – wenn es kommt, dann kommt es. Ihr seid nicht Herr eurer Gefühle. Was genau will der König also?

Er will eine heimliche Formel, die ihn zum Herrn seiner Gefühle macht, mit der er sein Glück in Unglück verwandeln kann, wenn er will, und seine Trauer in Glück, wenn er will. Herr über seine Stimmungen will er sein – will seine eigenen Stimmungen erzeugen können, will nicht mehr ihr Opfer sein. Er will alles, was er will, selbst herstellen können.

Und so eine Geheimformel gibt es tatsächlich. Es gibt so einen Ring mit einer heimlichen Botschaft, die verändern kann. Und es ist einfach wunderbar, wenn du deine Stimmungen selber ändern kannst, sie einfach ein- und ausschalten kannst.

„... wenn ich unglücklich bin, muss mich sein Anblick froh,
und wenn ich froh bin, muss er mich traurig machen können."

Das erste würde euch auch gefallen; beim zweiten werdet ihr fragen: „Wozu denn das?" Aber beides gehört zusammen. Wenn du das eine beherrschst, beherrschst du auch das andere. Und wenn du Herr deiner Gefühle bist, dann macht es dir nichts aus, traurig zu sein. Und Traurigkeit hat eine Tiefe, die kein Glück je haben kann. Trauer hat ihre eigene Schönheit, eine sehr sanfte Schönheit – tief und sanft. Kein Glück hat je diese Schönheit. Glück hat etwas Flaches, etwas Gewöhnliches. Trauer hat Tiefe, sie hat eine größere Fülle als irgendein Glück. Diese Seite der Trauer habt ihr noch nie genossen, weil sie euch noch gar nicht aufgegangen ist.

Je bewusster du alle Nuancen wahrnimmst, desto mehr kannst du alles genießen – selbst Trauer. Dann sinkt die Trauer auf dich nieder wie die Abenddämmerung, und alles wird still. Selbst die Vögel verstummen, selbst der Wind weht nicht mehr – nichts rührt sich, alles versinkt in tiefes, entspanntes Schweigen. Trauer ist schön, wenn du sie zu schätzen weißt. Ja, und solange du das nicht kannst, ist nicht einmal Glück schön – geschweige denn Trauer.

Der König sagte: „Ich will zum Herrn meiner Gefühle werden" – er sagt mit anderen Worten: „Ich will mein inneres Gleichgewicht wieder finden."

Wer nicht Herr seiner Gefühle ist, kann auch kein inneres Gleichgewicht haben; denn die Gefühle führen dann ihr Eigenleben. Wie soll sich da das Innere kristallisieren können? Irgendeine Stimmung macht dich unglücklich, und plötzlich kommt in dir alles ins Wanken. Und dann kommt wieder eine andere Stimmung, und plötzlich bist du glücklich. Dann wieder eine Aufregung, und wieder drohst du einzustürzen.

Hast du festgestellt, dass eine lange Zeit des Glücks dich regelrecht ermüdet? Denn Glück ist im Grunde Erregung. Du kannst es nicht lange aushalten, glücklich zu sein, da macht der Körper nicht mit, und dein Geist auch nicht. Dein ganzer psychosomatischer Haushalt wird überlastet. Der Zustand kann nicht lange anhalten, weil du wie von einem inneren Fieber geschüttelt wirst. Niemand kann lange glücklich sein – er müsste sterben … an einem Herzinfarkt, an zu hohem Blutdruck oder dergleichen. Tatsächlich leben unglückliche Menschen länger als glückliche, weil die Unglücklichen weniger aufgeregt leben, und die Glücklichen in ständiger Aufregung sind.

Aufregung belastet das Herz. Erfolgreiche Menschen haben häufiger Herzinfarkte als erfolglose. Erfolglose Menschen haben nie Herzattacken. Wozu auch? Ein Herzinfarkt ist eine medizinische Bestätigung, dass du ein Erfolgsmensch bist. In der Regel kommt er mit vierzig, so zwischen vierzig und fünfundvierzig, denn das ist die Zeit, wo ein Mann auf dem Gipfel seines Erfolges steht. Jetzt kommt der Herzanfall: der Erfolg war mit so vielen Aufregungen verbunden. Unglückliche und niedergeschlagene Menschen leben länger als glückliche und erfolgreiche Menschen – im Durchschnitt fünf bis zehn Jahre. Woran liegt das? Traurige Menschen führen ein gesetzteres Leben. Sie blassen Trübsinn und haben wenig Aufregung. Aber je tiefer man in diese Phänomene von Glück und Unglück hineinblickt, erkennt man, dass sie zusammenhängen, dass sie ineinander übergehen. Wie bei einem Rad: manchmal ist die Speiche des Glücks oben; manchmal ist sie unten und die Speiche des Unglücks oben. So dreht es sich weiter. Und du bist in der Gewalt dieses Rades, als wärst du auf dies Rad gebunden, und nun musst du dich ewig mit ihm drehen. Wie soll man so sein inneres Gleichgewicht finden? Der König hat recht. Er sagte: „Ich will mein inneres Gleichgewicht wieder finden, ich will den Mittelpunkt meines Wesens finden – verschafft mir also den Ring, von dem die Sufis sprechen. Wo ist er?"

> Die weisen Männer hielten Rat ...

Genau deshalb sage ich, dass sie nicht sehr weise sind. Experten halten Rat – Weise niemals. Experten sind Leute, die viel wissen. Und die stecken die Köpfe zusammen, hmm? Denn was der eine nicht weiß, das weiß vielleicht der andere. Aber ein Weiser weiß einfach. Da gibt es nichts nachzudenken. Ein Weiser ist kein Denker. Er weiß einfach! – und antwortet mit seinem ganzen Wesen. Nicht einer von ihnen war weise, denn – sie hielten Rat.

> Die weisen Männer hielten Rat und dachten tief darüber nach ...

Ein Weiser braucht sich nicht erst tief zu versenken. Er lebt in tiefer Versunkenheit. Nur Narren können sich „tief versenken." Ein Weiser nie. Er ist tiefe Versunkenheit, er atmet tiefe Versunkenheit. Aber sie waren eben keine Weisen, keine weisen Leute.

> Schließlich entschieden sie,
> wie dieser Ring beschaffen sein müsse,
> um dem Wunsch ihres Königs zu entsprechen ...

Ich kenne eine andere Version dieser Geschichte, sie gefällt mir besser. Da heißt es, dass sie zu keinem Ergebnis kommen konnten. Das scheint viel wahrscheinlicher. Wie können Experten je zu einem Ergebnis kommen? Sie können nur streiten und diskutieren. Habt ihr es je mit diskussionssüchtigen Menschen zu tun gehabt – Theologen, Philosophen? Und habt ihr je erlebt, dass sie sich geeinigt hätten? Nie und nimmer. Selbst wenn du ihnen das endgültige Ergebnis in die Hand gibst, fangen sie an, sich über diese Lösung zu streiten, und nehmen entgegengesetzte Standpunkte ein. So war es schon immer.

In diesem Jahrhundert geschah es zum Beispiel mit Freud. Ein Mann von großem Wissen, aber kein Weiser in dem Sinne, wie Buddha ein Weiser war – sondern ein tiefsinniger, scharfsinniger Denker. Und alle seine Meisterschüler – C. G. Jung, Adler und andere, die zu ihm gekommen waren, weil sie glaubten, Freud hätte die endgültige Lösung gefunden, kamen allmählich zum Schluss, dass sie sich nur auf einer Kreuzung befanden, und gingen allesamt in verschiedene Richtungen davon. Und diejenigen, die bei Freud blieben, das waren Nebenfiguren. Unter ihnen befand sich nicht ein einziges Genie. Alle Genies nahmen ihren Hut, nachdem sie sich zerstritten hatten, reisten ab und wurden Gegner.

Es ist unmöglich für einen Mann des Wissens, für einen scharfen Kopf, zu einer endgültigen Lösung zu kommen. Die andere Version sagt also, dass sie zu keinem Schluss kommen konnten, und dass sie daher einen Sufimeister aufsuchen und um Rat fragen mussten. Der Sufi hatte den Ring schon parat – weise Männer haben den Ring immer schon parat. Er nahm ihn einfach vom Finger, gab ihn den Ratgebern und trug ihnen auf: „Gebt ihn eurem König. Aber sagt dazu, dass er den Stein erst dann öffnen darf, wenn er den Augenblick kommen fühlt, wo er es nicht mehr länger aushalten kann. Das ist die einzige Bedingung. Unter dem Stein ist eine Botschaft versteckt, aber er darf sie nicht einfach nur aus Neugierde öffnen, sonst verliert sie ihre Wirkung.

Die Botschaft ist da, aber sie braucht auch den richtigen Bewusstseinszustand, um bei dir anzukommen. Es ist keine tote Mitteilung, die man lesen und in den Papierkorb werfen kann. Sie steht unter dem Stein, aber die Bedingung muss erfüllt werden: Erst wenn alles verloren ist, und der Geist völlig am Ende ist, wenn die Verwirrung total ist und die Qual unerträglich, wenn dir absolut nichts mehr bleibt und du hilflos bist wie ein Neugeborenes, erst dann darfst du ihn öffnen – und die Botschaft erwartet dich."

Und so ist es. Diese Bedingung möchte ich auch stellen. Denn sonst würde es nur bedeuten, dass die Botschaft schon da ist und alle sie lesen können.

Was für einen Wert hätte sie dann noch? Man muss zu einem gewissen Bewusstsein heranreifen, erst dann offenbart sich ihr Sinn. Denn ihr Sinn liegt nicht in den Wörtern, ihr Sinn liegt in dir. Die Wörter lösen ihn nur aus, das ist alles. Aber der Sinn muss in dir schon da sein, um überhaupt ausgelöst werden zu können.

Der König hielt sich an die Bedingung. Das Land wurde überrannt, der Feind wurde Sieger. Es gab oft Momente, wo der König versucht war, den Stein abzunehmen und die Botschaft zu lesen. Aber jedes Mal fand er, dass die Verzweiflung nie total war. „Ich lebe ja noch, mein Reich mag zwar verloren sein, aber ich kann es schließlich wiedergewinnen."

Er floh aus dem Reich, um das nackte Leben zu retten. Der Feind war ihm auf den Fersen. Er kann die Pferde hören, den Klang ihrer Hufe, und sie kommen näher und näher. Er rennt weiter: von allen Freunden verlassen, sein Pferd tot, rennt er auf nackten Füßen, blutend und voller Wunden. Er kann sich keinen Zentimeter mehr bewegen und muss trotzdem weiterrennen. Er ist hungrig, und der Feind kommt ständig näher, und schließlich kommt er nicht weiter, dort gähnt ein Abgrund. Und der Feind kommt näher und näher. Zurück kann er nicht. Er würde dem Feind in die Arme laufen. Springen kann er nicht, der Abgrund ist so tief, er würde es nicht überleben. Er sieht keinen Ausweg mehr, aber er wartet immer noch darauf, dass die Bedingung sich ganz erfüllt.

Er sagt sich: „Noch lebe ich. Vielleicht ändert der Feind ja noch seine Richtung. Vielleicht würde ich ja den Sprung in den Abgrund überleben. Die Bedingung ist noch nicht erfüllt." Und dann plötzlich merkt er, wie nahe der Feind schon ist. Und wie er in den Abgrund blickt, sieht er zwei Löwen, die ihn von unten anstarren, hungrig und wild. Jetzt ist keine Zeit mehr zu verlieren, der Feind muss jeden Augenblick da sein, er kann seine letzten Augenblicke an den Fingern abzählen.

Plötzlich nimmt er den Ring, öffnet ihn, schaut nach, was unter dem Stein ist. Dort steht etwas – er liest: *„Auch das geht vorüber!"* Plötzlich – Entspannung. Auch das geht vorüber … Und so ist es natürlich auch. Der Feind ist in letzter Minute in eine andere Richtung abgebogen, die Pferde sind kaum noch zu hören, sie entfernen sich immer weiter.

Der König setzt sich. Er schläft sich erst einmal gründlich aus. Und nach zehn Tagen sammelt er sein zersprengtes Heer, kommt zurück, gewinnt sein Land wieder, hält Einzug in den Palast. Großer Jubel, ein Volksfest empfängt ihn. Die Menschen sind aus dem Häuschen, tanzen auf den Straßen, überall Fahnen und Farben und Feuerwerk. Und der König ist überglücklich. Ihm schlägt das Herz bis zum Halse, ihm wird, als müsste er sterben vor Glück. Da denkt er erneut an den Ring, öffnet ihn und liest: „Auch das geht vorüber." Und er entspannt sich. Und es heißt, dass er durch diese Botschaft zur vollkommenen Weisheit gelangt sein soll.

Erinnere dich, wenn dich eine Stimmung überkommt, sei es Wut, Haß, Leidenschaft, Sex, Unglück, Trauer oder Glück oder selbst die Seligkeit der tiefen Meditation – erinnere dich daran: Auch das geht vorüber. Verliere es nie aus dem Gedächtnis: Auch das geht vorüber!

Und was passiert, wenn du dich immer daran erinnerst? Dann hört Glück auf, „das Glück" zu sein, und wird etwas Vorübergehendes, eine Wolke, die kommt und geht. Du bist das nicht. Es kommt und geht. Es ist nicht dein Wesen, es ist etwas Zufälliges. Es gehört zur Peripherie. Du bist nur Zeuge.

Wenn du dich ständig erinnerst, dass auch dies vorüber geht, und auch dies und auch das, dann hast du plötzlich Abstand gewonnen. Es kommt zu dir, aber du bist es nicht. Es geht wieder fort und lässt dich unberührt, ungetrübt. Unglück kommt – lass es kommen. Erinnere dich einfach: Auch das wird vorübergehen.

Glück kommt, und du weißt – auch das geht vorüber. Und allmählich stellt sich eine Entfernung zwischen dir und deinen Stimmungen ein, und du bist nicht länger mit ihnen identifiziert. Du bist zum Zeugen geworden. Du blickst auf sie wie ein Zuschauer. Es geht dich nichts mehr an, du bist gleichgültig geworden.

Ein Schweigen breitet sich in dir aus – ein Schweigen, das nicht von dir erzeugt wird, ein Schweigen, zu dem du dich nicht gezwungen hast, sondern ein Schweigen, das plötzlich aus unsichtbaren Quellen über dich kommt, das aus dem Göttlichen stammt, aus dem Ganzen. Und dann hast du dich kristallisiert. Dann kann dich nichts mehr erschüttern. Dann zitterst du vor nichts mehr. Vor nichts! Ob Glück, ob Unglück. Denn jetzt weißt du, dass beides identisch ist.

Wenn die Vorderseite aus Glück ist, dann ist die Rückseite aus Unglück. Wenn die Vorderseite Unglück ist, ist die Rückseite Glück. Es ist dasselbe. Wenn es auf dich zukommt, sieht es nach Glück aus; wenn es wieder geht, siehst du es von hinten – jetzt ist es Unglück.

Je größer der Abstand, desto deutlicher siehst du. Je deutlicher du siehst, desto mehr Abstand. Du wirst ausgeglichen. Du wirst zum Buddha unterm *Bodhibaum.* Aber das kann nicht geschehen, ehe du nicht stirbst – als der, der du bist. Erst musst du wiedergeboren werden, musst du absolut neu geboren werden; das Alte muss weichen. Deine alten Einstellungen und Vorstellungen und Philosophien und Ideologien, deine ganze alte Identität, der ganze alte Adam – alles das muss dem Neuen weichen.

Das Neue ist immer schon da, aber es findet in dir keinen Platz, um hereinzukommen. Der Gast ist schon da, aber dein Haus erwartet ihn nicht. Mach ihm Platz! Mach dich innen leer. Schaff Raum, schaff Leere! Und diese Botschaft ist unschätzbar. Dies ist ein Meisterschlüssel. Vergiss ihn nicht.

Der Ring, den sie anfertigen ließen, trug die Aufschrift:
„Auch das geht vorüber."

Halte es dir ständig vor Augen. Präge es dir so tief ein, dass du selbst im Schlaf noch weißt: ‚Auch das geht vorüber'. Selbst noch in deinen Träumen weißt du: ‚Auch das geht vorüber.'

Lass es werden wie dein Atem, der dich ständig begleitet, der immer da ist. Und diese Allgegenwart wird dich verändern.

Es ist ein Dietrich, der dir die verborgenste Tür öffnen kann, der in den Kern deines Wesens führt, und von da aus – die Route führt über dich selbst – in den Kern der Schöpfung überhaupt.

8 | WER HAT DIR DEN WEG GEZEIGT?

Shibli wurde gefragt: „Wer hat dir den Weg gezeigt?"
Shibli antwortete: „Ein Hund. Ich sah ihn,
wie er eines Tages am Rande des Wassers stand –
halbtot vor Durst. Jedes Mal wenn er trinken wollte,
schrak er vor seinem eigenen Spiegelbild im Wasser zurück,
weil er glaubte, einen andern Hund vor sich zu haben.
Schließlich wurde seine Not so groß,
dass er alle Furcht beiseite warf und ins Wasser sprang ...
woraufhin sich das Spiegelbild auflöste.
Der Hund fand, dass das einzige Hindernis
zwischen ihm und dem, was er suchte,
sich aufgelöst hatte – nämlich er selbst.
Genauso verschwand auch das,
was mich gehindert hatte, als ich begriff, dass es allein das war,
was ich für mein eigenes Ich gehalten hatte.
So wurde mir mein Weg offenbart –
durch das Verhalten eines Hundes."

8

ICH SEHE IN DICH HINEIN UND KANN DORT KEIN ANDERES HINDERNIS erkennen als dich selbst. Du stehst dir selbst im Weg. Und solange du das nicht verstehst, ist inneres Wachstum nicht möglich. Wenn das Hindernis jemand anders wäre, könntest du ihm ausweichen, könntest du einen Bogen um ihn machen. Wenn jemand anders dich hindern würde, hättest du längst davonlaufen können. Aber das Hindernis bist du. Du kannst nicht ausweichen – wer sollte wem ausweichen? Du kannst nicht daran vorbeigehen – wer sollte an wem vorbeigehen? Du kannst nicht davonlaufen, denn wohin du auch gehst, du nimmst dich selbst mit.

Was dich hindert, bist du. Und das wird dich verfolgen wie ein Schatten. Lass diese Einsicht so tief wie möglich in dich einsinken. Wie kommt dies Hindernis zustande? Wie funktioniert der Ego-Mechanismus, der sich dir in den Weg stellt? Diese harte Kruste, die dich einzwängt, die dich daran hindert, in den Himmel zu fliegen, dich zu öffnen für die Welt der Liebe und der Andacht … diese Schale des Ich – wie entsteht sie?

Wenn du verstanden hast, wie das Ich entsteht, dann kennst du auch das Geheimnis, wie du es wieder auflösen kannst. Einfach nur die Erkenntnis, wie es entsteht – und du bist frei. Das Ego wird – du selber kennst dich nämlich nicht – aus Spiegelungen geboren. Du siehst dich in den Augen der andern gespiegelt, in ihren Gesichtern, ihren Worten, und diese Spiegelungen sammeln sich in dir an. Da du nicht weißt, wer du bist, musst du dir eine Identität suchen.

Ein Kind kommt zur Welt – es weiß nicht, wer es ist. Aber es muss wissen, wer es ist, sonst kann es in der Welt nicht leben. Und es kann nicht gleich zu einem Buddha werden. Es weiß noch gar nichts von diesen Problemen. Es ist noch gar nicht richtig auf der Welt. Es betritt die Welt erst dann, wenn es anfängt, ein Gefühl von sich zu bekommen.

Daher könnt ihr euch auch kaum an eure Kindheit erinnern. Wenn du zurückdenkst, kannst du nicht viel weiter als bis ins vierte oder dritte Lebensjahr zurückgehen. Weiter reichen deine Erinnerungen nicht zurück. Was ist der Grund? Arbeitete das Gedächtnis noch nicht? Gab es noch keine Erfahrungen, Eindrücke – nichts, was sich dir einprägen konnte? Sicher gab es das! Ein kleines Kind von drei oder zwei Jahren ist sogar empfänglicher als je danach. Das Kind nimmt Tausende von Eindrücken auf. Aber warum bleiben keine Erinnerungen daran zurück? Weil das Ego noch nicht reif ist. Wer soll die Erinnerungen verwahren? Um welchen Mittelpunkt sollen sich die Erinnerungen gruppieren? Das Kind hat sich noch nicht identifiziert. Seine Identität hat sich noch nicht ausgebildet.

Wie entsteht nun sein Ego? Es blickt in die Augen der Mutter, Augen, die glücklich lächeln. Es gewinnt den Eindruck: „Ich muss schön sein, ich muss liebenswert sein, ich bin etwas sehr Wertvolles. Wenn Mutter kommt, wird sie immer so glücklich. Sie kommt und küsst mich." Das Kind sammelt Eindrücke. Der Vater kommt und gerät aus dem Häuschen – wirft das Kind in die Luft, spielt mit ihm und das Kind beobachtet. Der Vater wird zum Spiegel, die Mutter wird zum Spiegel. Dann kommen die Nachbarn – und nach und nach sammelt sich etwas an. Das Kind legt sich eine Akte darüber an, wer es ist.

Darum muss einem Kind, das ohne Mutter aufgewachsen ist, immer etwas in seiner Identität fehlen. Es wird unfähig bleiben, sich selbst zu lieben, weil sich ihm am Anfang kein liebender Blick eingeprägt hat. Es wird in bestimmten Dingen immer unsicher bleiben, niemals selbstbewusst sein. Nur die Mutter gibt diese Sicherheit und Gewissheit – dass du geliebt wirst, dass du gebraucht wirst, dass du andere glücklich machst, dass du einen Wert hast. Und das Kind wird älter – die Nachbarn, die Freunde, die Lehrer – unzählige Eindrücke häufen sich in ihm an – Tausende von Spiegeln überall. Und immer mehr kommt hinzu. Natürlich fängt das Kind sehr schnell an, seine Eindrücke zu sortieren: die Leute, von denen es geliebt wird, hat es gern; und die es hassen, lehnt es ab. Alles, was seinem Ego nicht gut tut, wirft es in den Keller seiner Psyche, ins Unbewusste. Wenn jemand es schlägt, wenn jemand sagt: „Hässliches Kind!“ oder der Lehrer sagt: „Stockdumm!“– dann wirft es solche Eindrücke sofort in den Keller. Die Spaltung beginnt.

Der bewusste Teil enthält alles, was du gern hast und liebst – dein schönes Selbstbild. Und dein hässliches Bild stößt du immer ins Unbewusste zurück. Dein Geist hat sich gespalten. Das ist der Beginn der Schizophrenie; im Extrem wirst du so in zwei Persönlichkeiten gespalten. Aber auch normalerweise bist du nicht ungeteilt; du bist zweigeteilt.

Bei einem Wutanfall übernimmt deine verdrängte Persönlichkeit die Kontrolle. Beobachtet einmal jemanden, der wütend wird: das Gesicht verändert sich, die Augen verändern sich, das ganze Benehmen wird anders. Plötzlich ist es nicht mehr derselbe Mensch. Als ob sich plötzlich etwas Fremdes einmischen würde, was ihn besessen macht und Dinge tut, von denen er sich nie hat träumen lassen. Er kann in einem Anfall von Weißglut einen Mord begehen – und hinterher begreift er nicht, wie das möglich war. Viele Mörder behaupten vor Gericht, nie die Tat begangen zu haben – und sie lügen nicht! Sie haben es tatsächlich nicht getan. Ein anderer, eine entfernte Persönlichkeit, mit der sie nicht identifiziert sind, hat sie besessen. Oder seht euch einen Verliebten an – eine plötzliche Veränderung hat stattgefunden. Seine Augen sind nicht mehr wie vorher, sie strahlen von einem fremden Licht. Das alte Gesicht ist fort, alles ist weicher geworden. Der ganze Mensch wird sanfter, strömender. Plötzlich ist aus dem Dunkel ein Morgen erwacht. Tief in seinem Innern zwitschern Vögel, öffnen sich Blumen.

Ein Mensch, der liebt, ist völlig verwandelt. Wird der gleiche Mensch aber wütend, dann kann man die beiden einfach nicht zusammenbringen. Es sind zwei verschiedene Persönlichkeiten. In der Wut steigt die andere Identität auf, die du ins Unbewusste verdrängt hattest; in der Liebe steigt die Identität auf, für die du dich schon immer gehalten hast.

Diese Spaltung ist die eigentliche Wurzel für alles Elend der Menschheit, für alles Unglück und alle Qualen, unter denen der menschliche Geist leidet. Solange diese Spaltung nicht behoben ist, werdet ihr nie ganz sein. Und solange diese Spaltung nicht verschwindet, werdet ihr nie erfahren, wer ihr seid. Der bewusste Teil ist genauso falsch wie der unbewusste, denn beide bestehen sie nur aus den Spiegelungen, die du dir von anderen geholt hast. Du bist dir niemals direkt selbst begegnet, sondern immer nur auf dem Umweg über andere. Und in einigen Spiegeln siehst du schön aus und in anderen hässlich. In dem einen Spiegel bist du ein Gott, in dem anderen nur ein Tier.

Ich kann immer wieder beobachten, wie völlig durcheinander ihr im Inneren seid – gleich, was für eine Identität, was für ein Ego ihr an der Oberfläche tragt. Denn unten drunter steckt immer die andere, die verleugnete Seite. Sie wohnt in deinen Grundmauern und macht dich unsicher und verwirrt.

Wenn jemand dich ohne Umschweife fragt: „Wer bist du?", dann kommt keine Antwort. Solange dich niemand danach fragt, weißt du, wer du bist. Aber wenn jemand fragt, hartnäckig fragt, wer du bist, dann weißt du es nicht.

Augustinus hat gesagt: „Wenn mich niemand fragt, was Zeit ist, dann weiß ich es; aber wenn mich jemand fragt, dann weiß ich es nicht." Und genau dasselbe gilt vom Ego. Solange niemand fragt, kennst du es. Sobald jemand fragt, ist alle Sicherheit wie weggeblasen. Darum ist es unhöflich, jemanden zu fragen: „Wer bist du?" Denn alles Selbstbewusstsein ist nur oberflächlich.

Wie kann es dich sicher machen, wenn du nichts als Spiegelbilder sammelst? Und dazu noch lauter verschiedene Spiegelbilder, ja sogar gegensätzliche, widersprüchliche, verwirrende! Du bist ein einziges Chaos. Dein Ego ist nur ein Trick, mit dem du dir dieses Chaos verheimlichst, nur ein Deckwort, mit dem du das alles bemänteln kannst. Im Innern bist du der reine Wahnsinn.

Das ist das erste, was ihr euch merken müsst: Niemand kann sich durch Spiegel kennen lernen – denn Spiegel interpretieren. Tatsächlich: kein Spiegel zeigt dir wirklich, wer du bist. Diese Spiegel sagen dir nur, wie sie persönlich auf dich reagieren. Die Mutter lächelt; aber sie sagt damit nicht etwa etwas über dich, sondern über sich selber. Sie ist glücklich. Sie ist eine junge Mutter. Und jede Mutter lächelt – und hätte sie das hässlichste Kind der Welt. Ein ganz gewöhnliches Kind – aber die Mutter denkt immer, dass ein Napoleon aus ihm wird oder ein Alexander oder ein Buddha. Die Mutter sagt nichts über dich aus. Sie ist glücklich, Mutter zu sein. Sie sagt etwas über sich selbst. Und wenn das Kind zurücklächelt, wird das Ego der Mutter gestärkt. Wenn das Kind lächelt, fühlt sich die Mutter sehr gut – sie glaubt, das Kind lächelt sie an.

Alle sitzen im gleichen Boot. Das Kind lächelt gar nicht die Mutter an; sein Lächeln sagt nichts über die Mutter aus. Jedes Kind lächelt die Mutter an, weil sie die Quelle aller Nahrung und aller Liebe ist. Das Kind lächelt also aus reiner Diplomatie, denn so verschafft es sich noch mehr Liebe und noch mehr Nahrung. Innerhalb von ein paar Tagen wird das Kind zum Politiker. Es weiß, wann es lächeln muss und wann nicht. Es lernt zu bestrafen und zu belohnen. Findet es die Mutter nicht gut, dann lächelt es nicht und würdigt sie keines Blickes. Sie muss es erst überreden.

Das Kind verrät etwas über sich selbst, nicht über die Mutter. Die Mutter verrät etwas über sich selbst, nicht über das Kind. Wenn du den Spiegel befragst, gibt der Spiegel dir nur über sich selber Auskunft, nicht über dich. Wenn es ein guter belgischer Spiegel ist, dann zeigt er seine Qualität – er sagt: „Ich bin belgisch." Und wenn er in Indien hergestellt wurde, sagt er: „Ich bin aus Indien." Über dich sagt er nichts. Wenn dein Gesicht schön aussieht, zeigt das nur, dass der Spiegel selber schön ist. Er reflektiert nur, er reagiert nur!

Das muss klar sein – vor allem dem Wahrheitssucher muss es klar sein, denn das gehört zu den grundsätzlichsten Einsichten: Dass alle um dich herum reflektierende Spiegel sind. Sie sind ihre Reaktionen. Sie sagen nichts über dich aus. Wie sollten sie auch? Du selbst kennst dich nicht; wie sollten sie also dich kennen? Unmöglich! Sie kennen sich selber nicht. Wie können sie dich kennen?

Das Ego ist eine Ansammlung von Eindrücken, Schatten, Spiegelreflexen. Und mit diesem Ego lebst du – lebst du in der Hölle. Solange du es nicht fallen lässt, besteht keine Möglichkeit, je im Himmel zu leben. Und du brauchst gar nicht erst zu versuchen, es fallen zu lassen; denn so, wie du jetzt bist, ist das, was das Ego fallenlassen will, selbst wieder das Ego. Damit würde dein Ego nur noch subtiler, denn jetzt bildet es sich ein, sich selbst fallengelassen, sich überwunden zu haben. Und sofort guckst du wieder in die Runde, um zu sehen, wie die Leute reagieren, und ob sie wohl sagen: „Einen so ich-losen Menschen haben wir noch nie gesehen!" Und sofort greifst du danach, dass du der ich-loseste Mensch der Welt bist, dass du unbeschreiblich edel, schlicht und demütig und überhaupt ohne jede Spur von Ego bist. Und so sammelst du immer weiter …

Man kann das Ego nicht fallenlassen, man kann es nur verstehen. Aber man braucht es auch gar nicht fallen zu lassen, denn es gibt da gar nichts fallen zu lassen – alles nur Gespenster. Du brauchst nur zu verstehen, wie du dir deine eigene Identität zusammengesucht hast, wie du dir dein eigenes Bild zurechtgeschneidert hast. Und was dabei herausgekommen ist, ist deshalb so konfus, weil es aus so vielen verschiedenen Quellen stammt, aus so widersprüchlichen, so völlig gegensätzlichen Quellen. Du bist also eine Rumpelkammer, dir fehlt jede Einheit.

Die zufälligen Eindrücke, aus denen du bestehst, können unmöglich einheitlich sein. Du hättest nur mit einem einzigen Menschen leben und nie einem anderen Menschen begegnen dürfen, dann hättest du jetzt ein völlig unerschütterliches Ego – aber selbst das wäre fraglich, denn auch dieser eine Mensch wäre nicht einheitlich. Mal ist er so, mal wieder so. Am Morgen hat die Mutter dich noch angelächelt, und am Nachmittag ist sie dir böse und schlägt dich. Der Mensch, mit dem du einzig und allein gelebt hättest, müsste auch noch ein völlig gleich bleibendes Naturell gehabt haben; nur dann könntest du ein einheitliches Ego haben.

Stattdessen hast du mit vielen, vielen Menschen zusammengelebt, mit Millionen von Stimmungen. Und all diese Eindrücke sind in dir. Dein Ego ist eine riesige Menge. Es hat nicht die Struktur eines Kristalls, ihm fehlt der Mittelpunkt. Es ist nur eine chaotische Masse, ein Mob.

Du kannst es nicht „fallenlassen." Alles, was du tun kannst, ist: hinschauen, beobachten, verstehen. Sobald du es verstanden hast, siehst du plötzlich – es ist gefallen. Aber du lässt es niemals fallen; sobald du es verstanden hast, ist es nicht mehr da. Es ist wie mit der Finsternis: du trägst eine Kerze hinein, und alles Dunkel ist verschwunden. Du trägst Verständnis in die Sache, plötzlich wird es hell, das Ego ist weg, die Schatten sind fort. Und wenn das Ego verschwindet, wird aus dir zum ersten Mal ein einheitliches Wesen. Die Grenze zwischen deinem Unbewussten und deinem Bewussten fällt einfach. Denn diese Grenze gibt es in Wirklichkeit gar nicht.

Freud irrt sich absolut, wenn er glaubt, dass es zwischen dem Bewussten und dem Unbewussten eine wirkliche Grenze gibt. Es gibt keine. Erst das Ego schafft Grenzen. Der bewusste Teil deines Ich ist deshalb bewusst, weil du ihn akzeptierst: er darf an die Oberfläche kommen. Der Teil des Ego, den du verwirfst, fällt nur tiefer in dich selbst hinein – wohin sonst, wenn du ihn verwirfst, wenn du ihn wegwirfst? Nichts liegt wirklich im Dunkeln: du kehrst lediglich allem, was du nicht akzeptiert hast, den Rücken zu.

Sobald du begriffen hast, dass das Ego nichts ist als eine Masse von Millionen Eindrücken, und dass die verworfenen Eindrücke genauso viel wert sind wie die akzeptierten, nämlich überhaupt nichts – wenn du also verstanden hast, dass das ganze Ego unwahr und eine blinde Masse ist, dann verschwindet plötzlich die Masse und die Unwahrheit. Mit einem Schlage lösen sich die Grenzen zwischen dem Bewussten und dem Unbewussten auf. Ein sintflutartiger Dammbruch findet statt.

Denn der unbewusste Teil von dir ist sehr groß, neunmal so groß wie der bewusste. Solange du also vom unbewussten Bereich abgespalten lebst, muss dein Leben nur sehr, sehr fragmentarisch und oberflächlich bleiben. Du kannst nur einen kleinen Ausschnitt leben; das Ganze bleibt dir verschlossen. Mach, was du willst – es ist immer nur ein Bruchteil von dir. Nie wird es Ausdruck des Ganzen sein. Ganz in einer Sache aufzugehen heißt für mich, meditativ sein – ungeteilt in allem.

Meditation ist nicht etwas vom Leben Abgetrenntes. Meditation ist nichts weiter als die Fähigkeit, restlos in allem aufzugehen. Du kannst Wasser vom Brunnen holen, und daraus kann eine Meditation werden – wenn du ganz und gar bei der Sache bist. Wenn du das Wasser aus dem Brunnen hochziehst, bleibt nichts von dir zurück, dann existiert nur noch die Bewegung des Hochziehens. Du füllst die Eimer. Du trägst das Wasser – reine Bewegung. Nichts ist außerhalb davon, niemand ist davon abgetrennt. Das ist Meditation.

Lin Chi wurde, nachdem er erleuchtet worden war, gefragt: „Was tust du jetzt, wo du erleuchtet bist?"

Er antwortete: „Ich hacke Holz. Ich hole Wasser vom Brunnen." Mehr sagte er nicht. In dem Augenblick war er gerade beim Holzhacken. Er sagte: „Alles ist so, wie es sein soll, alles ist schön. Ich hacke Holz und hole Wasser vom Brunnen, und alles ist, wie es sein soll."

Wenn du irgendetwas total tust – und ich sage, irgendetwas, ob Gehen, Zuhören, Reden –, sobald du total bei der Sache bist, ist es Meditation. Wenn nicht, dann mag ein Teil von dir noch so eifrig dein Mantra wiederholen – der andere Teil geht seinen eigenen Weg. Die Masse rennt weiter. Ein Teil der Masse summt vor sich hin: *„Ram, Ram, Ram"*, ein anderer Teil der Masse macht mit seinen eigenen Geschäften weiter. Ein Teil ist auf dem Markt, ein anderer im Haus, einer beschäftigt sich mit der Zukunft, ein anderer mit der Vergangenheit, einer läuft hinter einer Frau her, ein anderer liest im Koran oder in der Bibel, und einer singt vor sich hin: *„Ram, Ram, Ram."*

Du bist eine Herde. Und dieses Massengewühl kann nie und nimmer meditativ werden. Also kann auch das Ego nicht durch dich zu Fall kommen, ich wiederhole: nicht durch dich, sondern einzig und allein durch Einsicht – es fällt von selbst.

Plötzlich überflutet es dich: Dein unbewusstes Reich ergießt sich in dein bewusstes. Du wirst eins. Jetzt bist du ganz in allem, was du tust. Und das ist Ekstase: keine Vergangenheit, keine Zukunft, nur der gegenwärtige Augenblick: Hier und Jetzt. Du bist total in ihm – du bestehst aus ihm. Erst in diesem Zustand wird dir zum ersten Mal bewusst, wer du bist. Alle früheren Identitäten waren falsch. Du kannst dir nur unmittelbar begegnen: Auge in Auge mit dir selbst, mit deiner eigenen Realität. Kein Spiegel ist dazu nötig. Denn ein Spiegel kann nur die äußere Form wiedergeben. Er kann dir nie das Formlose zeigen, das du in Wirklichkeit bist. Spiegel können dir nur zeigen, was andere sehen. Spiegel können niemals zeigen, was andere nicht sehen können, was nur du selbst sehen kannst.

Du stehst vor dem Spiegel, was geschieht? Das, was der Spiegel wiedergibt, ist nur deine Peripherie. Deinen Mittelpunkt kann er nicht widerspiegeln – nur die Peripherie, nur die Form. Wenn du in den Spiegel blickst, dann bist nicht du es, was er widerspiegelt; denn du bist nicht das Gesehene, sondern das Sehende. Du bist nicht das, was im Spiegel wiedergegeben wird, du bist das, was auf das Spiegelbild blickt, was das Spiegelbild beobachtet.

Du bist immer nur das Sehende, und das Sehende kann niemals auf das Gesehene reduziert werden. Du bist Subjektivität und kannst niemals Objekt werden. Du bist unveräußerlich …

Wie kannst du dir also von außen begegnen? Man muss nach innen gehen. Man muss alle Spiegel zerbrechen, die Spiegel der Augen der anderen: freundliche Augen, feindliche Augen, gleichgültige Augen – alle möglichen Spiegel musst du fallenlassen. Dir bleibt wirklich nichts übrig, als deine Augen zu schließen, dich nach innen zu begeben und zu sehen, was nicht gesehen werden kann; du musst auf den Sehenden stoßen. Das ist zwar völlig absurd; es ist unlogisch; aber es geschieht. Wie kann man den Sehenden sehen? Logisch ist das unmöglich. Trotzdem geschieht es – denn das Leben pfeift auf die Logik. Das Leben ist größer als Logik. Es geschieht wirklichl Es kann auch dir geschehen. Aber dazu musst du dich aus der Welt der Reflexionen zurückziehen, aus dem Spiegelkabinett, das dich umgibt.

Diese Geschichte vom Meister Shibli ist sehr tief. Shibli ist einer von den ganz berühmten Meistern. Ich möchte euch erst noch etwas mehr von diesem Shibli erzählen.

Shiblis Name wurde zum ersten Mal zu der Zeit bekannt, als Al Hillaj Mansoor umgebracht wurde. Shibli war ein Freund von Mansoor. Die so genannten religiösen Leute haben schon viele Menschen umgebracht – Jesus zum Beispiel ... Aber ein Mord, wie der, den man an Mansoor begangen hat, ist noch nie dagewesen. So grauenvoll war keiner. Jesus wurde einfach gekreuzigt. Aber Mansoor wurde nicht einfach nur gekreuzigt. Erst kreuzigte man ihn, dann schnitt man ihm die Beine ab – er war noch am Leben –, und dann die Hände. Man folterte ihn, solange es ging. Man schnitt ihm die Zunge ab, dann stach man ihm die Augen aus. Und er war immer noch am Leben. Schließlich schnitt man ihm den Hals durch. Man schnitt ihn in Stücke.

Das erste Mal, dass wir von Shibli hören, ist genau dieser Augenblick: hunderttausend Leute sind zusammengeströmt, um Mansoor zu steinigen und zu verspotten. Was hatte Mansoor verbrochen? Welche Sünde hatte er begangen? Er hatte sich überhaupt nichts zuschulden kommen lassen; er hatte kein Verbrechen begangen. Sein ganzes Verbrechen bestand darin, dass er gesagt hatte: *„Anal Hak."* Das bedeutet: „Ich bin die Wahrheit, ich bin Gott."

Hätte er in Indien gelebt, wäre er jahrhundertelang vom Volk angebetet worden. Alle Seher der *Upanishaden* erklären dasselbe von sich: *„Aham Brahmasmi* – Ich bin Brahma, das göttliche Selbst." *Anal Hak* ist dasselbe auf Arabisch. Aber die Muslime konnten das nicht dulden.

Die Religionen, die der Westen hervorgebracht hat, sind alle drei ausgesprochen intolerant. Die Juden – sehr intolerant; darum haben sie Jesus gekreuzigt. Die Muslime – sehr intolerant, geradezu fanatisch. Und die Christen reden zwar immer von Toleranz, aber das sind nur schöne Worte, sie sind alles andere als tolerant. Ihre Toleranz strotzt vor Intoleranz.

Und alle drei Religionen haben sich als blutrünstig, gewalttätig und aggressiv erwiesen. Sie können nur mit Gewalt überzeugen; als ob man andere überzeugen könnte, indem man sie umbringt!

Mansoor ist einer der größten Sufis.

Er ist mit keinem anderen Mann in der Sufi-Tradition zu vergleichen. Er wurde umgebracht. Die Leute bewarfen ihn mit Steinen. Shibli stand in der Menschenmenge; Mansoor lachte und genoss das Schauspiel. Als man ihm die Füße abschnitt, fing er sein Blut mit den Händen auf und wusch beide Hände darin. So, wie die Muslime sich mit Wasser waschen, bevor sie zum Gebet in die Moschee gehen. Sie waschen sich die Hände mit Wasser – *„Wasud."*

Jemand aus der Menge rief: „Was tust du da, Mansoor?"

Mansoor antwortete: „Glaubt ihr, man kann *‚Wasud'* mit Wasser verrichten? Wie wollt ihr euch mit Wasser reinigen? Denn eure Verbrechen begeht ihr mit eurem Blut, eure Sünden kommen aus eurem Blut; meint ihr, Wasser könnte das wegwaschen? Nur Blut kann euch reinigen. Ich reinige meine Hände. Ich mache mich bereit zum Gebet."

Einer lachte laut und sagte: „Du bist ein Narr! Das nennst du Vorbereitung zum Gebet? Bereite dich lieber darauf vor, getötet zu werden!"

Mansoor lachte und sagte: „Das ist es ja, was Gebet bedeutet – sterben! Ihr verhelft mir zu meinem letzten Gebet. Und zu nichts ist dieser Körper besser geeignet; diesen Körper könnte ich nicht besser nutzen – ihr opfert mich auf dem Altar des Göttlichen. Dies ist mein letztes Gebet in dieser Welt."

Als sie sich daranmachten, ihm die Hände abzuhacken, rief er: „Einen Augenblick! Lasst mich erst beten, denn wenn ich keine Hände mehr habe, geht es nicht mehr." Mit diesen Worten blickte er zum Himmel auf, betete zu Gott und sprach: „Vergib diesen Menschen, denn sie wissen nicht, was sie tun."

Und er sagte zu Gott: „Du kannst mich nicht täuschen, du großer Versteckspieler! Ich kann dich in jedem einzelnen, der hier ist, erkennen. Glaubst du, du kannst mich täuschen? Nur weil du als Mörder, als Feind zu mir kommst? Damit kannst du mich nicht täuschen, das kann ich dir versichern. Du kannst kommen, in welcher Form du willst, ich werde dich doch erkennen – denn ich habe dich in mir selbst erkannt. Jetzt ist jede Täuschung unmöglich."

Die Leute warfen also Steine und Schmutz auf ihn und verlachten ihn, und währenddessen steht Shibli unter ihnen. Mansoor lacht, lächelt. Aber plötzlich fängt er zu weinen an: Shibli hatte eine Rose auf ihn geworfen. Über die Steine hatte er gelacht, über die Rose fing er bitterlich zu weinen an.

Jemand rief, „Was ist los? Über die Steine lachst du; bist du verrückt geworden? Und Shibli, der nur eine Rose geworfen hat, bringt dich zum Weinen?"

Mansoor antwortete: „Menschen, die Steine werfen, wissen nicht, was sie tun, aber dieser Shibli muss es wissen. Für ihn wird es nicht leicht werden, Vergebung von Gott zu erlangen."

Shibli war ein großer Gelehrter, er kannte alle Schriften, er war ein hochgebildeter Mann. Was Mansoor damit sagte, war: „Den anderen kann vergeben werden, weil sie aus Unwissenheit handeln, sie können nichts dafür. Sie können tun, was sie wollen, es ist in Ordnung. Mehr können sie eben nicht in ihrer Blindheit tun. Mehr kann man von ihnen nicht erwarten. Mehr ist nicht zu erwarten. Aber was Shibli betrifft – ein Mann des Wissens, einer, der weiß, was hier geschieht! Für ihn wird es nicht leicht sein, Vergebung zu finden. Darum weine ich für ihn. Er ist der einzige hier, der eine Sünde begeht, denn er weiß, was geschieht! Darum weine ich."

Auch das muss man gut verstehen: Man kann keine Sünde begehen, solange man unwissend ist. Wie kannst du sündig werden, wenn du nicht weißt, was richtig und was falsch ist? Du hast keine Verantwortung. Aber sobald du es weißt, bist du verantwortlich. Wissen ist die größte Verantwortung, die es gibt. Wissen macht dich verantwortlich. Diese Worte Mansoors lösten in Shibli eine Revolution aus. Er wurde ein völlig anderer Mensch. Er warf den Koran hin, verbrannte seine Bücher und sagte: „Wenn sie mir nicht einmal helfen konnten, das zu verstehen, ist alles Wissen umsonst. Von jetzt an will ich das wahre Wissen suchen."

Und wenn man ihn später fragte, warum Mansoor diese Worte über ihn gesagt habe, und ihn fragte: „Warum hast du überhaupt diese Blume geworfen, was hast du dir dabei gedacht?", da antwortete Shibli: „Ich stand in der Menschenmenge und hatte Angst – wenn ich nichts warf, konnten die Leute denken, ich würde zu Mansoors Vertrauten gehören. Die Umstehenden konnten denken, dass ich einer von seinen Freuden war, und auch gegen mich gewalttätig werden. Steine werfen konnte ich nicht, denn ich wusste, dass Mansoor unschuldig war. Aber ich hatte auch nicht den Mut, nichts auf ihn zu werfen. Darum warf ich die Blume – es war ein Kompromiss. Und Mansoor weinte zu recht: er weinte über meine Angst, über meine Feigheit. Er weinte, weil all mein Wissen, alles, was ich in meinem Leben zusammengetragen hatte, so sinnlos war – ich machte einen Kompromiss mit der Menge."

Alle Gelehrten machen Kompromisse mit der Masse. Alle Professoren müssen sich mit der Masse arrangieren. Darum hat man noch nie davon gehört, dass ein Gelehrter von der Masse gekreuzigt worden wäre. Sie stehen im Sold der Masse. Sie müssen immer Kompromisse machen. Und ihr Kompromiss besteht darin, dass sie sich einerseits vor einem Buddha oder einem Mansoor verbeugen, andererseits aber vor der Masse. Sie sind listige Leute, sehr listig.

Aber Shibli war völlig verwandelt. Er verstand. Die Tränen, die Mansoor um ihn geweint hatte, verwandelten ihn von Grund auf. Und später wurde aus Shibli selbst ein Meister. Es dauerte mindestens noch zwölf Jahre, in denen er als Vagabund, als Bettler durch die Lande streifte.

Oft fragten die Leute ihn: „Was ziehst du so ziellos herum, was ist es, das du so bereust?" – denn er schlug sich immer gegen die Brust, weinte viel und war zerknirscht. Wenn er in die Moschee ging, weinte er oft so heftig, dass das ganze Dorf zusammenströmte.

Es war so herzzerreißend, eine so tiefe Qual kam aus ihm, dass die Menschen fragten: „Was ist denn nur? Was für eine Sünde hast du begangen?"

Und dann sagte er jedes Mal: „Ich habe Mansoor ermordet. Außer mir war dort niemand verantwortlich; aber ich hätte verstehen können, was passierte. Und ich warf eine Blume auf den Mann. Ich hätte ihn retten können, aber ich versäumte die Gelegenheit. Das ist es, was ich bereue."

Sein ganzes Leben lang bereute er. Reue kann sehr, sehr tief gehen, wenn man seine Verantwortung begriffen hat. Es mag nur eine Kleinigkeit sein, die du bereust – vorausgesetzt, die Reue ist nicht nur auf den Lippen, nicht nur an der Oberfläche, sondern geht bis in die Wurzeln, erfasst dein ganzes Wesen, so dass du zitterst und bebst und weinst, so dass dir die Tränen nicht aus den Augen, sondern aus jeder Pore deines Körpers strömen – eine solche Reue kann dich transfigurieren. Das ist die Bedeutung des Jesus-Wortes: „Tut Buße!"

Der Meister von Jesus – Johannes der Täufer – machte wenig Worte. Dies war seine ganze Botschaft: „Tut Buße! – denn das Königreich Gottes naht. Tut Buße, bevor es da ist."

Buße – wenn es nicht nur beim Gedanken bleibt, sondern sie dich total erfasst – kann reinigen und verklären. Es gibt nichts, was dich so sehr reinigen kann wie Buße. Sie ist wie ein Feuer. Sie verbrennt alle Schlacke in dir.

Die Tränen Mansoors verfolgten Shibli sein ganzes Leben lang. Wachend oder schlafend hatte er immer die Tränen Mansoors vor Augen. Und das veränderte ihn von grundauf. So etwas kann nur ein Meister, ein ganz großer Meister tun; und Mansoor hat es getan: Noch im Tode verwandelte er einen Mann wie Shibli. Noch im Sterben nutzte er seinen Tod, um diesen Mann zu transformieren.

Ein Meister lässt keine Gelegenheit aus – lebend oder sterbend, oder sogar noch nach dem Tod – um anderen zu helfen, sich zu ändern.

Und jetzt diese kleine Geschichte:

Shibli wurde gefragt:

„Wer hat dir den Weg gezeigt?"

Shibli antwortete: „Ein Hund. Ich sah ihn, wie er eines Tages

am Rande des Wassers stand - halbtot vor Durst.
Jedes Mal wenn er trinken wollte,
schrak er vor seinem eigenen Spiegelbild im Wasser zurück,
weil er glaubte, einen anderen Hund vor sich zu haben.
Schließlich wurde seine Not so groß,
dass er alle Furcht beiseite warf und ins Wasser sprang ...
woraufhin sich das Spiegelbild auflöste.
Der Hund fand, dass das einzige Hindernis
zwischen ihm und dem, was er suchte,
sich aufgelöst hatte - nämlich er selbst.
Genauso verschwand auch das,
was mich gehindert hatte, als ich begriff, dass es allein das war,
was ich für mein eigenes Ich gehalten hatte.
So wurde mir mein Weg offenbart -
durch das Verhalten eines Hundes."

Wer bereit ist zu lernen, kann überall anfangen. Wer nicht zu lernen bereit ist, dem kann nicht einmal ein Buddha helfen. Es hängt von einem selbst ab. Ein Hund kann zum Gott werden, wenn man bereit ist zu lernen. Und selbst Gott erscheint dir nicht wie Gott, wenn du nicht zu lernen bereit bist. Es kommt darauf an. Es kommt letztlich auf dich an. Lernbereitschaft heißt, dich für alle Möglichkeiten offen zu halten. Ohne Vorurteile, ohne vorgefasste Meinung zu beobachten. Wer käme sonst auf den Gedanken, einen Hund zu beobachten? Jeder andere hätte ihn nicht einmal bemerkt, wäre einfach vorbeigegangen und hätte die Gelegenheit verpasst, die aus Shibli einen neuen Menschen machte, die ihm den Weg wies.

Jeden Tag geht ihr an solchen Gelegenheiten vorbei. Jeder Augenblick enthält einen Wink. Das Göttliche ruft euch ununterbrochen aus allen Ecken, aber ihr hört nicht hin. Ja, ihr glaubt sogar, die Richtung schon zu wissen. Das ist das eigentliche Problem. Wenn ein Kranker denkt, dass er schon gesund ist, warum sollte er auf einen Arzt hören? Dann kann er auch nicht geheilt werden. Jede Heilung ist dann von vornherein ausgeschlossen. Wenn du weißt, dass du schon Bescheid weißt, wirst du nie wissen. Zuerst musst du erkennen, dass du nicht weißt, dann plötzlich kommen die Dinge in Bewegung.

„Wer hat dir den Weg gezeigt?“, wurde Shibli gefragt. Der Fragende muss über die Antwort sehr verblüfft gewesen sein:

„Ein Hund. Ich sah ihn,
wie er eines Tages am Rande des Wassers stand …“

Genau da steht ihr alle: am Rand des Wassers, halbtot vor Durst. Aber irgendetwas hält dich zurück. Du springst nicht hinein. Etwas hindert dich. Was? Irgendeine Angst. Denn das Ufer ist dir bekannt und vertraut, und in den Fluss springen heißt, dich dem Unbekannten auszuliefern. Das Bekannte ist immer bewegungslos wie das Ufer. Und das Unbekannte immer flüssig, fließend wie ein Strom. Die Angst! Klammere dich ans Bekannte! Sie sagt immer: „Halte dich ans Bekannte, an das, was du kennst.“

Die Angst treibt dich im Kreise herum, denn nur ein Weg, der im Kreis herumgeht, kann dir immer bekannt bleiben. Du kommst nicht mehr aus dem alten Gleis heraus, und alles ist vertraut. Leute kommen tief unglücklich zu mir, aber sie sind nicht einmal dazu bereit, ihr altbekanntes Unglück aufzugeben. Es mag Unglück sein – aber es ist vertraut. Wenigstens das meinen sie zu besitzen. Sie sind nicht einmal bereit, ihr Unglück zu lassen.

Warum könnt ihr nicht einmal euer Unglück aufgeben? Das Vertraute, das Gewohnte – ihr habt schon so lange damit gelebt, dass es euch jetzt fehlen würde. Das ist Jedes Mal mein Eindruck. Und wie soll Glück möglich werden, wenn ihr euch selbst ans Unglück klammert? Zusammen können sie nicht existieren. Das Glück findet so keinen Zugang. Erst muss das Unglück zur einen Tür hinaus, dann kann durch die andere Tür das Glück hereinkommen; es kommt noch im selben Augenblick herein und füllt dich aus. Die Natur hat einen Horror vor dem Vakuum. Gott auch. Aber du bist so randvoll, du klammerst dich an all dein unglückliches Gerümpel wie an einen

Schatz. Sieh dir deinen Schatz doch an! Kannst du deinem bisschen Elend nicht adieu sagen? Schleppst du dich nicht schon lang genug damit ab? Hat es dich nicht schon genug zum Krüppel gemacht? Worauf wartest du noch! In dieser Situation seid ihr alle.

Shibli sagt also:

> Ich sah ihn, wie er eines Tages am Rande des Wassers stand –
> halbtot vor Durst ...

Fast verdurstet, und das Wasser gleich vor der Nase!

> Jedes Mal, wenn er trinken wollte,
> schrak er vor seinem eigenen Spiegelbild im Wasser zurück ...

Die Angst vor dem Unbekannten – und die Angst vor dem Spiegelbild. Er sah sich selbst im Wasser gespiegelt und glaubte, einen anderen Hund zu sehen. Er sah sich selbst. Es war niemand sonst da. Dies ist ein sehr, sehr bedeutsamer Satz. Lasst es mich mit allem Nachdruck sagen – du bist allein in deiner Welt. Es gibt sonst niemanden. Und alles, was du um dich herum siehst, sind Spiegelungen deiner selbst. Du bist nie aus dir herausgetreten, und es ist wirklich niemand da, außer dir – du, in deiner Welt. Alles ist Spiegelung, und in all diese Spiegelungen bist du gesperrt wie in ein Verlies.

Wenn du einem anderen begegnest – begegnest du dann diesem Menschen wirklich, oder nur dem Spiegelbild deiner selbst in ihm? Bist du je einem Menschen begegnet? Oder waren es nur deine eigenen Spiegelbilder, deine eigenen Interpretationen? Wenn du einem Menschen begegnest, fängst du sofort an, ihn zu interpretieren. Du fängst an, ein Bild um ihn zu weben. Ein Bild, das du produzierst. Der Mensch dahinter ist egal – du siehst nur dein Bild. Der Mensch rückt immer ferner ab, und das Bild wird immer klarer. Schließlich ist der Mensch vergessen, und du lebst nur noch mit dem Bild. Und wenn du dann zu dem Menschen sprichst, sprichst du zu deinem Bild von ihm, nicht wirklich zu dem Menschen selbst.

Du lernst einen Mann oder eine Frau kennen; du verliebst dich; glaubst du, dass du dich wirklich in den anderen verliebst? Unmöglich! Du verliebst dich in das Bild, das du dir von dem anderen gemacht hast. Genau wie der andere sich in das Bild verliebt, in das er oder sie dich eingewoben hat.

Wenn zwei Menschen sich verlieben, sind Jedes Mal mindestens vier Personen beteiligt. Es können auch mehr sein – nicht weniger. Und dann kommen die Probleme. Denn du liebst gar nicht den anderen, sondern das Bild, das du dir von ihm machst. Und der andere ist nicht dazu da, dein Bild zu bestätigen. Früher oder später kommt die Wirklichkeit durch. Dann kommt es zum Bruch zwischen deinem Traum und der Wirklichkeit, zwischen deinem Bild und dem anderen – wie er wirklich ist, wie er dir absolut unbekannt ist. Und dann knallt's.

Jede Liebesromanze geht in Rauch auf. Jede. Und je tiefer die Liebe geht, je intensiver das Gefühl, desto früher geht sie in Trümmer. Warum ist das so? Es ist unausweichlich, denn wie können zwei Menschen es miteinander aushalten, die sich nur in ihre eigenen Bilder vom anderen verlieben? Diese Bilder stellen sich ihnen überall in den Weg. Und vor allem sind sie falsch. Ein wirklicher Mensch ist völlig anders. Er hat nichts mit deinem Bild zu tun. Und er ist nicht dazu da, deine Erwartungen zu erfüllen. Und auch du bist nicht dazu da, die Erwartungen des anderen zu erfüllen. Ein wirklicher Mensch ist wirklich.

Er hat sein eigenes Schicksal. Du hast dein eigenes Schicksal. Ihr könnt den Weg ein paar Momente lang zusammengehen, Hand in Hand; das ist gut – solange es dauert. Wunderbar. Aber du darfst nichts erwarten – „tu dies", „tu das nicht". Sobald du mit deinen Erwartungen kommst, ist dir nur noch dein Bild wichtig, und die Liebe ist im Grunde tot, eine gestorbene Sache. Seht euch die Ehemänner, die Ehefrauen an.

Begreift ihr nicht, warum sie so stumpf und gelangweilt aussehen? Sie langweilen sich gegenseitig, sie lassen es einfach laufen; irgendwie schleppen sie sich weiter. Von Geheimnis keine Spur. Ihre Schritte sind nicht mehr beschwingt. Ihre Blicke meiden sich. Diese Augen sind nicht mehr wie stille Teiche, und wenn man hineinblickt, ist es eine Reise ins Ewige ... Wenn sie einander bei den Händen halten, regt sich nichts. Sie umarmen und küssen und lieben sich, aber das sind leere Gesten, Übungen wie Yogapositionen: leblos, gewollt, künstlich. Es passiert nichts Lebendiges mehr, alle Ekstase ist verschwunden. Sie bleibt aus. Beide kommen erschöpft aus dem Liebesakt zurück, unvergnügt, nicht wie neugeboren. Sie gehen tot hinein und kommen noch abgestorbener wieder zum Vorschein, müder als je. Die ganze Sache ist faul.

Aber wie konnte es soweit kommen? Das liegt daran, dass ihr im anderen immer ein Spiegelbild eurer selbst herstellt. Ihr produziert eine Illusion: Und mal liebst du, und mal hasst du, mal suchst du dir Freunde, mal Feinde, und alle sind sie Spiegelungen deiner selbst.

Es gibt eine alte indische Geschichte:

Ein großer König baute sich einmal einen Palast. Die Wände des Palastes waren mit Spiegeln bedeckt, Tausenden von Spiegeln. Es war ein herrliches Erlebnis, diesen Palast zu betreten. Man konnte seine eigene Gestalt in Tausenden von Spiegeln ringsherum wieder erkennen. Tausendmal du selbst, wohin du blickst!

Zünde eine Kerze an – Tausende von Flammen ... Eine kleine Flamme, und Tausende von Spiegeln werfen ihr Licht zurück – der ganze Palast wurde davon erhellt, von einer einzigen Kerzenflamme!

Eines Nachts kam durch Zufall ein Hund in den Palast. Er sah sich um. Er erschrak, erschrak sich zu Tode: Tausende von Hunden! Er erschrak sich so sehr, dass er die Tür, durch die er hereingekommen war, völlig vergaß. Er war eingezingelt von Tausenden von Hunden – der Tod war ihm sicher. Er fing an zu bellen – Tausende von Hunden bellten zurück. Er knurrte aggressiv – Tausende von Hunden knurrten ihn an. Vor Panik rannte er gegen die Wände. Am Morgen fand man ihn tot. Und es war sonst niemand da – nur der tote Hund.

Und das ist die Situation in dieser Welt. Du bellst und kämpfst, du verliebst dich, gewinnst Freunde und Feinde, und jeder Mensch ist für dich nur ein Spiegel. Unentrinnbar – solange du nicht aufwachst, solange du nicht wirklich erkennst, wer du bist, wirst du in anderen Menschen immer nur wieder deine eigenen Spiegelbilder sehen. Umarmst immer nur dein eigenes Spiegelbild, bekämpfst dein eigenes Spiegelbild ... Das Ego ist absolut masturbatorisch! Ego ist reine Selbstbefriedigung – du machst alles nur mit dir selber, über deine eigenen Spiegelbilder.

Der Hund war fast verdurstet, aber selbst das war nicht genug. Die Angst! Ich blicke euch in die Augen, ich blicke euch ins Herz – halbtot vor Durst. Aber selbst dieser Durst scheint noch nicht genug – genug, um den Sprung zu wagen, die Angst fallenzulassen, euch für das Unbekannte zu entscheiden. Der Durst ist da, aber er ist immer noch nicht groß genug. Die Angst scheint stärker zu sein, scheint wichtiger zu sein, scheint euch noch mehr zu quälen als der Durst.

Viele von euch erreichen in den Meditationen den Punkt, wo der Fluss fließt, und man nur noch hineinzuspringen braucht. Aber dann kommt die Angst – es sieht aus wie der Tod. Und Meditation ist wirklich wie der Tod. Die Angst kommt unweigerlich. Der Durst ist da, aber er ist anscheinend nicht stark genug. Wenn du wirklich durstig bist, dann springst du auch – ganz gleich, was es kostet. Und ein Meister ist dazu da, um dich immer durstiger zu machen, um dir deinen Durst immer bewusster zu machen – denn das ist die einzige Möglichkeit. Je durstiger du wirst, desto größer wird das Feuer in deinem Herzen, und du fängst vor Durst zu brennen an. Du kannst die Angst erst dann fallenlassen und den Sprung wagen, wenn der Durst größer ist als die Angst.

Jemand fragte Buddha: „Du sagst, dass Wahrheit nicht gelehrt werden kann. Warum sprichst du dann zu den Menschen? Und außerdem sagst du, dass niemand einen anderen zur Erleuchtung bringen kann, aber warum arbeitest du dann so hart mit den Leuten?“

Buddha soll geantwortet haben: „Wahrheit kann nicht gelehrt werden, aber der Durst nach ihr. Oder du kannst zumindest auf deinen Durst gestoßen werden – er ist schon da, du unterdrückst ihn nur.“

Weil du Angst hast, unterdrückst du den Durst. Laufend unterdrückst du etwas, das immer in dir ist: eine tiefe Unzufriedenheit mit allem um dich her. Eine göttliche Unzufriedenheit. Deinen Durst.

> ... Jedes Mal, wenn er trinken wollte,
> schrak er vor seinem eigenen Spiegelbild im Wasser zurück,
> weil er glaubte, einen anderen Hund vor sich zu haben.
> Schließlich wurde seine Not so groß ...

Merkt euch diese Worte. Ich kann nichts tun, als den Moment abzuwarten, wo dein Trieb so stark geworden ist, dass du nicht mehr anders kannst als zu springen, ins Unbekannte zu explodieren, den Schritt nach vorn zu wagen.

> ... Schließlich wurde seine Not so groß,
> dass er alle Furcht beiseite warf und ins Wasser sprang,
> woraufhin sich das Spiegelbild auflöste.

Wenn du nämlich in den Fluss springst, ist das spiegelglatte Wasser nicht mehr spiegelglatt. Die Reflexion verschwindet. Der Hund war nicht mehr da. Und Shibli muss am Ufer gesessen und das ganze beobachtet haben: Den Hund, seine Angst, seine wiederholten Versuche, ins Wasser zu springen, seine Rückzüge – immer wieder von neuem. Shibli muss sehr gespannt zugesehen haben, wie das wohl ausgehen würde. Und dann sprang der Hund. Und das Spiegelbild verschwand.

Der Hund fand, dass das einzige Hindernis ... nicht außen war, sondern innen: er war es selbst. Im Wasser war kein Hund. Der Hund im Wasser hatte ihn nicht gehindert, wie er immer geglaubt hatte. Er selbst war „das einzige Hindernis zwischen ihm und dem, was er suchte."

Er selbst war das Hindernis zwischen seinem Durst und dem Wasser, zwischen seinem Hunger und der Sättigung, zwischen seiner Unzufriedenheit und dem Frieden, zwischen seiner Frage und der Lösung, zwischen seiner Suche und dem, was er suchte. Ein anderes Hindernis gab es nicht – nur sein eigenes Spiegelbild im Wasser.

Und so steht's auch mit euch, absolut genauso; mit jedem einzelnen von euch. Niemand hindert dich. Ein Etwas, das wie eine Spiegelung deiner selbst ist, ist zwischen dir und deiner Bestimmung, zwischen dir als Samenkorn und dir als Blüte.

Kein anderer hindert dich, kein anderer versperrt dir den Weg. Schiebe also die Verantwortung nicht länger auf andere. Das ist nur eine Ausrede, um sich selber zu trösten. Hör auf, dich zu trösten. Hör auf mit allem Selbstmitleid. Schau tief in den Spiegel – und jeder um dich herum ist ein Spiegel –, und du wirst sehen: Überall spiegelst du nur dich selbst.

> ... Genauso verschwand auch das,
> was mich gehindert hatte, als ich begriff,
> dass es allein das war, was ich für mein eigenes Ich gehalten hatte.
> So wurde mir mein Weg offenbart – durch das Verhalten eines Hundes.

Der Weg wird dir aus tausend Richtungen angezeigt. Es gibt Leute, die erleuchtet wurden, als sie einen Hund beobachteten. Oder eine Katze. Es gibt Leute, die beim Anblick eines fallenden Blattes erleuchtet wurden. In allen möglichen Situationen sind Leute erleuchtet worden. Nur eine Bedingung ist absolut notwendig, und die ist: beobachten! Ob Hund, Katze, Blatt oder Fluss – das bleibt sich gleich. Erleuchtet wird man dadurch, dass man beobachtet.

Egal, wie die Situation ist – beobachte! Beobachte ohne Vorurteile. Und beobachte ohne die Vergangenheit. Beobachte ohne deinerseits zu denken. Interpretiere nicht. Beobachte! Wenn deine Augen klar sind, wenn deine Wahrnehmung klar ist, und du still beobachtest, führt dich jede beliebige Situation zum Göttlichen. Und so sollte es auch sein! Jede Situation, jeder Augenblick im Leben führt zum Göttlichen.

Rinzai, ein Zen-Meister, wurde gefragt: „Was ist der Weg, die letzte Wahrheit zu erkennen?"

Rinzai war auf seinem Morgenspaziergang und hatte einen Stock in der Hand. Er hob den Stock dem Fragenden vor die Augen und sagte: „Sieh auf diesen Stab! Wenn du diesen Stock beobachten kannst, brauchst du nichts weiter zu tun."

Der Mann muss das etwas seltsam gefunden haben. Er sah sich den Stock von oben bis unten an und sagte schließlich: „Aber wie soll ich denn erleuchtet werden, indem ich mir einen Stock ansehe?"

Rinzai antwortete: „Es kommt nicht darauf an, was du beobachtest, sondern darauf, dass du beobachtest. Im Moment habe ich zufällig den Stock zur Hand. Das ist alles."

Alles Mögliche kann dir Aufschluss geben – wenn du beobachtest. Beobachtung ist die einzige Methode. Du kannst es Bewusstheit nennen, du kannst es Erforschung nennen, du kannst es Zuschauen nennen – nur: beobachte. Lebe dein Leben mit wachsamen Augen. Und alles, auch das Allerkleinste, führt zum Allergrößten. Alles führt zu Gott.

Ihr habt sicher das Sprichwort gehört: „Alle Straßen führen nach Rom." Mag sein – aber jeder Weg führt zu Gott. Werde wachsam, wo immer du bist, und sofort k ehrt sich dein Gesicht dem Göttlichen zu. Beobachtung verwandelt die Qualität deiner inneren Bewusstheit. Sei wachsam!

Jesus ermahnt seine Jünger ständig: „Seid wachsam!" Aber so ist es meistens – Jünger sind taube Leute. Als seine letzte Nacht gekommen war, und Jesus am nächsten Tag gekreuzigt werden sollte, sagte er zu ihnen: „Ich gehe jetzt und bete ein letztes Mal. Haltet Wache. Seid alle auf der Hut und schlaft nicht ein!"

Eine Stunde später, als Jesus vom Baum zurückkam, unter dem er gebetet hatte, fand er alle Jünger fest schlafend. Sie schnarchten.

Er weckte sie und sagte: „Was macht ihr? Ich hatte euch aufgetragen, wachsam zu sein, und ihr seid eingeschlafen!"

Sie antworteten: „Wir waren müde; der Schlaf hat uns übermannt."

Jesus sagte: „Jetzt passt besser auf, denn dies ist die letzte Nacht! Ich werde nicht länger mit euch sein." Und als er nach einer halben Stunde wieder zurückkam, schliefen sie wieder alle fest. Was sagte er wirklich? Er gab ihnen das Schlüsselwort. „Seid wachsam." Was sonst kann ein Meister seinen Jüngern mitgeben, wenn er Abschied nimmt? Dieses Wort – „Seid wachsam"– enthält die Essenz aller religiösen Offenbarungen.

Dreimal kam Jesus zurück. Es gibt nur zwei Dinge, die unendlich sind, das kann ich euch versichern: die Liebe eines Meisters und die Dummheit eines Jüngers. Zwei Unendlichkeiten.

Dreimal kam Jesus und sagte: „Was, schon wieder schlaft ihr?" Und in dieser Nacht stand all diesen Jüngern die Erleuchtung offen. Denn Jesus war auf seinem höchsten Gipfel angelangt. Er betete; in diesem Augenblick des Betens war die ganze Atmosphäre im Garten von Gethsemane geladen. Wären diese Jünger wach geblieben, hätten sie alle plötzlich erleuchtet werden können. Aber sie schliefen fest.

Auch zu euch sage ich: „Seid wachsam! Denn ich werde nicht mehr lange hier sein. Nur noch eine kurze Weile. Ihr könnt die Gelegenheit versäumen, könnt Ausreden finden. Seid auf der Hut. Seid wachsam."

Jesus erzählt wiederholt die Geschichte von dem Herrn, der auf Reisen ging und zu seinen Dienern sagte: „Seid vierundzwanzig Stunden am Tag wachsam, denn jeden Augenblick kann ich zurückkommen, und wenn ich euch schlafend finde, werde ich euch hinauswerfen. Also bleibt wach! Einer von euch muss immer Wache halten. Ihr könnt schichtweise wachen, aber ein paar von euch Dienern will ich wachend vorfinden, wenn ich wiederkomme."

Die Diener dachten: „Die Reise ist sehr lang, sie wird wohl Jahre dauern, also brauchen wir uns jetzt noch keine Gedanken zu machen. In einem Jahr können wir anfangen, Wache zu halten. Aber für's erste Jahr wollen wir es uns bequem machen und uns gut ausschlafen. Wir sind frei – der Herr ist fort."

Und als der Herr zurückkam ... Er kam nach drei Jahren zurück, aber wenn man erst einmal ein Jahr verschlafen hat und faul und nachlässig geworden ist, dann ist es nicht mehr so leicht. Dann fängt man an, die Sache aufzuschieben. „Bis jetzt ist er ja noch nicht da, und kein Bote hat seine Ankunft gemeldet. Wer weiß, ob er überhaupt noch lebt? Wir haben ja nichts von ihm gehört." So vergaßen sie ihn völlig.

Als der Herr endlich kam, hatten sie nicht nur vergessen, dass der Herr existierte, und dass er ihnen aufgetragen hatte, wachsam zu sein, sondern sogar, dass sie die Diener waren. Sie hatten sich inzwischen zu den Herren des Hauses gemacht.

Das gleiche ist im Kopf eines jeden passiert, in jedem Bewusstsein. Und denkt daran: Gott kann jederzeit an deine Tür klopfen. Wenn du nicht aufpasst, kannst du den Augenblick verpassen. Er kann in Form eines Hundes anklopfen. Er kann in einer Blume anklopfen. Ein Vogel schwingt sich in die Lüfte – und es ist Gott, der bei dir anklopft. Er kann jede Gelegenheit benutzen, um an deine Tür zu klopfen.

Bleib wach, so dass der Gast, wenn er kommt, dich nicht schlafend findet. So dass du ihn erwartest und für ihn das Haus hergerichtet hast, wenn er an deine Tür klopft. So dass dein Herz bereit ist, ihn zu empfangen.

Sei wachsam. In deiner Wachsamkeit wird nach und nach dein Ego sterben, denn das Ego kommt dadurch zustande, dass du nicht wachsam bist, durch stumpfe Sinne. Indem du hellwach beobachtest, stirbt das Ego.

Und nicht ehe du stirbst, kann etwas geschehen.

9 | WÖRTER KÖNNEN NICHT VIEL SAGEN

Ein Jünger kam zu Maruf Karkhi und sagte:
„Ich habe mich bei den Leuten nach dir erkundigt.
Die Juden behaupten, dass du ein Jude bist;
die Christen verehren dich als einen ihrer eigenen Heiligen;
und die Muslime bestehen darauf,
dass du der Größte aller Muslime bist."
Maruf antwortete: „Das sagen die Menschen in Bagdad.
Als ich in Jerusalem war, nannten mich die Juden einen Christen,
und die Muslime einen Juden, und die Christen einen Muslimen."
„Wofür sollen wir dich also halten?", fragte der Mann.
Maruf antwortete:
„Die einen verstehen mich nicht und verehren mich.
Die andern verstehen mich auch nicht und beschimpfen mich.
Um das zu sagen, bin ich hier.
Denkt an mich als einen, der das gesagt hat."

9 |

EIN RELIGIÖSER MENSCH WIRD IMMER MISSVERSTANDEN. WIRD ER nicht missverstanden, kann er nicht religiös sein. Die Menschen haben eine unreligiöse Lebenseinstellung – sektiererisch, aber nicht religiös. Ein religiöser Mensch ist also ein Fremder. Und alles, was ihr über ihn sagen könntet, ist unwahr, weil ihr unwahr seid. Und ich sage ausdrücklich: alles, was ihr sagen könntet. Also stimmt auch das nicht, was ihr zu seinen Gunsten sagt. Ob du nun für oder gegen ihn sprichst, macht keinen Unterschied; was immer du auch sagst, stimmt nicht – bevor du nicht selbst zu einem religiösen Bewusstsein geworden bist.

Bevor das nicht geschieht, ist eure Verehrung so falsch wie eure Ablehnung. Haltet ihn für einen Weisen, und ihr habt ihn missverstanden. Haltet ihn für einen Verbrecher, und wieder habt ihr ihn missverstanden.

Als erstes müsst ihr euch also merken: solange es mit dir selber nicht stimmt, kannst du sagen, was du willst – es wird falsch sein. Und ein religiöser Mensch ist ein so fremdes Phänomen, dass ihr keine Sprache zur Verfügung habt, die ihm gerecht wird. Was ihn betrifft, sind alle eure Wörter sinnlos. Eure Sprache insgesamt ist hier sinnlos, wertlos, denn ein religiöser Mensch ist genau deswegen religiös, weil er alle Dualitäten hinter sich gelassen hat: Sprache ist aber überhaupt nur im Bereich der Dualitäten möglich.

Nennt ihr ihn gut, dann stimmt es nicht, denn er ist auch schlecht. Nennt ihr ihn schlecht, stimmt es wieder nicht, denn er ist auch gut. Und damit seid ihr schon in der Klemme – denn es geht über eure Begriffe, wie einer zugleich gut und schlecht sein kann. Ihr könnt immer nur den einen Teil des Ganzen begreifen, denn der andere

Teil ist notwendigerweise das Gegenteil. Es geht nicht anders. Ein religiöser Mensch ist eine Miniatur Gottes. Ebenso wie Gott, ist auch er paradox und widersprüchlich. Ebenso wie Gott, ist auch er Sommer und Winter, Tag und Nacht, Leben und Tod. Ebenso wie Gott, ist er göttlich und teuflisch zugleich. Dem Verstand schwindelt …

Solange er mit Gegensätzen arbeiten darf, funktioniert der Verstand ausgezeichnet. Sagst du ja, kann der Verstand das begreifen. Sagst du nein, kann er das auch begreifen. Aber wenn du ja und nein zugleich sagst, geht das über seinen Horizont. Solange du nicht über den Horizont des Verstandes hinausgehst, hast du noch kein Gefühl für das religiöse Bewusstsein.

Ich wurde als ein Jaina geboren. Religion hat nun aber nicht das Geringste mit Geburt zu tun: du kannst in keine „Religion" hineingeboren werden. Ich wurde als Jaina geboren – reiner Zufall. Ich hätte genauso gut als Christ oder Jude geboren werden können. Eine völlig belanglose Tatsache – denn durch Geburt kann dir keine Religion gegeben werden. Sie ist keine Mitgift. Sie ist kein Erbgut. Mein Vater ist ein Jaina, meine Mutter ist eine Jaina – aber sie können mir den Jainismus nicht mitgeben. Ich kann ihren Reichtum erben, ich kann ihr Ansehen erben, ich kann den Familiennamen erben – aber ich kann keine Religion erben. Religion kann keine Mitgift, kein Erbe sein. Sie ist keine Sache. Man muss sie für sich allein finden. Niemand kann sie dir geben.

Alles, was du von Geburt aus mitbekommen kannst, ist Sektenglaube, nicht Religion. Hinduismus, Christentum, Islam, Jainaismus, Buddhismus – alles Sekten, keine Religionen. Es gibt nur eine Religion. Sekten unzählige, denn Sekten sind die Formen, die toten, fossilierten Formen. Sekten sind wie Fußabdrücke: jemand ist einmal diesen Weg gegangen, aber er ist nicht mehr da; was bleibt, sind Fußspuren im Sand – im Sand der Zeit.

Ein Buddha geht unter uns, er hinterlässt Fußspuren, und diese Spuren verehrt ihr dann jahrhundertelang. Aber es ist jetzt niemand mehr da. Nur eine Form im Sand. Sonst nichts. Sekten sind Formen im Geist, genau wie Fußspuren. Ja – sie bezeugen, dass da einmal jemand war, aber er ist nicht mehr da. Und ihr betet diese Formen immer weiter an. Du wirst in diese Formen hineingeboren. Du wirst von diesen Formen geprägt, indoktriniert. Und wirst ebenfalls zum Sektierer.

Und glaub ja nicht, dass du dadurch religiös geworden bist – sonst kannst du es nie werden. Religion kann nur existieren, wenn du sie dir selber suchst. Sie entsteht nur durch persönliches Wachstum, durch persönliche Begegnung mit der Realität – von Angesicht zu Angesicht, unvermittelt und direkt. Das hat nichts mit Tradition zu tun, nichts mit der Vergangenheit. Du musst langsam hineinwachsen. Du musst zulassen, dass es langsam in dich eindringt.

Religion ist eine Revolution, nicht Anpassung. Sie ist keine Überzeugung, die man sich intellektuell erwirbt. Sie ist eine Umwälzung deines ganzen Wesens. Wie kann man schon ins Religiöse hineingeboren werden? Sicher – man kann in eine Ideologie hineingeboren werden. Man kann sich eine Theologie aneignen, Wörter über Gott, Theorien über Gott, Dogmen und Lehrsätze; aber alles über Gott zu wissen, heißt noch lange nicht, Gott zu kennen. Das Wort „Gott" ist nicht Gott. Und alle Theologien zusammengenommen sind null und nichtig, verglichen mit einem einzigen Moment der Begegnung mit dem Göttlichen – denn dann springt zum ersten Mal der Funke über, und dein inneres Licht entzündet sich. Du erhebst dich in eine neue Dimension.

Religion ist eine persönliche Suche. Sie hat nichts mit Gesellschaft zu tun. Ich wurde als Jaina geboren. Natürlich haben sie alle versucht, mich zu zwingen, auch ein Jaina zu werden. Zum Glück schafften sie es nicht. Und es ist ein großes Unglück, dass sie in so vielen Fällen Erfolg haben. Sie haben es nicht geschafft und waren mir sehr böse. Wenn ihr also die Jainas fragt, dann werdet ihr nur hie und da einen finden, der mich einen Jaina nennt. Die meisten werden sagen, dass ich der eingeschworene Feind des Jainismus bin und dass ich ihre Ideologie zerstöre und ihre Brunnen vergifte. Und beide haben in gewissem Sinne Recht.

Diejenigen, die sagen, dass ich gegen den Jainismus bin, haben in gewisser Weise recht – weil ich den Jainismus, wie sie ihn verstehen, ablehne. Ich bin wirklich dagegen, denn das hat mit Religion nichts zu tun. Ein totes Fossil – wenn auch eines der ältesten. Der Jainismus scheint die älteste Religion der Welt zu sein, selbst älter noch als der Hinduismus. Denn selbst in den Veden, im *Rig-Veda*, werden die *Teerthankaras* der Jainas erwähnt, und zwar in tiefer Ehrfurcht. Das zeigt, dass die *Teerthankaras* der Jainas älter sind als die erste Schrift der Hindus, älter als der *Rig-Veda* – die älteste Schrift der Welt. Und der erste Teerthankara, der Meister Rishabh, wird in dem *Veda* so ehrfurchtsvoll erwähnt, dass man fast sicher sein kann, keinen Zeitgenossen vor sich zu haben. Er muss mindestens schon tausend Jahre tot gewesen sein – anders ist eine so ehrfurchtsvolle Sprache nicht erklärlich. Über Zeitgenossen wird so nicht gesprochen. Anhänger mögen so reden; aber die Hindus sind keine Jainas – sie sind verfeindet. Es müssen mindestens tausend Jahre dazwischen liegen, und der Mann musste schon zur Legende geworden sein.

Die Jainas sind uralt. Die Archäologen sind heute mit den Ruinen und Funden von Harappa und Mohenjodara beschäftigt. Und sie sagen, dass Harappa und Mohenjodara höchstwahrscheinlich Jaina-Gründungen waren. Bevor die Arier in Indien einwanderten, war Indien ein Land der Jainas – es sieht ganz danach aus! Eine uralte Religion also, und natürlich entsprechend abgestorben.

Je älter eine Religion, desto abgestorbener. Alles fossiliert. Es gibt keine Erscheinung, die leichenhafter wäre als einen Jaina-Mönch. Er tut nichts anderes, als sein Leben zu beschneiden.

Es ist langsamer Selbstmord. Und je mehr er sich abgetötet hat, desto mehr betet man ihn an – denn gleicht er einem Toten, beweist das seine Weltabkehr. Hat er noch einen Rest von Leben in sich, dann fürchten sich die Jainas vor ihm. Je älter eine Religion, desto mehr schlägt sie ihre Anhänger ans Kreuz und bringt sie um.

Je älter eine Religion, desto erdrückender ist sie. Wie ein Himalaja auf dem Herzen eines winzigen Menschen ... lastend, lähmend bis hin zur Bewegungslosigkeit. Und immer mehr Traditionen sammeln sich an. Es ist wie mit Schneebällen, die zu Lawinen werden –

sie sammeln immer mehr Gewicht an, sie werden immer dicker. Tot, aber immer mehr Gewicht. Sie werden zu ausgewachsenen Monstren – und dann töten sie jeden Geist ab. Sie halten sich immer an den Buchstaben – und je mehr sie sich an den Buchstaben halten, desto giftiger werden sie für den Geist.

Wenn ihr also unter den Jainas herumfragt, werden nur ein paar wenige sagen: „Ja, dieser Mann ist ein wahrer Jaina." Die meisten werden sagen: „Dieser Mann ist gegen uns, unser größter Feind." Und beide haben sie auf ihre Weise Recht – und in tieferem Sinne haben beide Unrecht. Ich bin ein Jaina. Wenn ihr Mahavir im Sinn habt, dann bin ich ein Jaina. Mahavir ist ein religiöser Mensch – aber nicht, weil er in seine Religion hineingeboren wurde. Er hat gesucht. Er hat nachgeforscht. Er ist der Wirklichkeit begegnet. Er warf alle Dogmen über den Haufen. Er warf alle Zivilisation über den Haufen. Er warf sogar seine Kleider ab, denn auch sie gehörten zu Zivilisation und Kultur. Auch sie beladen dich mit Gesellschaft. Er lebte nackt. Zwölf Jahre lang sagte er kein einziges Wort, denn sprechen heißt, die Sprache der Gesellschaft benutzen.

Und indem du sprichst, keimt das Gesellschaftliche wieder in dir auf. Sobald du sprichst, wirst du sofort Teil einer Gesellschaft. Ein schweigender Mensch gehört keiner Gesellschaft an. Er mag Teil der Natur sein, aber nicht der Gesellschaft. Es ist sogar so, dass Sprache dich überhaupt erst zu einem Mitglied der menschlichen Gesellschaft macht. Wenn du plötzlich zu reden aufhörst, fällst du aus dem Rahmen der menschlichen Gesellschaft und Zivilisation heraus. Du wirst eins mit den Bäumen, den Felsen, dem Himmel.

Zwölf Jahre lang benutzte Mahavir keine Sprache. Er blieb vollkommen stumm. Diesen Mann liebe ich, denn dieser Mann ist religiös. Und er fing erst wieder zu sprechen an, als die Stille in ihm vollkommen war. Und er sprach nicht aus den Schriften, sondern aus sich selbst heraus. Er sprach aus seiner Stille heraus. Und wann immer ein Wort aus tiefer Stille geboren wird, dann lebt es, dann pulsiert es vor Leben. Und diejenigen, die es direkt vernehmen, sind höchst glücklich zu schätzen – denn bald wird es wieder sterben.

Alles Geborene muss sterben. Ein Wort wird geboren: es lebt ein paar Augenblicke, pulsiert in deiner Gegenwart, und wenn du es hören kannst, wird es in dein Wesen eindringen, wird es ein Teil von dir werden. Wenn du es nicht hörst, wenn du dir Notizen machst und dir vornimmst, es zu Hause zu verstehen, ist es schon tot. Dann wirst du etwas verstehen, was gar nicht gesagt wurde. Du hast dir bereits ein Privat-Evangelium geschaffen.

Mahavir sprach aus seinem inneren Schweigen heraus. Seine Worte gehören zum Schönsten, was je gesprochen wurde. Ich liebe diesen Mann. Er ist der anti-gesellschaftlichste Mensch, den man sich denken kann – und der anti-traditionellste. Die anderen dreiundzwanzig *Teerthankaras* – die dreiundzwanzig Meister der Jainas – trugen alle Kleidung. Dieser Mann ging nackt. Der Tradition zufolge sollen die zeitgenössischen Jainas diesen Mann verleugnet haben. Sie fragten sich, was das wohl heißen sollte – „unsere anderen *Teerthankaras* sind doch auch nicht nackt herumgelaufen, warum tut er es?" Sie taten alles, um diesen Mann zu verleugnen, und aufgrund dieser Ablehnung spalteten sich die Jainas damals in zwei Richtungen.

Es gibt zwei Jaina-Sekten: diejenigen, die Mahavir in seiner Nacktheit folgten – nur sehr wenige; man nennt sie *Digambaras* – sie gehen nackt. Und die anderen Jainas, die am Alten festhalten und diesem Mahavir aus dem Wege gehen wollten, die ihn zu leugnen versuchten – die *Swetambaras*. Ihr Zeichen ist weiße Kleidung. Ihre Mönche tragen weiße Gewänder. Und der Streit geht heute noch weiter …

Wenn ein Jaina sagt: „Ja, dieser Mann ist ein Jaina", dann hat er recht. Ich liebe Mahavir – etwas Ungewöhnliches, Einmaliges blüht mit ihm auf, er hat ein unvergleichliches Aroma … Aber die anderen haben genauso recht, wenn sie sagen: „Dieser Mann ist kein Jaina, sondern der Erzfeind." Sie haben ebenfalls Recht … weil ich gegen Tradition bin, gegen alle Rituale, Formen und heilige Schriften, gegen die Vergangenheit.

Ich bin absolut für Religion und absolut gegen Sekten. Die anderen haben also auch Recht. Fragt ihr die Hindus, dann sagen sie: „Dieser Mensch ist ein Jaina und will den Hinduismus von innen her aushöhlen – denn welcher Jaina hat je schon über die *Gita* gesprochen oder die *Upanishaden* kommentiert? Dieser Mann will den Hinduismus von innen sabotieren." Das sagt der *Shankaracharya* von Puri über mich. „Hütet euch vor diesem Mann! Er ist kein Hindu."

Und auch er hat auf seine Weise Recht. Denn in dem Sinn, wie er ein Hindu ist, bin ich keiner. Aber der Hinduismus, wie er ihn versteht, ist keinen Heller wert. Ich bin Hindu in dem Sinne, wie Patanjali ein Hindu ist, oder Badrayan, Kapil und Kanad – das sind Hindus. Die wahrhaft religiösen Menschen gehören nie zum Establishment. Das ist ausgeschlossen. Es ist vielleicht möglich, dass das Establishment ihnen folgt, oder dass früher oder später sich ein Establishment um sie bildet. Das ist möglich. Aber sie selbst gehören nie zu irgendeinem Establishment, ob zu einem fremden oder zu einem eigenen. Sie können in keinem Establishment existieren. Sie sind frei! Freiheit kann nie Teil irgendeines Establishments sein.

Sobald ein Establishment überhand nimmt, stirbt jede Freiheit. Dann kann der Vogel nicht mehr fliegen; ihm werden die Flügel gestutzt. Man hat ihn jetzt eingesperrt, in einen goldenen Käfig – wunderschön ausgeschmückt, sehr kostspielig und wertvoll, so dass der Käfig jetzt viel wichtig ist als der Vogel selbst. Und mit der Zeit vergessen die Leute den Vogel und der Vogel ist bald tot. Dann beten sie nur noch den leeren Käfig an und schmücken und verzieren ihn immer mehr; sie errichten Tempel um ihn her, und eine große Tradition entsteht, ein ganzes Establishment, und kein Mensch fragt auch nur: „Wo ist eigentlich der Vogel geblieben?" Totes Aas in einem goldenen Käfig …

Ich bin ein Hindu, aber mein Hinduismus ist wie ein Vogel im Flug; ich bin hinduistisch, so wie die *Upanishaden* hinduistisch sind; aber ich bin kein Hindu wie der *Shankaracharya* von Puri– ein toter Vogel in einem goldenen Käfig. Wenn ihr die Muslime fragt, dann werden sie sagen, dass ich nicht das Recht hätte, über die Sufis oder den Koran zu sprechen. Als ich einmal in einer kleinen Stadt über die Sufis sprach, kam der Maulvi der Stadt zu mir und beschwerte sich: „Du hast nicht das Recht dazu. Du bist kein Muslime. Du sprichst kein Arabisch. Wie kannst du dir anmaßen, über die Sufis und den Koran zu sprechen?“

Ich antwortete ihm: „Der Koran hat nichts mit Arabisch zu tun. Er hat etwas mit dem Herzen zu tun, nicht mit der Sprache.“

Der Koran hat nichts mit der Sprache zu tun. Er hat etwas mit Schweigen zu tun, nicht mit Sprache. Der Koran hat mit der Wirklichkeit zu tun, nicht mit ihren Symbolen. Und ich bin auch kein Muslime, insofern man darunter einen Anhänger Mohammeds versteht – absolut nicht. Ich bin niemandes Anhänger. Aber ich bin ebenso gut ein Moslem wie Mohammed selbst Moslem ist. So wie Jesus ein Christ ist, bin ich auch ein Christ … aber wohlgemerkt: so wie Jesus selbst, wie Mohammed selbst. War Mohammed ein Moslem? Wie konnte er? Denn zu seiner Zeit gab es keinen Islam. War Jesus ein Christ? Das Christentum existierte noch nicht. Wie kann er also Christ gewesen sein? Aber wenn Jesus ein Christ war, dann bin ich auch ein Christ. Wenn Mohammed ein Moslem ist, dann bin ich auch Moslem. Aber in jedem anderen Sinn bin ich kein Moslem und kein Christ. Ein religiöser Mensch gehört keiner Sekte an.

Das Umgekehrte ist der Fall: alle Sekten gehen auf religiöse Menschen zurück. Denn so funktioniert der formale Verstand: er ist an der Ideologie interessiert, an der Sprache, am Ritual, und damit entgeht ihm das Wesentliche: nämlich, dass Religion nichts mit alledem zu tun hat. Aber was ist Religion dann? Religion ist ein ozeanisches Gefühl, in dem du verloren gehst, und nur noch die Existenz übrig bleibt. Sie ist ein Tod und eine Wiedergeburt. Du stirbst als der, der du bist, und erstehst völlig neu. Etwas absolut Neues entsteht aus dem Untergang des Alten. Auf dem Grabhügel des Alten sprießt neues Grün und entfaltet sich zu einer neuen Blüte.

Religion ist eine innere Revolution, eine innere Mutation. Sie ist in keinen Tempeln und in keinen Moscheen und in keinen Kirchen zu finden. Dort dürft ihr nicht nach Religion suchen! Wer dort sucht, verschwendet nur seine Zeit. Religion musst du in dir selbst suchen. Und je tiefer du nach innen dringst, desto spürbarer stößt du dort auf das Ego – auf das Hindernis.

Lass diese Schranke fallen, und plötzlich bist du religiös. Es gibt nur eines, das nicht religiös sein kann – und das ist das Ego. Das Ego kann nie und nimmer religiös sein. Den Sekten geht es nie darum, das Ego zu töten; im Gegenteil, sie stärken es. Durch Rituale, Tempel, Ideologien wird das Ego gestärkt. Du gehst zur Kirche und fühlst dich jetzt sehr religiös. Ein heimlicher Stolz macht sich in dir breit. Es macht dich alles andere als demütig, es macht dich im Gegenteil egoistischer als je zuvor. Du führst ein bestimmtes Ritual durch und bist sehr mit dir zufrieden – jetzt kannst du auf die herabsehen, die nicht am Ritual teilnehmen. Die hältst du für Sünder und glaubst, dass sie ins Höllenfeuer geworfen werden – und damit ist dir der Himmel gewiss. Nur wegen ein paar Ritualen? Wen hältst du eigentlich zum Narren? Jemand sitzt da und lässt Rosenkranzperlen durch die Finger gleiten und glaubt, dass ihm das den Himmel einbringt und dass andere, die diese Idiotie nicht mitmachen, dafür in die Hölle kommen. Oder ihr geht in die Moschee und kniet nieder und sagt dem Göttlichen solche Dummheiten wie: „Du bist groß!"

Wer bezweifelt denn das? Wozu es erst sagen? Oder „Ich bin ein Sünder, und du bist barmherzig." Weißt du, was du da tust? Honig um den Bart Gottes streichen! Glaubst du, Gott hat so etwas wie ein Ego? Damit ihr daran abmessen könnt, wer ihr seid? – „Du bist sehr groß und wir sind sehr klein. Und du bist barmherzig und wir sind Sünder. Vergib uns!" Wen hältst du eigentlich zum Narren?

Das Ego spielt sein Spiel. Für dich ist Gott auch ein Ego, und du glaubst, das kannst du schmieren. Gott ist aber keine Person, also redest du nur mit dir selber. Wer soll hören, was du da erzählst? Höchstens die Wände, die toten Wände deiner Kirche oder Moschee, oder eine Marmorstatue. Keiner hört dich.

In Wirklichkeit machst du etwas Wahnsinniges. Geht in die Irrenhäuser – sie sind voll von Leuten, die mit jemandem reden, der nicht da ist. Aber selbst diese Irren sind weniger wahnsinnig, denn die Person, mit der sie sprechen, mag es immerhin irgendwo geben, wenn sie auch nicht anwesend ist. Ein Irrer mag mit seiner Frau reden, die nicht im Irrenhaus ist, sondern sonst irgendwo … Aber dein Gott?

Er ist nirgendwo. Dein Wahn ist tiefer, stärker – und gefährlicher.

Wie kann man mit der Existenz reden? Mit der Existenz muss man schweigen. Alles Reden muss aufhören. Du darfst nichts sagen. Im Gegenteil – Beten ist ein Hinhorchen. Du musst in die Existenz hineinhorchen, du darfst nichts sagen. Wer soll dich hören, wenn du sprichst? Wenn du sprichst und zu sehr mit deinen Worten beschäftigt bist – wer hört dann zu? Und jeden Augenblick ergeht eine Botschaft an dich …

Jeden Augenblick ergeht eine Botschaft an dich – von allen Seiten! Überall steht sie geschrieben. Die ganze Schöpfung ist das Evangelium, die Offenbarung des Göttlichen. Die Botschaft ist überall. Auf jedem Blatt steht die Signatur Gottes. Aber wer achtet darauf? Deine Augen und dein Kopf sind angefüllt von dir selbst. Voller Müll bist du, aber du hast nichts Besseres zu tun, als diesen Müll immerzu in deinem Kopf kreisen zu lassen. Wirf ihn raus! Das muss man sich wirklich klarmachen. Es gibt christliche Gebete, hinduistische Gebete, jüdische Gebete – aber ein Gebet, das sektiererisch ist, ist überhaupt keins. Wahres Beten kann weder christlich noch hinduistisch, noch buddhistisch sein. Wirkliches Beten ist ein Abwarten, ein Schweigen. Wollt ihr dies Schweigen etwa hinduistisch nennen? Kann man das Schweigen christlich nennen? Wie soll ein Schweigen hinduistisch oder christlich sein? Schweigen ist einfach Schweigen! Weder hinduistisch noch muslimisch.

Wenn zwei Menschen absolut still sind, kann man dann noch entscheiden, wer von beiden Hindu ist und wer Muslim? Im Schweigen verschwinden Sekten. Im Schweigen verschwinden Gesellschaften. Im Schweigen verschwinden Zivilisationen. Im Schweigen verschwindest du. Nur das Schweigen existiert – dich gibt es nicht mehr. Solange es dich noch gibt, kann es kein Schweigen geben, denn dann tust du noch irgendetwas, denkst noch irgendetwas – das Geplapper im Innern geht weiter. Wenn es dich nicht gibt, gibt es keine Gesellschaft, keine Sekten. Keine Worte, keine Gebete. Dann rezitierst du nicht den Koran, nicht die Veden; dann machst du keine TM-Meditation und wiederholst nicht monoton *„Ram, Ram, Ram"* – alles

Unsinn. Wenn du einfach nur still bist, findet eine Vereinigung statt, eine Verschmelzung – du löst dich auf!

Genauso wie Eis, das schmilzt und seine Konturen verliert, bis du nicht mehr weißt, wohin das Eis verschwunden ist … es ist eins geworden mit dem Meer. Die Sonne geht auf und das Eis schmilzt und wird zu Wasser. Das Schweigen geht auf und deine geistige Form, dein eis-förmiger, gefrorener Geist, fängt zu schmelzen an – dein Ego löst sich auf. Plötzlich gibt es nur noch den Ozean, und du bist nicht mehr. Das ist der Augenblick der Religion. So wird in dir Religion geboren.

Niemand wird in eine Religion hineingeboren. Religion gebiert sich in dir. Du musst zu einer Mutter werden, zu einem Mutterleib, der schwanger wird mit Religion – sie muss langsam in dir heranwachsen. Du musst sie gebären. Du kannst nicht in Religion hineingeboren werden. Du musst sie gebären. Und dann ist sie schön, dann ist sie ein Spross aus dem Unbekannten. Dann hat sie nichts mehr mit dem Menschen zu tun. Das ist die Bedeutung von der Geburt Jesu durch eine Jungfrau.

Damit ist nichts anderes gesagt, als dass ein Mensch wie Jesus nicht vom Menschen geboren wird, dass das religiöse Bewusstsein nicht aus dem Menschen geboren wird, sondern aus dem Unbekannten. Maria, die Mutter Jesu, ist Jungfrau; kein Mann hat sie je berührt. Das ist symbolisch zu verstehen; nicht etwa, dass Jesus tatsächlich von einer Jungfrau geboren wurde.

Wer es biologisch nimmt, versteht das Bild nicht: dann wird aus diesem wunderschönen Symbol ein hässliches Dogma, und alle Poesie geht verloren. Und jahrhundertelang haben sich die Christen darüber den Kopf zerbrochen, wie man beweisen könne, dass Jesus tatsächlich von einer jungfräulichen Mutter geboren wurde. Wie können Theologen nur so dumm sein? Es ist nicht zu fassen. Und sie haben immer noch nicht aufgehört mit ihrem Versuchen und Beweisen … sehr intellektuelle Leute, scharfsinnig – aber blind.

Wenn euch die Poesie entgeht, und ihr eine Frage der Logik daraus macht, zerstört ihr das Religiöse. Und damit helft ihr keinem.

Damit schreckt ihr die Leute nur von allem Religiösen ab. Das Christentum wird so zu einer einzigen Absurdität – das Absurde steckt schon im Fundament. Solche Wahrheiten sind poetische Wahrheiten. Und poetische Wahrheiten sind keine logischen Wahrheiten. Logische Wahrheiten sind Plattitüden – einfache Fakten. Poetische Wahrheiten sind außergewöhnliche Tatsachen, so außergewöhnlich, dass sie nicht zu beweisen sind.

Sie entziehen sich allem Für und Wider. Das ist viel zu eng für sie, sie brauchen Raum. Nur eine poetische Symbolik kann ihnen diesen Raum gewähren. Dies ist wunderschöne Poesie. Ich sage ebenfalls, dass Jesus aus einer Jungfrau geboren wurde – etwas anderes ist nämlich gar nicht möglich. Denn religiöses Bewusstsein ist vom Menschen unberührt; es ist unverdorben.

Religiöses Bewusstsein bedeutet, dass du alles fallengelassen hast, was von Menschen stammt: Ideologien, Dogmen und Kirchen aller Art, Begriffe, Sprache, Gebete; Formen und Rituale – alles Menschenwerk hast du abgelegt. In dem Schweigen, das dann entsteht, wird Gott selber Teil von dir. Du wirst schwanger vom Göttlichen. Du trägst diese Schwangerschaft aus, jeden Tag wächst sie in dir heran. Und je mehr sie wächst und lebendiger wird, desto mehr reift in dir die Gewissheit, dass du jetzt etwas Wertvolleres besitzt als dein Leben. Eine Mutter ist jederzeit bereit, für ihr Kind zu sterben. In einer Krise, bei der nur die Mutter oder das Kind überleben können, ist die Mutter immer bereit, sich für das Leben des Kindes zu opfern. Sie ist bereit zu sterben.

Ich will euch noch von einem anderen Gleichnis erzählen. Es heißt, dass jedes Mal, wenn ein Buddha zur Welt kommt, die Mutter sofort bei der Geburt sterben muss. Auch dies hat Probleme geschaffen – denn die Buddhisten pochen darauf, dass Jesus kein Buddha sein kann, weil Maria bei der Geburt von Jesus nicht gestorben sei. Schließlich muss die Mutter sterben, wenn ein Erleuchteter geboren wird! Buddhas Mutter starb! Folglich kann auch ein Mahavir oder Krishna kein Buddha sein, denn die Grundvoraussetzung fehlt. So werden die schönsten Symbole verunstaltet. Und es ist ein schönes

Gleichnis! Ich weiß nicht, ob Buddhas Mutter wirklich starb – das ist auch gleichgültig. Ob sie überlebt hat oder nicht, darauf kommt es nicht an. Worauf es ankommt, ist dies: sobald das religiöse Bewusstsein in dir geboren wird, sobald du schwanger bist mit Buddhaschaft, schwanger mit Erleuchtung, und die Erleuchtung in dir heranwächst wie ein Kind, musst du sterben, denn beides kann nicht zugleich existieren.

Diese Geschichte enthält die ganze Botschaft unserer Morgengespräche: Bevor du nicht stirbst, kann nichts geschehen. Die Mutter muss sterben, damit das Kind zur Welt kommen kann, denn zusammen können sie nicht leben – denn Mutter und Kind, beides bist du. Du bist nicht zweigeteilt.

Wenn du erleuchtet wirst, muss das Alte im gleichen Moment sterben. Wenn du dich ans Alte klammerst, verkrüppelst du deine Erleuchtung. Wenn du dich ans Alte klammerst, erstickst du das Kind. Wenn du dich zu sehr daran klammerst, wird das Kind tot sein, bevor es zur Welt kommt.

Vergesst es nie: Religion ist Poesie, nicht Logik. Sie ist nicht einmal Philosophie – sie ist Kunst. Und Kunst lässt sich nicht beweisen. Kunst kümmert sich nicht um Beweise. Kunst kann dich ohne Beweise verführen, warum sich also um Beweise kümmern? Kunst ist so machtvoll, dass sie euch ohne Beweise verführen kann. Beweise werden nur in den niederen Gefilden gebraucht, wo die Sache nicht für sich selbst steht und nicht von allein überzeugt – nur dort werden Beweise wichtig.

Wenn die Sache selbst so machtvoll ist, so hypnotisch, so umwälzend, dass du von ihr plötzlich erfasst wirst, dann sind keine Beweise nötig, um dich erst zu überzeugen. Ich mache nie den Versuch, euch zu überzeugen. Wenn ihr überzeugt seid – gut. Wenn nicht – gut. Aber es geht mir nicht darum, euch von irgendetwas zu überzeugen – Überzeugung ist etwas sehr Primitives. Wenn du Beweise brauchst, um dich zu überzeugen, wirst du nie religiös. Dann mag ein Philosoph aus dir werden, du magst mit einer Ideologie im Kopf herumlaufen – aber religiös wirst du nie.

Religion ist wie Liebe. Du fällst hinein – ohne jeden Grund. Beweisen kannst du nichts, und du brauchst auch nichts zu beweisen. Beweise werden erst dann gebraucht, wenn es ums Heiraten geht. Für und Wider werden erst dann wichtig, wenn du an eine arrangierte Heirat denkst. Dann gibt es vieles zu bedenken: die Herkunft, die Eltern des Mädchens, die Finanzen und die Mitgift, die Zukunftsaussichten, die politischen Beziehungen – alles Mögliche gibt es zu erwägen.

Aber wenn du dich verliebst, verliebst du dich einfach – es passiert blitzschnell, ohne Übergang. Und genauso ist es mit Religion. Du verliebst dich in einen spirituellen Menschen. Du kannst das nicht beweisen. Und wenn du mit jemandem darüber streitest, dann ist es ein Leichtes, zu beweisen, dass es nicht stichhaltig ist. Es ist praktisch unmöglich, zu beweisen, dass es seine Richtigkeit damit hat.

Daher beruht das ganze auf Vertrauen, auf innerer Gewissheit, auf einer tiefen Blindheit. Aber in dieser tiefen Blindheit fängt dein inneres Auge zum ersten Mal an zu funktionieren. Was von außen wie tiefe Blindheit erscheint, wird zum tiefen Blick nach innen.

Und jetzt versucht, diese Geschichte zu verstehen.

Ein Jünger kam zu Maruf Karkhi und sagte:
„Ich habe mich bei den Leuten nach dir erkundigt.
Die Juden behaupten, dass du ein Jude bist;
die Christen verehren dich als einen ihrer eigenen Heiligen;
und die Muslime bestehen darauf,
dass du der Größte aller Muslime bist."
Maruf antwortete: „Das sagen die Menschen in Bagdad.
Als ich in Jerusalem war, nannten mich die Juden einen Christen,
und die Muslime einen Juden, und die Christen einen Muslimen."
„Wofür sollen wir dich also halten", fragte der Mann.
Maruf antwortete. „Die einen verstehen mich nicht und verehren mich.
Die anderen verstehen mich auch nicht und beschimpfen mich.
Um das zu sagen, bin ich hier.
Denkt an mich als einen, der das gesagt hat."

Also:

> Ein Jünger kam zu Maruf Karkhi ...

Maruf Karkhi ist einer der Sufimeister, und Hunderte sollen durch ihn zur Erleuchtung gelangt sein. Er entwickelte viele neue Methoden. Und er war ein wahrhaft religiöser Mann – das heißt, er gehörte zu keiner orthodoxen Kirche, zu keiner Konvention, zu keiner Tradition. Heimatlos, ohne irgendwelche Wurzeln, dahin treibend wie eine weiße Wolke – sein ganzes Wesen eine einzige Freiheit.

> Ein Jünger kam ...

Dieser Jünger kann kein wirklicher Jünger sein. Er muss ein Schüler gewesen sein. Wenn man das Wort ins Englische übersetzt, gibt es die Schwierigkeit, dass das Englische keinen großen Unterschied macht zwischen einem Schüler und einem Jünger; und auch zwischen einem Meister und einem Lehrer ist der Unterschied für euch nicht groß.

Aber der Osten macht einen riesigen Unterschied zwischen diesen beiden Begriffsebenen. Ein Lehrer kann nur Schüler haben, keine Jünger. Ein Lehrer lehrt. Und natürlich kann er nur das lehren, was gelehrt werden kann. Religion kann nicht gelehrt werden. Nur Äußerlichkeiten können über Religion gelehrt werden. Mmm, das nennt man dann Theologie: Äußerlichkeiten über Gott. Aber Gott selber lässt sich nicht lehren. Vorstellungen über Gott, Theorien – ja, ob dies oder das zutrifft oder nicht. Und es gibt Tausende von Theorien.

Der Mensch hat über Gott so viele Theorien entwickelt, dass Gott selbst in diesen Theorien völlig verloren gegangen ist. Er hat sich fast völlig verflüchtigt. Wenn man heute das Wort „Gott“ ausspricht, kommt es einem leer vor. Nichts als Schall und Rauch. Wenn ihr das Wort „Gott“ aussprecht, regt sich nichts im Herzen. Wenn ihr das Wort „Gott“ aussprecht, bleibt es platt. Es enthält keinen Sinn mehr. Die so genannten religiösen Denker haben das Wort mausetot gemacht. Sie haben ihm seine Schönheit geraubt. Man braucht es nur auszusprechen, und schon fühlen sich die meisten Leute vor den Kopf gestoßen. Sie fühlen sich an Gewalt, an hässliche Dinge, an Zwietracht und Engstirnigkeit erinnert – alles Eigenschaften der so genannten frommen Leute. Alle Poesie ist daraus verschwunden.

Ein Gelehrter kann euch alles Mögliche über Gott beibringen. Er kann einen Doktor aus dir machen, einen Doktor der Theologie, einen Dr. theol. … Einfach unglaublich, dass es so etwas auf Erden gibt: Leute, die mit dem Doktorhut in Sachen Gottes herumlaufen. Gott ist keine Theorie. Gott ist eine Erfahrung. Niemand kann sie dir beibringen.

Laotse sagt … Laotse heißt wörtlich: „Der alte Junge" – das ist noch so ein Gleichnis: er soll als alter Mann geboren worden sein … im Alter von vierundachtzig Jahren. Vierundachtzig Jahre verbrachte er im Mutterleib. Als er schließlich zur Welt kam, war er bereits uralt, mit weißem Haar und tausend Falten im Gesicht. Was soll das bedeuten? Damit wird gesagt, dass religiöses Bewusstsein immer schon uralt geboren wird: es ist jung und alt zugleich.

Daher Laotses Name: „Der alte Junge" – alt, und doch jung. Laotse sagt also: „Die Wahrheit kann nicht gesagt werden, und alles, was gesagt werden kann, ist nicht die Wahrheit." Ein Lehrer ist einer, der die Wahrheit lehrt – die nicht gelehrt werden kann!

Seine Lehre dreht sich um die Wahrheit – immer im Kreis herum. Wie die Katze um den heißen Brei. Er trifft nie ins Schwarze. Und ein Schüler ist einer, der etwas über Gott wissen will, aber kein Verlangen nach Gott selbst hat. Der kommt, weil er etwas wissen will, und nicht, um zu sein. Seine Suche ist intellektuell, nicht existentiell. Ein Student will dazulernen; er will sich bilden. Er will so viele Informationen aufschnappen wie möglich.

Von einem Schüler Marufs wird berichtet … er wurde sehr berühmt, dieser Schüler; so berühmt, dass die Leute schon zu ihm kamen und Rat suchten, als Maruf selbst noch am Leben war. Manchmal saß er bei Maruf, und es kamen Leute zu ihm, nicht zu

Maruf, und baten um Rat. Er kannte sich in den heiligen Schriften aus wie kein zweiter; er hatte sie sich so gut eingetrichtert, dass er Informationen ausspuckte wie ein Computer.

Eines Tages kam jemand und fragte nach einer bestimmten Textstelle. Der Schüler trug den ganzen Text vor, dann alle Kommentare, die je dazu geschrieben worden waren. Binnen weniger Minuten brachte er alles vor, was es darüber überhaupt zu sagen gab. Und erwog dies und jenes Argument und suchte nach einer schlüssigen Beweisführung. Maruf saß dabei und hörte es sich an. Der Besucher war überwältigt von so viel Wissen!

Zu Maruf gewendet sagte er: „Glücklicher Mann, solche Jünger zu haben! Dieser Junge ist ein seltenes Juwel! Was für ein Wissen er hat! So ein brillanter Kopf, so ein Genie habe ich noch nie gesehen. Was meinst du?“

Maruf sagte: „Ich mache mir ständig Sorgen. Ich mache mir Sorgen, weil er zu viel liest. Und ich mache mir Sorgen, dass er keine Zeit hat, je etwas zu erfahren; er verbringt seine ganze Zeit mit Lesen. Und ich frage mich ernstlich, wann er endlich etwas erfahren will. Er hat nie Zeit.“

Einem Schüler geht es ums Wissen, er will dazulernen. Ein Lehrer zieht Schüler an. Ein Meister zieht Jünger an. Ein Jünger kommt nicht, um etwas über Gott zu lernen, sondern um Gott zu werden, um Gott zu sein. Er sucht keinen Zuwachs an Informationen, sondern an Sein. Lasst es mich wiederholen:

Ein Jünger will an Sein gewinnen – ein Schüler will an Wissen gewinnen. Er ist zum Meister gekommen, um zu sein. Und das ist eine total andere Suche. Sie geht in eine völlig andere Richtung. Nicht nur eine andere, sondern genau entgegengesetzte. Ein Schüler geht nach Westen, ein Jünger nach Osten. Es heißt, dass West und Ost nie zusammenkommen können. Ich bin mir da nicht sicher. Irgendwo müssen sie sich treffen, schließlich ist die Erde ja rund. Aber eines weiß ich genau: ein Schüler und ein Jünger treffen sich nie, ausgeschlossen. Solange der Schüler nicht aufhört, Schüler zu sein, kann er nie zum Jünger werden.

Jedes Mal, wenn jemand zu Maruf kam ... Und Tausende strömten zu ihm, aus allen Ecken der Welt; Maruf wurde zu einer regelrechten Institution, zu einer Universität – des Seins natürlich, nicht des Wissens. Jedes Mal, wenn ein Student oder ein Jünger oder ein Suchender zu ihm kam, fragte Maruf als erstes: „Möchtest du lernen, oder möchtest du verlernen? Willst du ein Schüler oder ein Jünger sein?" Das war immer seine erste Frage, denn davon hängt alles ab.

Dieser Mann, der zu Maruf kam, muss ein Schüler gewesen sein. Er kann kein Jünger gewesen sein, denn ein Jünger ist einer, der schon Vertrauen gewonnen hat. Ein Schüler sucht. Ein Jünger ist in sich zu der Gewissheit gelangt: „Das ist jetzt mein Meister – also bin ich ein Jünger. Dies ist mein Meister. Ich habe den Mann gefunden, den ich gesucht habe. Hier ist mein Obdach, meine Zuflucht."

Plötzlich ist ein Jünger geboren. Ein Jünger wird aus diesem Vertrauen heraus geboren. Er erkundigt sich nicht nach Dingen, wie sie dieser Mann wissen will. Er liebt. Er hat innere Gewissheit erlangt. Er hat sich ausgeliefert. Ein Schüler liefert sich nicht aus. Er will lernen, beobachten, prüfen. Und sollte er sich überzeugen lassen ... wohlgemerkt: sollte. Mit anderen Worten: sein Entschluss kommt aus dem Kopf. Erst vor kurzem las ich einen ausgesprochen lächerlichen Ausspruch von einem indischen Guru, der im Westen sehr bekannt geworden ist: Sri Chinmoy. Er lehrt bei der UNO in Genf. Ich wunderte mich schon immer, was er dort wohl zu suchen hatte, aber kürzlich las ich eine Aussage von ihm. Jemand fragte ihn: „Wie soll man beurteilen, wie soll man herausfinden, wer der richtige Meister ist?" Seine Antwort ist: „Gebrauche deinen Verstand."

Jetzt weiß ich, was er bei der UNO zu suchen hat, da findet er Politiker – dumme Leute: „Gebrauche deinen Verstand!" Und dann macht er die Sache nur noch schlimmer, indem er hinzufügt: „Stell dir vor, du hast hundert Punkte zu vergeben, und dann beobachte den Meister, ob er ehrlich, aufrichtig, zuverlässig ist, beobachte seinen Lebenswandel und sein Verhalten – schau ihm genau auf die Finger und stell dir vor, dass du ihm für alles Punkte erteilst. Wenn der Meister dreißig Punkte erreicht, ist er nichts für dich, dann ziehst du weiter. Wenn er zwischen achtzig und neunzig Punkten liegt, dann hast du deinen Meister gefunden."

Das ist lächerlich. So findet man einen Lehrer, aber niemals einen Meister. Wenn du deinen Verstand benutzt, dann bleibst du der entscheidende Faktor, dann fällst du die Entscheidung. Weißt du denn, was Ehrlichkeit ist? Gib dir erst einmal selber Punkte! Gebrauche deinen Verstand! Weißt du, was Ehrlichkeit ist? Weißt du, was „guter Lebenswandel" ist? Bist du dir sicher, was „gut" und was „schlecht" ist? Weißt du, was das Böse ist und was nicht? Gib dir erst selbst Punkte – gebrauche deinen Verstand! Wenn du dreißig Punkte bekommst, gib dich endgültig auf! Du bist Schrott. Und wenn du achtzig bis neunzig Prozent bekommst, dann brauchst du keinen Meister. Dann bist du selbst schon einer – dann geh und such dir Jünger!

Den Verstand gebrauchen – einfach unglaublich. Ein Meister ist keine Marktware. Ein Meister – sein bloßes Dasein – ist unbegreiflich. Der Verstand kommt da nicht mit.

Ein Meister ist durch sein bloßes Dasein ein Mysterium. In ihm vereinigen sich alle Gegensätze. Dichotomien verschmelzen in ihm. Dualismen – er umfasst sie alle. Du kannst nur einen Lehrer finden, wenn du deinem Verstand folgst; das macht dich zum Schüler. Nur wenn du deinem Herzen folgst, kannst du einen Meister finden – und nur dann kannst du ein Jünger werden.

Ein Jünger liebt! Und Liebe ist immer etwas Totales, niemals achtzig bis neunzig Prozent. Liebe ist unteilbar. Entweder sie ist da oder sie ist nicht da. Immer total. Wenn sie nicht da ist, dann auch total. Einen Kompromiss gibt es da nicht. Prozentsätze sind ausgeschlossen. Prozentrechnung ist Verstandessache. Totalität ist Sache des Herzens. Dieser Mann muss ein Schüler gewesen sein. Lasst mich also sehen:

> Ein Schüler kam zu Maruf Karkhi und sagte:
> „Ich habe mich bei den Leuten nach dir erkundigt.

Muss wohl seinen Verstand gebraucht haben. Muss ein Schüler von Sri Chinmoy gewesen sein.

„Ich habe mich bei den Leuten nach dir erkundigt."

Einem Meister muss man direkt entgegentreten – von Angesicht zu Angesicht, von Herz zu Herz. Welch ein Unsinn, sich bei anderen zu erkundigen, was für ein Mann der Meister ist!

Viele von euch machen es hier genauso. Sie hören sich um, sie erkundigen sich bei anderen über mich. Warum kommt ihr nicht direkt zu mir? Warum eure Zeit mit Leuten verschwenden? So funktioniert der menschliche Verstand, er sieht seine eigene Dummheit nicht: diejenigen, die ihr über mich befragt, kennt ihr nicht – ihnen vertraut ihr, und mir könnt ihr nicht vertrauen! Und wenn ihr euch wirklich an den Verstand halten würdet, müsstet ihr euch wieder bei anderen über diese anderen erkundigen, und über die dann wieder bei anderen. Dann erst müsst ihr herausfinden, ob euer Gesprächspartner wirklich die Wahrheit sagt, ob ihr ihm abnehmen könnt, was er über den Meister sagt.

Du erkundigst dich über mich bei A. Warum nicht erst B über A befragen? Und dann C über B? Jetzt musst du immer so weitermachen. Und wenn A irgendetwas Falsches über mich sagt, dann übernimmst du es. Jetzt ist es Teil von dir. Oder wenn er etwas Gutes sagt, dann glaubst du's und machst es zu deiner Meinung. Und davon machst du dann alles abhängig. Aber wer dieser A ist, das fragst du nicht. Warum im Kreis herumgehen? – Da gibt es keinen Ausweg. Es gibt nur eine Möglichkeit, sich dem Meister zu nähern: von Angesicht zu Angesicht, von Herz zu Herz. Und fragt nicht erst andere, denn sonst schleppt ihr ein Vorurteil mit euch herum, für oder gegen. Und dieses Vorurteil steht dann immer zwischen deinem Meister und dir. Das wird zur Schranke. Du willst dann immer nur herausfinden, ob dieses Vorurteil nun richtig oder falsch ist. Es färbt deine ganze Einstellung. Durch jeden beliebigen Dummkopf lasst ihr euch beeinflussen.

Ihr seid so unbewusst, dass euch jeder einen Floh ins Ohr setzen kann, sogar der Taxifahrer, der euch zum Ashram bringt. Sicher, ihr könnt euch über mich erkundigen ... und viele von euch haben sich bestimmt bei den Taxifahrern erkundigt; denn der Verstand sammelt ständig Informationen über das, was andere sagen: „Sie müssen es wissen." Fragt die Nachbarn hier, die müssen's ja wissen! Dabei sind das die letzten Menschen auf der Welt, die etwas über mich wissen. Nachbarn? Ausgeschlossen!

Jesus sagt zwei Dinge. Zum einen: „Liebe deine Feinde wie dich selbst", und „Liebe deinen Nachbarn wie dich selbst." Es scheint, dass Feinde und Nachbarn dieselben Leute sind. Dieser Mann muss ein ganz gewöhnlicher Neugieriger gewesen sein. Er sagte:

„Ich habe mich bei den Leuten nach dir erkundigt.
Die Juden behaupten, dass du ein Jude bist;
die Christen verehren dich als einen ihrer eigenen Heiligen;
und die Muslime bestehen darauf,
dass du der Größte aller Muslime bist."

Er muss die Jünger getroffen haben, die Menschen, die den Meister liebten. Maruf lebte in der Nähe von Bagdad. Bagdad war zu Marufs Lebzeiten eine Metropole religiösen Bewusstseins. Dieser Besucher muss mit den Jüngern zusammengekommen sein, die ihren Meister schon aus vollem Herzen liebten. Und ein Jünger, der Jude war, hatte gesagt: „Mein Meister ist der vollkommenste Jude, den man sich vorstellen kann."

Ich habe viele Juden hier, und sie wissen, dass ich der vollkommenste aller Juden bin. Wenn du erst einmal liebst, dann projizierst du alles auf den Meister, was für dich groß und schön ist. Ich habe unter meinen Jüngern jede Art von Leuten, aus allen möglichen Religionen – Juden, Hindus, Muslime, Christen, Jainas, Buddhisten. Sie alle glauben ... wenn ein Buddhist zu mir kommt und sich in mich verliebt, dann muss er in mir die Blüte des Buddhismus sehen. Wohin er blickt, wird er sich in seiner Ansicht bestätigt finden.

Maruf antwortete: „Das sagen die Menschen in Bagdad."

Das heißt: „Das sind meine Jünger, meine Leute, meine Gefolgschaft. Du hättest mal hören sollen, was man in Jerusalem von mir dachte. So redet man nur in Bagdad – das heißt, unter meinen Leuten, in meiner Gemeinde."

„Als ich in Jerusalem war,
nannten mich die Juden einen Christen,
und die Muslime einen Juden,
und die Christen einen Muslim."

Feinde. Und für einen religiösen Meister sind die besten Orte, sich Feinde zu machen, Stätten wie Jerusalem, Mekka, Kashi. Das sind die Orte, Feinde zu finden; denn das sind die Hochburgen des Fanatismus – Kashi für die Hindus, Jerusalem für die Juden, Mekka für die Muslime.

Das sind die Hochburgen des Sektierertums, Festungen, in denen die fossilierte Religion bewahrt und aufgehoben wird, wo ihre Leiche immer wieder frisch bemalt und geschmückt wird – für Gläubige, denen vorgegaukelt werden muss, dass der Körper noch nicht gestorben ist. Wo unentwegt an der Religion weitergebastelt wird, um sie den neuen Verhältnissen anzupassen, damit man sie nicht aufzugeben braucht. Wo eine tote Kontinuierlichkeit künstlich erzeugt wird: das ist der wunde Punkt.

Wenn ihr Leute finden wollt, die dem religiösen Menschen spinnefeind sind, dann geht an diese heiligen Orte, diese Weihestätten. Das sind die unheiligsten Orte der Welt. Unweigerlich: denn die Leiche einer toten Religion stinkt zum Himmel. Kann man einen Ort finden, der mehr nach Verwesung stinkt als Kashi? Alles dort riecht nach toter Religion. Aber wenn du ein Gläubiger bist, dann achtest du nicht auf deine Sinne, nicht auf deine eigene Wahrnehmung. Du siehst immerfort Dinge, die gar nicht da sind. Du projizierst Dinge, die es nicht gibt.

Also sagt Maruf:

Das sagen die Menschen in Bagdad.
Als ich in Jerusalem lebte, war genau das Gegenteil der Fall.
Alle verleugneten mich, nannten mich ihren Feind.
Die Juden hielten mich für einen Muslim - den Erzfeind.
Die Muslime hielten mich für einen Juden - den Erzfeind.
Die Christen hielten mich für einen Muslim - den Erzfeind.
Und aus allen drei Religionen war kein Mensch - keiner - bereit,
mich zu seiner Gemeinschaft zu zählen."

Ein religiöser Mensch findet in keiner Religionsgemeinschaft Platz. Er findet nur in einem liebenden Herzen Platz, aber in keiner Organisation. Eine Organisation kann ihn nicht aufnehmen, weil sie kein liebendes Herz hat. Ein religiöser Mensch kann von keinem Establishment absorbiert werden. Nur ein persönliches Gefühl, ein liebendes Herz, kann für ihn zum Tempel werden.

Der Mann muss inzwischen sehr verwirrt gewesen sein – er war gekommen, um zu erfahren, wer Maruf war. Vielleicht war der Mann ein Muslim und hoffte, dass Maruf ebenfalls Muslim sei, um ihm folgen zu können. Oder er war ein Jude und wollte wissen, ob Maruf Jude war, um ihm folgen zu können.

Jeder folgt sich selbst. Niemand folgt einem Meister. Wenn du hier bist, weil ich Dinge sage, von denen du schon weißt, dass sie richtig sind, dann bist du weit entfernt von mir. Dann diene ich nur als Tonverstärker für die Stimme deines eigenen Verstandes. Wenn du als Jaina hier bist, weil du auch in mir einen Jaina erkennst ... wenn ich nämlich über Mahavir spreche, kann ich sofort zählen, wie viele Jainas vor mir sitzen. Ihre Augen verändern sich schlagartig. Ihre Wirbelsäule richtet sich auf. Man merkt ihre Anspannung. Jetzt werden sie plötzlich wach – eben waren sie noch am Einschlafen.

Wenn ich über Juden spreche, kann ich sofort nachzählen, wie viele Juden hier sind. Nur wenn ich nicht entscheiden kann, was du bist, bist du mir wirklich nahe. Denn wenn du ein Jude bist, und du aus meinen Worten heraushörst, dass ich die jüdische Religion erfülle, dann bleibst du Jude. Und dann bin ich nur eine Stütze deiner

Überzeugungen, nur ein Stützpfeiler. Ich bin nicht in dich eingedrungen. Du hast mich nicht in dich eingelassen. Viele Leute kommen zu mir und sagen: „Alles, was du gesagt hast, war wunderschön. Genau das hab ich schon mein ganzes Leben lang geglaubt. Du hast es nur viel schöner gesagt, als ich es je sagen könnte."

Damit hat sich's. Jetzt ist er fertig mit mir ... und ich mit ihm.

Eine Begegnung fand nicht statt. Er hat in meiner Stimme nur die eigene gehört. Er hat seinen eigenen Sinn hineingelegt. Und er bleibt ein Gefolgsmann seines Egos. Er hat nicht ein einziges Gepäckstück von seiner alten Last abgeworfen. Im Gegenteil – er ist überzeugter denn je, dass es sich lohnt, die alte Last mit mehr Kraft und Überzeugung weiterzuschleppen.

Nein! Denkt daran: ich bin nicht hier, um aus euch Juden, Hindus oder Christen zu machen – nicht im Geringsten. Ich bin hier, um einen religiösen Menschen aus dir zu machen.

Der Mann muss verwirrt gewesen sein.

„Wofür sollen wir dich also halten?", fragte der Mann.

„Du hast mich verwirrt. Du bringst mich ganz durcheinander." Alle religiösen Menschen sind auf ihre Weise verwirrend. Sie verursachen ein Chaos in euch – denn erst einmal müsst ihr entwurzelt werden. Erst muss das alte Haus abgerissen werden. Kein religiöser Mensch ist daran interessiert, euch zu renovieren, denn wie man euch auch ausbessern würde – ihr würdet doch die Alten bleiben, morsch und tot. Zwar renoviert, aber nicht frisch und jung.

Ein religiöser Mensch ist daran interessiert, euch vollkommen umzustürzen, euch mit Stumpf und Stiel auszureißen – damit er euch dann helfen kann, neu aufzustehen. Bevor du nicht stirbst, kann nichts geschehen.

Ein Meister ist einerseits ein Tod, andererseits eine Wiederauferstehung. Ein Meister ist eine Kreuzigung, ein Kreuz. So wie du bist, stirbst du. Und was du immer schon sein solltest, wird geboren.

Der Mann war verwirrt.

„Wofür sollen wir dich also halten?", fragte der Mann.
Maruf antwortete: „Die einen verstehen mich nicht ..."

Hört euch diese Worte an. Sie sind sehr bezeichnend.

„Die einen verstehen mich nicht und verehren mich."

Sie verstehen ihn nicht, daher die Verehrung. Die Menschen sind solche Dummköpfe! Was sie nicht verstehen, verehren sie; denn sie glauben, dass etwas sehr Geheimnisvolles dahinter stecken muss: „Wenn nicht einmal ich es verstehen kann – ich, ein so intelligenter und genialer Mensch – wenn nicht einmal ich es verstehen kann, dann muss etwas sehr, sehr Tiefes und Geheimnisvolles dran sein." Und viele Leute nutzen solche Einstellungen aus. Viele Leute.

Lest die Bücher von Hegel, und schaut euch an, was er tut; er macht alles so schwerverständlich wie möglich. Was er sagt, ist aber gar nicht schwierig! Es lohnt sich wirklich, Hegel zu studieren, den deutschen Philosophen, den seine Zeitgenossen für den größten Philosophen aller Zeiten hielten. Aber mit der Zeit ist er immer weiter runtergekommen – denn je besser man ihn versteht, desto mehr verliert sich die Aura des Geheimnisvollen. Und siehe da: es steckt nichts dahinter. Nichts als Wortzauber.

Was er mit einem Wort sagen könnte, sagt er mit hundert Buchseiten. Was er mit einem Satz sagen könnte, dreht und wendet er hin und her, bis ein seitenlanger Bandwurm draus geworden ist. Kein Mensch kann folgen ... Seine Sätze sind endlos, manchmal füllt ein einziger Satz eine ganze Seite – so dass man am Ende des Satzes vergessen hat, wie er anfing. Man muss immer wieder von vorn anfangen. Und obendrein tut er sehr geheimnisvoll.

Es gibt viele Geheimniskrämer; sie nutzen die Dummheit von Menschen aus, die alles, was sie nicht verstehen können, für etwas Erhabenes, für etwas Erlesenes, für etwas unerhört Geheimnisvolles halten. Solche Leute sind Ausbeuter.

Das genaue Gegenteil ist der Fall bei Leuten, die wirklich weise sind. Sie sprechen kurz und bündig. Ihre Sätze sind nicht kompliziert. Sie drücken sich einfach aus. Was sie auch sagen – jeder durchschnittlich intelligente Mensch kann es verstehen. Sie machen keinen blauen Dunst. Was sie lehren ist sehr, sehr einfach – so einfach wie das Leben selbst; so einfach, wie die Schöpfung einfach ist, wie die Flüsse und Berge einfach sind, wie die Bäume und Vögel einfach sind.

Weise Menschen sind einfach. Aber je mehr du sie verstehst – und es ist einfach, sie zu verstehen – je tiefer du in ihre Einfachheit eindringst, desto mehr wirst du finden, wie sich immer neue Bereiche des Geheimnisvollen vor dir auftun. Ihre Worte sind einfach, aber worauf sie hindeuten, ist geheimnisvoll. Ihre Fingerzeige sind einfach, aber das, worauf sie zeigen, ist geheimnisvoll.

Seht meinen Finger hier – ein simples Ding! – und mit diesem Finger zeige ich auf den Mond. Der Mond ist geheimnisvoll, der Finger nicht. Der Finger ist eine sehr einfache Erscheinung, über die sich weiter nichts sagen lässt. Wörter sind Finger. Und sie zeigen, sie weisen, sie deuten auf das Geheimnisvolle.

„Die einen verstehen mich nicht und verehren mich ..."

Und wie viele Menschen habt ihr nicht schon verehrt, wie vielen Ideologien seid ihr nicht schon auf den Leim gegangen, nur weil ihr sie nicht verstanden habt!

Es gibt viele, die Gurdjieff folgen. Sie folgen ihm nur, weil sie ihn nicht verstehen. Gurdjieff ist nicht wie Hegel, er ist kein Verschleierer; er hat etwas ganz anderes im Sinn. Er will unerwünschte Leute abschrecken – das ist der Grund, warum man für seinen Stil eine so große Geduld aufbringen muss.

Schwer verständlich ist er nicht. Er ist einfach, aber mit seiner Methode schreckt er ab. Man kann nie mehr als ein paar Seiten auf einmal verdauen. Ich habe noch nicht einen Menschen getroffen, der sein Buch „Ein und Alles" ganz gelesen hätte. Es gibt Leute, die es überflogen haben, aber ... Und er wusste ganz genau, dass es so kommen würde. Er schreibt einen ermüdenden Stil. Er langweilt euch, und zwar mit voller Absicht. Er will abschrecken.

Als „Ein und Alles“ zum ersten Mal erschien, waren die Buchseiten nicht aufgeschnitten. Nur die Einführung – einhundert Seiten – war aufgeschnitten, die anderen blieben unaufgeschnitten. Und auf dem Buchumschlag stand, dass man die restlichen Seiten erst aufschneiden solle, wenn man die ersten hundert Seiten geschafft hätte. Wenn nicht, solle man das Buch zurückgeben – Geld zurück!

Versuche es mit den ersten hundert Seiten, und wenn du dann noch weiter interessiert bist, schneide auch die restlichen Seiten auf. Wenn nicht, mach das Buch nicht kaputt. – Viele Bücher kamen tatsächlich zurück. Viele aber auch nicht, was nicht heißen muss, dass die Leute sie auch gelesen haben. Sie waren nur neugierig. Sie dachten, dass es wohl nur ein Trick war, dass nur die ersten hundert Seiten so langweilig seien. Weiter hinten würde es sicher interessanter. Nur, nachdem man das Buch erst einmal aufgeschnitten hatte, konnte man es nicht mehr umtauschen …

Mir ist jedenfalls kein Mensch begegnet, der das ganze Buch gründlich durchgelesen hätte. Die Leute lesen flüchtig. Darum entgeht ihnen, was es enthält – denn ab und zu versteckt Gurdjieff einen Diamanten, alles andere dient zur Tarnung. Diese Diamanten kann man aussieben, sie würden auf eine einzige Postkarte passen. Und das Buch hat tausend Seiten! Viele Leute folgen Gurdjieff, weil sie ihn nicht verstehen können. Was man nicht versteht, klingt plötzlich besonders geheimnisvoll. Aber Gurdjieff ist nicht geheimnisvoll. Die Wahrheit ist sehr einfach. Jeder hat die Fähigkeit, sie zu verstehen. Die Wahrheit ist das Einfachste von der Welt. Du brauchst nur still zu sein, aufnahmebereit, verständnisvoll – und sie wird dir offenbart.

Maruf antwortete:
„Die einen verstehen mich nicht und verehren mich.
Die anderen verstehen mich auch nicht und beschimpfen mich.“

Und dann gibt es die Leute, die genau umgekehrt reagieren: sie verstehen etwas nicht und können nicht begreifen, dass es etwas gibt, was sie nicht verstehen können. Und so fangen sie zu schimpfen an. Es geht gegen ihr Ich-Gefühl.

Aber vergesst nicht: Beide Standpunkte sind egozentrisch.

Das eine Ego denkt so: „Ich bin ja so intelligent. Wenn nicht einmal ich es verstehen kann, muss es besonders tiefgründig sein."

Und das andere Ego denkt: „Wenn nicht einmal ich da mitkommen kann, dann kann ja nichts dran sein. Der Mann ist ganz klar ein Betrüger. Es steckt nichts dahinter. Wenn wirklich etwas dran wäre, müsste ich der erste sein, der es versteht. Ein Genie wie ich versteht alles." Beide Standpunkte sind ich-bezogen. Und beide muss man fallenlassen. Nur so kann man einen Meister verstehen.

Man muss beide Standpunkte verlassen. Verehre nichts, nur weil du nichts verstehst. Beschimpfe nichts, nur weil du nichts verstehst. Halte dein Ego einfach ganz heraus, bring die Sache gar nicht erst mit deinem Ego zusammen. Es hat keinen Sinn! Hör einfach auf die Sache selbst. Wenn du sie nicht verstehen kannst, versuch dein Bestes – meditiere mehr, geh tiefer hinein, werde stiller. Mach dich immer wieder von neuem dran, von verschiedenen Standpunkten aus. Und dann gehe sie schließlich ohne jeden Standpunkt an. Am Ende wirst du verstehen, und das Geheimnis wird dir offenbar. Wenn du nicht verstehen kannst, schimpf nicht – du bist nicht das A und O der Erkenntnis. Du bist nicht die höchste Instanz der Einsicht. Du bist nicht der Gipfel der Intelligenz. Du bist noch ein Anfänger und stehst auf der ersten Sprosse der Leiter. Und die Leiter ist unendlich lang. Tausend Dinge erwarten dich noch. Du stehst erst an der Schwelle. Du hast den Tempel noch nicht einmal betreten. Vielleicht bist du erst auf den Eingangsstufen, vielleicht dorthin unterwegs, noch nicht einmal an der Schwelle, noch nicht einmal an der Tür.

Lass dein Ego einfach draußen – so oder so. Du bist nicht derjenige, der entscheidet, was geheimnisvoll ist und was leere Worte. Du hörst nur zu. Je mehr du einem Mann zuhörst, der in der Wahrheit lebt, desto mehr verstehst du mit der Zeit. Und je mehr du verstehst, desto geheimnisvoller wird alles.

Das Geheimnis des Lebens ist nicht etwas, das gelöst werden kann, oder das je gelöst wurde. Es muss gelebt werden! Es ist nicht wie eine Rechenaufgabe, die gelöst werden kann. Es muss gelebt werden. Je mehr du weißt, desto weniger hast du das Gefühl, etwas zu wissen. Je mehr du weißt, desto mehr spürst du, wie dich das Unbekannte von allen Seiten umgibt. Und im letzten Augenblick der Erkenntnis fällt alles Wissen. Du weißt nichts.

Jener letzte Augenblick ist wie ein endloses Nicht-Wissen, eine unendlich dunkle Nacht. Aber erst aus dieser dunklen Nacht wird der Morgen geboren. Aus dieser unendlichen Unwissenheit geht ein Licht auf, und dies Licht ist Erkenntnis, ist höchste Einsicht.

Das, was Buddha *Pragya*, *Sambodhi* nennt. Das, was Patanjali *Samadhi* nennt – die Erleuchtung.

„Die einen verstehen mich nicht und verehren mich.
Die anderen verstehen mich auch nicht und beschimpfen mich.
Um das zu sagen, bin ich hier.
Denkt an mich als einen, der das gesagt hat."

Dem Mann war es darum gegangen, Maruf irgendwie zu kategorisieren: war Maruf nun Jude, Muslim oder Christ? Ist das richtige Schubfach gefunden, glaubt ihr, verstanden zu haben. Den Dingen ein Schildchen aufzukleben, ist ein Trick. Man ordnet die Dinge ein und glaubt, nun hätte man verstanden.

Ich zeige dir eine Blume – eine nie gesehene, exotische Blume, und sofort fragst du: „Wie heißt sie?" Warum ist es dir mit dem Namen so eilig? Was kann dir der Name schon sagen? X, Y, Z, sie mag heißen, wie sie will – was bringt dir das schon? Sage ich „X", glaubst du, sie nun zu kennen. Du hast ihr ein Schildchen aufgeklebt. Jetzt kannst du deinem Kind sagen: „Schau, die „X-Blume." Jetzt bist du ein Bescheidwisser. Aber was weißt du wirklich über diese Blume? Nichts als das Wort „X!" Dabei hätte ich sie genauso gut „Y" oder „Z" nennen können. Das wäre genauso relevant gewesen wie „X." Was sagt dir das über die Blume?

Ich las kürzlich in Gertrude Steins Gedichten. Als sie schrieb: „Eine Rose ist eine Rose ist eine Rose“ – da wurde der Vers weltberühmt. Das gleiche macht sie mit vielen anderen Dingen: sie weigert sich einfach zu definieren. Sie sagt nichts aus: „Eine Rose ist eine Rose ist eine Rose.“ Alles bleibt undefiniert. Nichts wird wirklich gesagt. Sie ist oft gefragt worden: „Warum haben Sie das geschrieben? Wir wissen schließlich alle, dass eine Rose eine Rose ist. Das macht doch keinen Sinn. Es sagt uns nichts Neues.“

Gertrude Stein hat geantwortet: „Weil die Dichter seit Jahrtausenden über Rosen gesprochen haben – Tausende von Gedichten über Rosen, jeder hat sie gelesen, jeder hat Lieder über Rosen gesungen, immer und immer wieder ... das Wort Rose hat seine Rosigkeit verloren. Es sagt nichts mehr aus. Darum blieb mir nur noch übrig, das Wort einfach zu wiederholen – „eine Rose ist eine Rose ist eine Rose“ – um euch aus eurem Schlaf aufzuwecken, um euch ein bisschen wachzurütteln: „Was sagt die Frau da? Wie absurd! – eine Rose ist eine Rose ist eine Rose ...? Vielleicht hört ihr dann hin; andernfalls – ‚Rose‘ – wer hört das noch? Kennen wir schon.“ Und dann sagte sie noch: „Indem ich das Wort wiederhole, habe ich der Rose ihr Rot zurückgegeben.“

Wörter können nicht viel sagen. Und wer glaubt, schon dadurch etwas zu wissen, dass man die Bezeichnungen und Namen kennt, der hat überhaupt nichts verstanden. Versucht Wörter zu meiden. Versucht nicht zu benennen. Aber das tut ihr blindlings. Es ist eine regelrechte Seuche, alles immer gleich benennen zu müssen ... die reine Besessenheit!

Ein Mann geht vorbei und du sagst: „Sieht gut aus!“ Du siehst eine Frau und sagst: „Hässlich.“ Warum so schnell? Warte doch ab! Diese Frau hat viele Gesichter. Selbst die hässlichste Frau hat manchmal ein schönes Gesicht, so schön, dass selbst die schönste Frau nicht mit ihr konkurrieren kann. Und die allerhässlichste – ich habe noch die allerhässlichste Frau in einer gewissen Stimmung gesehen – mit einer Haltung, mit einer Aura, dass eure Miss Universum neben so viel Schönheit ein Mauerblümchen wäre. Und ich habe selbst die allerschönste Frau in bestimmten Augenblicken hässlich gesehen.

Warte ab. Definiere nicht. Sonst versperrt dir deine Definition den Blick auf die Wahrheit. Selbst schöne Frauen werden in Augenblicken der Wut, der Eifersucht, der Besitzgier ausgesprochen hässlich. Und ihre Hässlichkeit sitzt tiefer als die gewöhnliche Hässlichkeit des Körpers. Diese Hässlichkeit ist eine innerliche, eine spirituelle, sie breitet sich über den ganzen Körper aus, wie ein Ausschlag. Wenn eine Frau eifersüchtig oder besitzergreifend ist, dann mag sie oberflächlich noch so schön sein, und doch geht etwas Giftiges, etwas Schlangenhaftes von ihr aus. Sie ist hässlich. Fass sie in einem solchen Augenblick an und du hast das Gefühl, ein Reptil, keine Frau, berührt zu haben. Giftig. Giftige Dämpfe gehen von ihr aus.

Benenne nichts. Die Wirklichkeit glaubt nicht an feste Bezeichnungen. Die Wirklichkeit ändert und bewegt sich ständig. Sie ist ein Fluss, ein Strom. Du kannst nicht einmal in den gleichen Fluss steigen, selbst einmal ist das unmöglich; er fließt ununterbrochen weiter. Schafft keine Kategorien.

Aber euer Kopf ist voller Schubfächer. Sobald sich irgendetwas zeigt, steckt ihr es in irgendein Schubfach, und damit basta! Und ihr glaubt, Bescheid zu wissen?! ‚Dieser Mensch ist schlecht, jener ist gut!' Ist euch noch nie aufgefallen, dass schlecht plötzlich in gut umschlägt, und gut in schlecht? Habt ihr noch nie einen ehrlichen Dieb gesehen? Habt ihr noch nie einen sehr, sehr aufrichtigen Verbrecher gesehen? Oder einen Sünder, der heilig war? Kategorien haben nichts mit dem Leben zu tun, sondern mit dem Verstand. Kategorien sind Spiele, die ihr mit euch selber spielt. Lasst das Kategorisieren.

Und dieser Mann war zu Maruf gekommen, um ihn zu fragen: „In welche Kategorie soll ich dich eigentlich stecken? Wo kann ich dich unterbringen?" Maruf ist ein lebendiger Mann. Wäre er scheintot, hätte er gesagt – „Ich bin natürlich ein Muslim, ein schlichter Muslim, ein Sufi", aber so tot ist er nicht. Er lässt keine Kategorisierung zu. Er ist lebendig – mit jeder Faser lebendig.

Er antwortet: „Wenn du an mich denkst, erinnere dich nur an dieses und an nichts sonst."

„Um das zu sagen, bin ich hier.
Denk an mich als einen, der dies gesagt hat."

Merk dir nur so viel: Dass diejenigen, die mich nicht verstehen, mich verehren, und diejenigen, die mich nicht verstehen, mich beschimpfen. In Jerusalem halten mich die Juden für einen Christen, und die Muslime für einen Juden. Und in Bagdad, wo die Leute mich lieben, wo sich meine Jünger um mich scharen, bin ich für die Juden der perfekte Jude und für die Christen der wiederauferstandene Christus und für die Muslime das letzte Wort im Islam. Mehr sage ich nicht. Nur so viel. Und wenn du dir etwas merken willst, was dich an mich erinnert, dann bleibt dir nur eines: denk an mich als den, der dies gesagt hat."

Er bleibt namenlos, ohne Kategorie. Er gibt keinen Anhaltspunkt. Vielmehr wird er noch geheimnisvoller. Der Mann mag mit irgendeiner Vorstellung im Kopf zu ihm gekommen sein, mit irgendeinem Vorurteil, irgendeiner Theorie über diesen Meister, diesen Maruf. Und die hat Maruf ihm restlos zerstört. Er hat ihm mit einem Hieb all seine Vorurteile zerschlagen. Er stößt ihn in ein Vakuum.

Genau das tut jeder Meister – er stößt dich ins Leere. Aber das ist das allerschönste Geschenk, das er dir machen kann – Nichts, Leere, Vakuum. Aus diesem Vakuum entsteht das All. Aus diesem Nichts entsteht Alles. In dieser Leere wird das Absolute geboren.

Aber bevor du nicht stirbst, ist das nicht möglich.

Du bist hier: Lass mich dein Tod sein – und deine Auferstehung.